소통을 위한 대화,
이렇게 하면 돼요

소통을 위한 대화,
이렇게 하면 돼요

27년 소통 전문 강사가
문답식으로 쉽게 풀어낸
대화법 강의

연제익 지음

활자공방

소통을 위한 대화, 이렇게 하면 돼요

초판 1쇄 발행 2020년 6월 20일

지은이 연제익
기 획 박 성
이러닝 김민수
펴낸이 정필규
마케팅 정필규
편 집 김시경
디자인 전병준

펴낸곳 활자공방
출판등록 2019년 11월 29일 제409-2019-000051호
주 소 (10084) 경기도 김포시 김포한강3로 290-13 한양수자인리버펠리스 604-1002
문 의 010-3449-2136
팩 스 0504-365-2136
납품 이메일 haneunfeel@gmail.com
일반문의 이메일 word_factory@naver.com
블로그 https://blog.naver.com/word_factory

프롤로그

요즘 세상에서 참 많이 회자되는 단어가 몇 개 있는데, 그중에서도 가장 많이 우리 입에 오르내리는 것이 '소통'이라는 단어인 것 같습니다. 그리고 그렇게 많이 회자되고 있다는 것은 그만큼 중요하다는 것과, 그만큼 잘 안 되고 있다는 것을 함께 의미하는 것이겠지요.

소통을 주제로 27년 동안 강의를 해오고 있습니다. 강의 현장에서 많은 사람들에게 강조했던 것이 두 가지입니다. 하나는 소통의 의미를 정확하게 이해하자는 것이고, 다른 하나는 소통이라는 것은 머리로 아는 것이 중요한 것이 아니라 몸으로 실행할 수 있어야 한다는 것입니다.

많은 사람들에게 소통이 무엇인지를 물어보면 '서로 통하는 것'이라고 답변을 합니다. 맞는 말입니다. 그런데 그것보다 더 중요한 의미가 하나 있습니다. 사전을 찾아보면 소통의 의미가 두 가지로 정의되는데, 하나가 '서로 통한다'는 것이고 다른 하나가 '오해가 없어야 한다'는 것입니다. 두 가지 의미를 모아보면 소통은 '서로 통하여 오해가 없는 것'으로 정의가 됩니다. 여기에서 서로 통한다는 것은 소통의 방법이나 과정을 의미하는 것이고, 오해가 없다는 것은 소통의 최종 목적을 의미하는 것 같습니다. 그렇다면 소통을 잘해야 하는 이유는 소통의 결과로 서로 오해가 없어야 한다는 것이겠지요. 소통의 핵심은 오해가 없어야 한다는 것에 있다는 것이 중요합니다.

그런데 우리는 소통을 서로 통하는 것으로만 알고 있는 경우가 많지요. 소통을 해서 오해가 없으려면 어떻게 소통을 해야 할까요? 정답은 오해의 건너편에 있는 단어에서 찾을 수 있지요. 바로 이해입니다. 소통을 할 때 이해를 하도록 하면 오해는 생기지 않게 되니까요. 본서의 내용에서도 그 부분을 많이 염두에 두었습니다. 이해를 잘하기 위한, 그래서 오해를 하지 않기 위한 소통 방법을 많이 담았습니다.

서로 통하는 소통의 방법이나 과정은 무엇을 수단으로 할까요? 여러 가지 방법이 있겠지만 가장 중심적인 방법은 대화입니다. 서로 마주 앉아서 말을 주고받는 것이지요. 소통과 대화는 다릅니다. 소통은 대화보다 범위가 넓습니다. SNS로는 소통은 가능하지만 대화는 불가능합니다. 대화에서는 가능하지만 SNS로는 불가능한 것이 있기 때문입니다. 비언어의 전달입니다. SNS에서는 비언어인 시선, 표정, 제스처, 말투와 같은 것들이 전달이 안 됩니다. 전달이 된다 하더라도 극히 제한적이지요. 그런데 대화에서는 이런 것들이 충분히 전달됩니다. 서로 무릎을 맞대고 마주 앉아 있기 때문입니다. 그래서 본서에서는 대화를 중심으로 이야기를 풀었습니다. 대화를 잘하면 소통은 잘할 수 있으니까요.

본서는 그간 해온 소통 관련 강의를 지상으로 옮겨놓은 것입니다. 그래서 내용이 쉽습니다. 특히 학습 현장에서 많이 나왔던 질문을 실었고 그 질문에 대한 답변 형태로 내용을 전개했기 때문에 우리 일상에서의 대화 방법을 쉽게 접할 수 있습니다.

모두 네 마당으로 구성을 했습니다. 이해편, 방법편, 실전편, 적용편입니다.

이해편의 가장 앞부분에는 소통이 필요한 우리 주변의 상황들을 나열했습니다. 가정에서 일어나는 상황과 직장에서 일어나는 상황을 나열했는데 각각의 상황에 대한 바람직한 해결 방안은 본서의 가장 뒷부분에서 풀이로 정리해놓았습니다. 그리고 소통이 무엇인지 정확히 알 수 있도록 소통과 관련한 용어들을 정리해놓았습니다. 소통, 의사소통, 커뮤니케이션, 대화, 이런 용어들입니다. 이러한 용어들을 정확하게 이해하고 있으면 소통을 더 잘할 수 있기 때문입니다. 이어서 소통이 중요하다는 것을 두 가지 차원에서 이야기했습니다. 조직에서 소통이 왜 중요한지와 리더에게 소통이 왜 중요한지를 나누어서 이야기했습니다.

방법편에서는 실제 대화 현장에서 해야 할 일들을 담았습니다. 우선 가장 먼저 해야 할 일인 대화 전에 사전 준비를 철저하게 해야 한다는 것을 강조했습니다. 그 후에 대화를 하는 구체적인 방법을 상황별로 구분해서 설명했습니다. 질문하기, 경청하기, 공감하기, 부드럽게 말하기, 논리적으로 말하기, 강하게 말하기, 싫은 소리 잘 하기와 같은 내용들입니다. 그리고 대화를 할 때 구체적으로 표현하는 방법인 음성, 시선, 표정, 제스처에 관한 내용들을 설명했습니다.

실전편에서는 조직에서 가장 많이 사용하는 두 가지를 설명했습니다. 설득과 면담입니다. 이 두 가지는 조직생활을 하는 사람이라면 누구나 잘 알고 있어야 하는 방법들입니다. 조직은 공동의 목표를 달성하기 위해서 두 사람 이상이 모여 상호작용을 하는 곳입니다. 그리고 그 상호작용 과정에서 다른 사람들로 하여금 자신이 원하는 대로 행동하도록 해야 합니다. 설득을 해야 한다는 말이지요. 설득이 무엇인지를 이야기하고 나서 설득의 세 가지 방법인 감성 설득, 이성 설득, 위협 설득을 구체적으로 설명했습니다. 면담은 특히 리더에게 중요합니다. 면담 전에 준비해야 할 내용들을 살펴보고 면담의 절차를 차례대로 설명했습니다. 부드럽게 시작해서 체계적으로 설득하고 아름답게 마무리하는 절차입니다. 면담은 조직에서 리더가 주로 하는 활동입니다. 그런데 조금 더 폭을 넓혀서 우리가 일반적으로 다른 사람과 대화할 때, 또는 다른 사람을 설득할 때의 절차라는 생각을 가지고 응용하면 좋겠습니다.

적용편에서는 가장 앞부분에서 이야기했던 상황에 대한 풀이를 정리했습니다. 가정에서 자녀에게, 아내에게, 남편에게 이야기해야 할 상황들을 나열하고 그 상황을 풀어가는 바람직한 방법들을 제시했습니다. 조직에서도 흔히 만날 수 있는 상황들을 나열하고 그 상황에서 어떻게 대화하는 것이 바람직한지 설명했습니다. 팀장과, 팀원과, 협력사와, 고객과의 사이에서 흔히 일어날 수 있는 상황들을 대화로 어떻게 풀어갈지 구체적으로 설명했습니다. 하나의 상황에 대해 여러 가지 방법이 있겠지만 그 상황에 가장 바람직하다고 판단되는 방법을 선택해서 적용했습니다.

네 마당을 차례대로 읽는 것이 소통의 전반적인 내용을 잘 이해할 수 있는 효과적인 방법이지만, 구체적인 소통 방법을 알고자 한다면 목차에서 필요한 내용만 찾아서 보는 것도 하나의 방법입니다. 한 가지 참고할 것은 어느 한 가지 소통 방법은 유사한 여러 상황에 공통적으로 필요하기도 하다는 것을 생각해보는 것입니다. 예를 들면, 근거와 증거를 드는 것은 논리적으로 말하기에서도 필요하고 이성 설득에서도 필요합니다. 이런 경우에 근거와 증거를 만드는 방법에 대해 그 내용이 해당되는 곳에 모두 담아놓았습니다. 굳이 이렇게 한 이유는 목차를 보고 필요한 부분만 읽고 싶어하는 분들이 계실 것이라는 생각에서입니다. 그러니 필요한 부분만 골라 읽어도 설명이 부족하지는 않을 것입니다.

소통은 폭이 매우 넓습니다. 적용 대상도 자신을 제외한 모든 사람들이고, 상황도 매우 다양합니다. 그 모든 방법을 다 이야기할 수는 없지만 여기에서 소개하고 있는 소통의 방법들을 활용하거나 응용하면 소통으로 인한 문제들을 지혜롭게 해결할 수 있을 것입니다. 그렇게 되면 당연히 더 행복한 가정생활, 더 행복한 조직생활을 할 수가 있겠지요.

나만의 작은 공간에서 이 원고를 쓰는 동안에도 아주 소소한 그녀들만의 이야기로 통화를 하고 있는 아내와 두 딸들에게 늘 그래왔듯이 감사의 마음을 전합니다.

목차

첫째 마당

이해편

01 이런 상황에서 어떻게 말해야 돼요?

모든 상황에는 풀어가는 방법이 있습니다.

　세상 사는 게 어떤가요? 즐겁고 재미있나요? 아니면 힘들고 어려운가요? 아마도 이 질문에 대한 답변은 사람마다 다를 것입니다. 세상을 보는 개인의 가치에 따라서 다를 것이고, 처한 환경에 따라서도 다를 것입니다. 이렇듯 개인의 가치나 환경에 따라 다르더라도 같은 것도 있을 것 같습니다. 두 가지일 텐데 하나는 분명한 것이고, 다른 하나는 짐작할 수 있는 것입니다. 분명한 것은 즐거운 쪽의 답변과 힘든 쪽의 답변이 모두 나올 것이라는 점이고, 짐작할 수 있는 것은 그 중에 힘든 쪽의 답변이 조금 더 많이 나오지 않겠느냐는 것입니다. 그런 답변이 나올 수 있는 이유는 실제로는 즐거운 것이 많아도 힘든 것이 오랫동안 마음속에 짐으로 남기 때문일 것입니다. 그래서 우리는 힘든 것을 힘들지 않게 하는 방법을 연구하고 추구하며 살고 있는 것이겠지요. 지금 나를 힘들게 하는 것들을 해결하려고 노력하고, 미래에 힘들 것으로 예상되는 것들을 미연에 방지하려고 애쓰고 있는 것이겠지요.

그런데 어떤가요? 노력한다고 다 해결이 되고 방지가 되던가요? 그렇지는 않을 것입니다. 우리가 뜻하는 대로 되지는 않을 거예요. 그럼에도 불구하고 우리가 노력하는 이유는 노력하면 할수록 잘 풀어갈 수 있는 방법이 자꾸만 생각나는 경험을 가지고 있기 때문일 것입니다. 그리고 그 방법이 맞다면 힘든 것을 많이 덜어낼 수도 있지요. 중요한 것은 그 방법을 제대로 알고 있고, 제대로 실행할 수 있느냐 하는 것입니다. 그 방법을 제대로 알고 실행할 수 있다면 힘을 덜 들이고 살 수 있을 것이고, 더 즐겁게 살 수 있을 테니까요.

우리 삶을 힘들게 하는 것은 여러 가지가 있겠지만 그중에서 참 많은 부분을 차지하는 것이 사람들과의 관계일 것입니다. 가정이든 조직이든 우리는 사람들과 함께 살아가고 있습니다. 그 사람들 때문에 즐거워하기도 하고, 힘들어하기도 합니다. 주변 사람들과의 관계가 잘 풀리면 즐거움을 더 많이 누리며 살 수 있고, 잘 풀리지 않으면 힘든 것을 더 많이 가지고 살게 되지요. 이 사실은 나와 더 가까운 사람일수록 중요합니다. 인간관계에서의 상처는 자신과 가까울수록 더 크다는 것이 그 사실을 잘 보여주고 있습니다. 물론 기쁨의 경우도 마찬가지이지요. 그래서 자신과 가까운 사람일수록 인간관계를 더 소중히 생각하고 더 잘할 수 있어야 하는 것입니다.

그런데 우리는 과연 어떤가요? 일반적으로는 자신과 가까운 사이일수록 인간관계를 덜 고려하고, 조금은 막 대하는 경향이 있지 않나요? 다른 사람들에게는 잘하는데 가족에게는 잘하지 못하는 우리의 모습이 그 사실을 잘 말해주고 있습니다. 그리고 관계를 풀어가는 수단은 결국 대화입니다. 따라서 대화를 어떻게 하느냐가 관계의 성격을 결정할 것이고, 관계가 우리 자신의 즐거움의 정도와 힘듦의 정도를 결정할 것입니다. 이런 이유로 볼 때 어떤 상황을 잘 풀어가려면 풀어가는 수단인 대화를 잘해야 한다는 것이 맞는데 우리의 모습은 어떤가요? 아마 쉽지는 않았을 것입니다. 개인마다 다르기는 하겠지만 몇 가지 상황을 살펴보면 이 말이 무슨 말인지 실감이 날 것입니다. 다행인 것은 우리를 힘들게 하는 어떤 상황에도 헤쳐 나갈 방법은 다 있다는 것입니다. 그래서 지금부터 몇 가지 상황을 살펴보면서 그 상황을 어떻게 풀어가는 것이 바람직한지 살펴보겠습니다. 즉 어떻게 대화를 해야 하는 것인가를 살펴보겠습니다. 물론 제시하는 방법이 정답은 아닐 수도 있습니다. 그러나 이상적인 답으로 제시할 만한 충분한 가치는 있는 것들입니다. 그리고 제시되는 풀이 방법을 자신의 경우에 적용하려고 많이 생각하고 노력해보기를 권합니다. 이상적인 답이라 하더라도 그것을 자신의 것으로 만들어야 할 사람은 우리 자신들이기 때문입니다.

세상에 이런 상황이!

너무나 당연하게도 우리는 살면서 참 많은 상황들을 경험합니다. 가정에서도 그렇고, 직장에서도 그렇고, 우리가 발길을 내디딜 수 있는 곳이라면 그곳에는 항상 어떤 상황들이 이미 발생되어 있거나 새로이 발생되곤 합니다. 그 상황 중에는 우리를 기쁘고 즐겁게 하는 것도 있고, 힘들고 지치게 하는 것들도 있습니다. 기쁘고 즐겁게 하는 상황이라면 언제든지 두 팔 벌려 환영할 일이지요. 그러나 힘들고 지치게 하는 상황이라면 피하고 싶고 애당초 만나고 싶지도 않습니다. 문제는 그게 내 마음대로 안 된다는 것이지요. 피하고 싶어도 피해지지 않고 만나고 싶지 않아도 만나야만 합니다. 그래서 우리는 그 상황을 문제라고 생각하고 다른 사람들과 그 상황에 관한 이야기를 할 때 문제가 있다고 하기도 합니다. 그리고 그 문제 상황을 제대로 풀어내지 못하면 기대하지 않은, 바람직하지 않은 결과를 낳게 되기도 하지요. 그래서 그 문제를 잘 풀어내야 합니다. 학교에서만 문제를 잘 풀어야 하는 게 아니라 인생 살면서도 문제는 잘 풀어야 합니다.

그런 문제 중에서 많은 문제들은 사람과 관련이 되어 있습니다. 어떤 문제는 사람과 직접적으로 관련이 되어 있고, 어떤 문제는 사람과 간접적으로 관련이 되어 있습니다. 여기에서 사람과 간접적으로 관련이 되어 있다는 말은, 본질적으로는 일과 관련된 문제인데 그 문제를 풀어가는 과정에 사람이 관련되어 있다는 말입니다. 이렇게 볼 때 우리가 경험하는 많은 문제들이 사람과 직·간접적으로 관련이 있는 것은 분명해 보입니다. 그중에서 몇 가지 상황을 보겠습니다. 가정이나 직장에서 쉽게 찾아볼 수 있는 상황들입니다. 누구나 경험할 수 있는, 어쩌면 경험하고 있거나 이미 경험한 상황들입니다. 여기에서는 상황 제시만 하고 그 상황을 위한 소통 스킬들을 본서의 내용을 통해서 살펴본 후에 뒷부분에서 이 상황들을 어떤 소통 스킬로 풀어내는 것이 바람직한지 정리하겠습니다.

먼저, 가정에서 흔히 있을 수 있는 상황들입니다.

상황 1 아들이 컴퓨터 게임을 너무 많이 해요.

결혼한 지 7년 만에 얻은 아들 하나, 그래서 그런지 얼마나 귀한지 모르겠습니다. 눈에 넣어도 아프지 않다는 말을 실감하고 있습니다. 그런 아들이 어느새 커서 이제 중학교 2학년입니다. 귀한 아들인지라 지금도 애지중지 키우고 있습니다. 그런데 최근에 걱정거리가 생겼습니다. 아들이 컴퓨터 게임에 너무 빠져 있습니다. 하루에 다섯 시간 이상은 하는 것 같습니다. 그런 아들 모습이 걱정인 엄마는 종종 게임 좀 그만하라고 말했습니다. 처음에는 엄마 말을 듣는 것 같더니 이제는 듣는 척도 하지 않습니다. 이 상황을 전해 들은 아빠가 나설 차례입니다. 아들이 컴퓨터 게임을 덜 하고 해야 할 공부에 더 많은 시간을 투자했으면 좋겠습니다. 이런 아들에게 어떻게 말해야 하나요?

상황 2 아들이 휴대전화를 끼고 살아요.

초등학교 5학년 아들입니다. 참 착한 아들인데 딱 한 가지 엄마를 속상하게 하는 게 있습니다. 휴대전화를 너무 많이 사용합니다. 휴대전화를 하루 종일 하는 것은 물론이고 심지어는 잠을 잘 때도 끼고 잘 정도입니다. 그만하라고 몇 번을 이야기했는데 소용이 없고, 휴대전화를 못하게 빼앗으면 울고불고 난리가 나고, 어떻게 해야 할지 모르겠습니다. 말을 하기는 해야 하는데요.

상황 3 아내가 화가 나 있어요.

오랜만에 야근 없이, 모임 없이 일찍 퇴근을 했습니다. 잠시의 저녁 시간이라도 아내와 아이들과 함께할 생각에 기쁜 마음으로 집으로 향합니다. 초인종을 누르자 아내가 문을 열어줍니다. 그런데 아내의 표정이 좋지 않습니다. 혹시 무슨 일이 있었냐고 물어보니 아내의 답변은 이렇습니다. '오후 3시쯤 재활용을 버리러 가서 버리고 있었다. 재활용품을 종류별로 버리다가 플라스틱 페트병을 실수로 비닐 박스에 잘못 넣었다. 그때 마침 옆에서 같이 재활용을 버리고 있던 통장 아줌마가 그렇게 버리면 안 된다고 한마디했다. 일부러 그런 것도 아니고 곧 옮기려고 했는데 그런 소리를 듣다니… 짜증이 난다.' 이 말을 들은 남편은 어떻게 말을 해야 할까요?

상황 4 아들이 선생님한테 혼났어요.

초등학교 1학년 아들이 학교에서 돌아와 가방을 벗자마자 엄마한테 하소연을 합니다. "엄마, 나 진짜 기분 나빠. 나는 안 떠들려고 했는데 철수가 떠들자고 해서 떠들다가 선생님한테 야단맞았어." 학교에서 있었던 속상한 일을 엄마한테 고백합니다. 사랑하는 아들이 선생님한테 야단을 맞았다는 이야기에 엄마 가슴은 찢어집니다. 전에도 철수와 관련된 비슷한 일이 있어서 조심하라고 당부를 했었는데 이런 일이 또 생긴 것입니다. 사랑하는 아들이 이럴 때 엄마가 어떻게 말을 해야 할까요? 잘못 말하면 아들이 엄마로부터 점점 멀어지다가 결국에는 엄마와 대화를 잘 하지 않는 아들이 될 수 있습니다. 반대로 말을 잘 하면 엄마와의 대화를 즐기는, 긍정적인 차원의 수다쟁이 아들이 될 수도 있고요. 고민입니다.

상황 5 남편이 술을 많이 먹어요.

결혼한 지 9년 되었고 아들 하나, 딸 하나를 둔 엄마입니다. 넉넉하지는 않지만 남편이 벌어다 주는 돈으로 아이들과 행복하게 살고 있습니다. 단 한 가지만 제외하고요. 남편이 술을 많이 먹는 것은 오랫동안 내 속을 끓여오는 문제입니다. 술 문제 때문에 가끔씩 집안에서 큰 소리가 나곤 해서 아이들도 아빠가 술을 많이 먹는다는 것을 알고 있는 것 같습니다. 가끔씩 아빠한테 술 먹은 아빠가 싫다고도 합니다. 물론 연애할 때에도 술을 좋아한다는 것은 알고 있었습니다. 데이트할 때는 많이 먹지는 못하는 술이지만 남자 친구와 한잔씩 하는 것도 재미 중 하나였습니다. 결혼을 하고 난 후에는 술을 많이 먹는 것은 가끔씩이어서 그리 걱정하지 않았습니다. 물론 잔소리도 별로 하지 않았고요. 원래 술을 좋아하는 것을 알고 있었으니까요. 그런데 6개월 전쯤부터 상황이 달라졌습니다. 술자리도 잦고, 술을 많이 먹기도 하고, 가끔씩 정신줄을 놓은 상태로 귀가하기도 합니다. 인간적으로 부드럽게 이야기도 여러 번 해보았고, 술을 많이 먹으면 안 되는 이유를 여기저기서 찾아서 설득도 해보았습니다. 그런데 이야기를 해도 일주일을 넘기지 않습니다. 일주일쯤 지나면 다시 술 먹는 남편으로, 술 먹는 아빠로 돌아가 있습니다. 이제는 도저히 안 되겠습니다. 어떻게든 남편이 술을 줄이도록 해야겠는데 어떻게 말하면 될까요?

다음은 회사에서 흔히 있을 수 있는 상황들입니다.

상황 1 팀원이 근무시간에 휴대전화를 많이 사용해요.

휴대전화에 들어가는 많은 부품들 중 음성을 읽어주는 정밀한 칩을 만드는 회사입니다. 변화무쌍한 휴대전화의 흐름에 따라 우리 회사도 새로운 기술을 개발해서 바로바로 대응하기 위해 숨 가쁘게 돌아가고 있습니다. 일거리가 많아서 바쁘기도 하지만 요즘같이 어려운 때에 일이 지속적으로 있다는 것을 다행으로 여기면서 모두들 열심히 일하고 있습니다. 나는 그중 한 현장을 책임지고 있는 현장 관리자입니다. 다섯 명의 팀원과 함께 일하는데 비교적 열심히 일하는 팀원들이라 늘 고맙게 생각하고 있습니다. 그런데 최근에 한 팀원이 이전과는 다른 태도를 보이고 있어서 고민이 됩니다. 다섯 명의 팀원 중에서 입사 서열 2위고 나이도 30대 후반으로 후배들을 지도해주는 위치에 있는 박팀원입니다. 요즘 들어 근무시간 중에 자주 휴대전화를 사용하는 것이 눈에 띕니다. 우리 현장은 오전에는 10시부터 15분 동안, 오후에는 3시부터 15분 동안 휴식시간이 주어집니다. 물론 점심시간 1시간은 보장이 되지요. 휴대전화는 그때 해야 하는데 근무시간 중에 작업대 옆에 휴대전화를 놓고 가끔씩 보면서 작업을 합니다. 손으로 직접 휴대전화를 만지지 않는 것으로 보아서는 무언가를 계속해서 관찰을 하는 것 같습니다. 우리 회사는 정밀한 부품을 생산하기 때문에 생산되는 부품은 물론 부품 생산을 컨트롤하는 컴퓨터 화면을 항상 살펴야 합니다. 그러니 근무 중에 휴대전화를 보면 당연히 불량의 가능성이 높지요. 걱정입니다. 어떻게 말을 해야 할까요?

상황 2 지금 하고 있는 일도 많은데 팀장이 일을 더 하래요.

입사 5년 차 대리입니다. 대학 때부터 꿈꾸던 회사에 들어왔습니다. 요즘같이 취직하기 어려운 때에는 진짜 행복한 케이스이지요. 일하는 것도 좋습니다. 생활용 로봇을 만드는 회사인데 연구팀에서 근무하고 있습니다. 작년부터 로봇 팔을 자유자재로 작동하는 연구를 하고 있습니다. 일이 재미있어서 가끔 밤을 새우기도 했었는데 주 52시간제가 시행된 후로는 퇴근시간을 넘겨 일하는 경우가 없어졌습니다. 처음에는 어색했는데 이제는 습관이 되어서 저녁에 남아 늦게까지 일하는 것이 더 어색해졌습니다. 당연히 일 진행은 예전보다 조금 더 느려지기는 했지요. 그래도 프로젝트의 흐름대로 일정을 잘 맞추어가고 있습니다. 그런데 최근 들어 팀장님이 자주 부르십니다. 새로 수행해야 하는 프로젝트가 있는데 그것을 저에게 맡으라고 합니다. 입사 5년 차 대리라서 아직 프로젝트를 단독으로 수행할 수 있는 능력을 갖추지 못했다는 저 자신에 대한 분석과는 달리, 팀장님은 자네라면 할 수 있다고 밀어붙이십니다. 그러나 아무리 생각을 해봐도 그것은 무리입니다. 아마 새로운 프로젝트를 맡아서 진행한다면 지금 수행하고 있는 로봇팔 연구도 계획된 일정에 마치지 못할 것입니다. 팀장님의 지시를 정중하게 거절할 수밖에 없는 상황입니다. 팀장님의 지시를 한 번도 거절해본 적이 없기 때문에 이런 상황에서 어떻게 말해야 할지 정말 걱정입니다. 어떻게 말해야 하나요?

상황 3 최근 협력사의 품질 불량이 많아졌어요.

대기업의 1차 협력사로 매우 정밀을 요구하는 부품을 생산하고 있습니다. 부품을 생산하기 위해 10여 개의 2차 협력사들과 함께 일하고 있습니다. 그중에서도 협력사 3곳은 매우 중요해서 특별히 관리하고 있습니다. 생산 일정에는 차질이 없는지, 생산하는 제품의 품질에는 이상이 없는지 매일 관심을 가지고 살피고 있습니다. 그런데 최근에 문제가 생겼습니다. 그중에 한 곳인 A협력사의 제품에 불량이 생긴 것입니다. 아주 약간의 오차이긴 합니다. 그러나 품질을 철저하게 관리하는 대기업의 특성상 이대로 받아서 생산을 할 수는 없습니다. 이 문제로 두 차례 미팅을 가졌는데 A협력사의 입장은 전체 중에서 약간만 그렇고, 아주 미세한 오차이기도 하니 그냥 받아달라는 것입니다. 소량이긴 하지만 자사가 다시 생산을 하려면 엄청난 비용이 든다는 것이 이유입니다. 3년 전에도 비슷한 경우가 있었는데 그때는 서로에게 좋은, 그러나 원칙에서는 약간 벗어난 방법으로 조치를 한 적이 있습니다. 그리고 다시는 이런 일이 없어야 한다는 다짐을 받은 적이 있습니다. 3년 전에 슬쩍 눈감아준 것이 후회가 되기도 합니다. 그렇다고 하루아침에 협력사를 다른 곳으로 바꿀 수도 없습니다. A협력사를 잘 설득해서 우리 회사 요구대로 생산하도록 해야 하는데 고민이 됩니다. 어떻게 말해야 할까요?

상황 4 고객이 무리한 요구를 해요.

대형 백화점 여성 의류 매장에서 근무하고 있습니다. 백화점 위치가 강남 한복판이라 다른 지역 백화점에 비해 영업이 잘 되는 편입니다. 덕분에 입사 이후 5년째 같은 자리에서 근무하고 있습니다. 3층이고 창문이 있어서 근무 환경이 좋고, 주변 매장 동료들과도 잘 지내고, 회사의 복지도 괜찮고, 더구나 집에서도 가까워 만족스럽습니다. 직장인이 근무 환경에 만족하기가 쉽지 않은데 참 행운이라고 생각합니다. 그런데 딱 한 가지가 문제입니다. 나를 힘들게 하는 고객들이 가끔 있습니다. 그중에서도 가장 힘든 고객은 고가의 의상을 구매하고 수개월 지난 뒤에 환불하러 오는 고객입니다. 규정상 환불은 한 달 이내에 하도록 되어 있다고 구매할 때마다 말씀을 드리는데 무려 6개월 후에 환불하러 오는 고객도 있습니다. 며칠 전에도 5개월 만에 환불을 요구하는 한 고객이 있었는데 가지고 온 코트를 살펴보니 몇 번 입은 흔적이 있었습니다. 환불 규정과 입었던 흔적을 이유로 환불이 되지 않는다고 정중하게 이야기를 했는데 그 고객은 막무가내였습니다. 심지어 자기가 이 백화점에서 팔아준 게 얼마인지 아느냐며 큰소리까지 내더군요. 약간의 소란이 있자 담당 매니저가 나와서 그 고객을 사무실로 데려갔고 몇 번의 재방문까지 이어지는 실랑이 끝에 결론적으로는 환불을 해주었다고 합니다. 이런 막무가내 고객을 만나면 한 번씩 좌절하게 됩니다. 심할 때는 이 일을 계속 해야 하나라는 자괴감이 들기도 하지요. 그때마다 주변 매장의 동료들이 위로해주고, 나의 현재 상황을 고려해 다시 용기를 내어 근무를 하고 있기는 합니다. 가장 힘든 것은 내 선에서 해결하지 못했다는 자괴감이 들 때입니다. 대하기 힘든 고객도 내 선에서 해결할 수 있으면 좋겠습니다. 그러면 심리적으로 좌절하는 일은 없을 수도 있잖아요. 이런 고객에게는 어떻게 말해야 할까요?

02 소통이 뭐예요?

소통 관련 용어들이 헷갈려요.

Q 우리는 살면서 인간관계 문제 때문에 고민을 많이 합니다. 특히 직장인들이 인간관계 문제로 고민하고 갈등하는 것을 자주 볼 수 있습니다. 그리고 그 인간관계의 문제를 원만하게 잘 해결하고 싶어하는 것도 볼 수 있습니다. 그런데 함께 볼 수 있는 또 한 가지가 있습니다. 인간관계를 잘 만들어가기 위한 방법을 제대로 알지 못한다는 것입니다. 아마 학습해본 적이 없는 것이 가장 큰 이유일 것입니다. 그래서 고민을 하게 됩니다. 인간관계의 매끄럽지 못함, 갈등의 발생, 과연 무엇 때문이며, 어떻게 해결해야 하는지…. 그리고 내려지는 결론은 소

통 능력입니다. 소통은 요즘 사회적으로 엄청나게 많이 회자되는 용어입니다. 기업의 성공은 물론, 스포츠 팀의 성공, 작은 모임의 성공조차도, 성공을 하는 이유 중에 항상 상위에 랭크되는 것이 소통이더군요. 그만큼 소통이 중요한가 봅니다. 그런데 헷갈리는 게 있습니다. 소통이 무엇인지를 잘 모르겠습니다. 소통을 거론하는 사람마다 다른 의미로 이야기하는 것 같아서 헷갈립니다. 또 소통을 잘하기 위해서는 어떤 능력을 갖추어야 하는지도 잘 모르겠고요. 그 능력들은 구체적으로 무엇을 말하는 것인가요? 그리고 관련 용어들도 있지요. 소통과 비슷한 의미로 쓰이는 것들이 의사소통, 커뮤니케이션, 대화, 이런 것들인데 어떻게 같고 다른지를 모르겠습니다. 이런 용어들의 의미를 정확하게 알면 소통을 이해하는 데 큰 도움이 될 것 같습니다.

A 그렇습니다. 우리는 누구나 인간관계 때문에 고민을 하며 살고 있고 그 고민을 해결할 수 있는 방법이 소통 능력일 것이라는 것을 짐작하고 있습니다. 그런데 소통 능력이 무엇인지는 잘 알지 못하는 것 같습니다. 먼저 소통과 관련된 용어들을 살펴보겠습니다. 용어를 정확하게 이해하는 것이 소통을 잘하는 첫걸음일 테니까요. 소통과 관련이 있는 용어에는 소통 그 자체가 있고, 의사소통, 커뮤니케이션, 대화, 이런 것들이 있습니다. 비슷하면서도 다른 것 같고, 아는 것 같으면서도 모르는 것 같기도 하고 그렇습니다. 함께 정리해봅시다. 이런 용어들이 어떻게 같고 다른지, 어느 상황에서 어떤 용어를 사용

소통을 위한 대화, 이렇게 하면 돼요

해야 맞는지를 먼저 알아보겠습니다. 이 분야를 전문으로 하고 있는 저자도 헷갈렸던 부분이니 이런 용어들을 간간이 접하는 분들은 오죽하겠습니까? 사전적 의미에서부터 용어 정의를 시작해보겠습니다.

사전을 찾아보면 소통(疏通)에는 두 가지 뜻이 있습니다. 하나는 '막히지 않고 잘 통함'이고 다른 하나는 '뜻이 서로 통하여 오해가 없음'입니다. 이 두 가지 정의를 모아놓으면 소통은 이런 의미가 되지요. '막히지 않고 잘 통해서 서로 오해가 없음'이라고요. 일반적으로 소통이라 하면 서로 통하는 것만을 생각하기 쉬운데 더 큰 의미가 있는 것은 오해가 없다는 것 같습니다. 오해를 없게 하는 것이 소통의 궁극적인 목적이라는 말 아닐까요? 그리고 사람 사이에 오해가 없게 하려면 오해의 반대편에 있는 이해를 많이 하는 것이 그 방법일 것입니다. 오해와 이해는 반비례 관계에 있잖아요. 이해의 폭이 넓어질수록 오해의 폭은 좁아지지요. 그렇다면 우리가 할 일은 무엇입니까? 소통을 위해 대화를 할 때 서로가 이해할 수 있도록 하는 것이겠지요. 그렇게 되면 소통이 가지고 있는 원래의 의미를 찾게 되는 것입니다.

소통은 오해를 줄이고 이해를 넓히기 위해서 서로 통하는 것입니다. 그렇다면 어떤 내용들로 소통을 해야 그러한 목적을 이룰 수 있을까요? 아마도 통하고자 하는 당사자들이 가지고 있는 뜻과 생각이 아닐까요? 한자로는 뜻이 의(意)이고, 생각이 사(思)입니다. 그래서 의사소통(意思疏通)입니다. 의사소통은 '가지고 있는 뜻이나 생각이 서로 통함'이라고 정의됩니다. 그리고 영어인 커뮤니케이션(Communication)은 '사람들끼리 서로 생각, 느낌 따위의 정보를 주고받는 일'이라고 정의되는데 우리말의 의사소통과 가장 가까운 의미를 가지고 있습니다.

소통이든 의사소통이든 그 수단으로는 대표적인 것이 두 가지 있습니다. 하나는 얼굴을 마주 보지 않고 하는 것이고, 다른 하나는 얼굴을 마주 보면서 하는 것입니다. 전자로 대표되는 것이 요즘 대세인 SNS이고, 후자는 대화입니다. 그중에 대화(對話)는 한자로 풀면 금방 이해가 됩니다. '마주 대하여(對) 이야기를 주고받는(話) 것'입니다. 따라서 SNS에 포함되는 여러 가지 소통 수단은 대화의 범위에는 포함하지 않습니다. 다른 말로 하자면 SNS로는 대화가 되지 않는다고 보는 것이 맞다는 것입니다. 그 이유는 대화에는 있는 것이 SNS에는 없기 때문입니다. 감정의 교감입니다. 인간은 마주 앉아 대화를 하게 되면 그 과정 속에서 의도하든 의도하지 않든 감정을 주고받게 됩니다. 소위 비언어라는 것을 포함하는 것이지요. 비언어에는 시선, 표정, 제스처, 말투 등이 포함되는데 이러한 것들을 주고받으면서 대화의 내용을 해석합니다. 그런데 이것이 SNS로는 불가능합니다. 이모티콘이 있다고는 하지만 극히 제한된 표현밖에 할 수가 없지요. 대화는 '마주 대하여 이야기를 주고받는 것'입니다. 그리고 본 저서에서는 소통의 구체적인 방법인 대화를 중심으로 내용을 풀어갈 것입니다. 요즘 SNS는 개인적으로 많이 학습들을 하는데, 상대적으로 대화를 학습하는 사람은 많지 않기 때문입니다. 이것은 초등학교 때부터의 현상일 것입니다. 그래서 그런가요? 요즘 젊은 세대의 대화 방법에 문제가 있다는 말을 종종 듣곤 합니다.

앞으로 여러분이 자주 만나게 될 용어들을 먼저 살펴보았습니다.

이렇게 정리가 되지요. 소통은 '뜻이 서로 통하여 오해가 없는 것'이고, 의사소통은 '가지고 있는 뜻이나 생각이 서로 통하는 것'이고, 대화는 '마주 대하여 이야기를 주고받는 것'입니다. 그리고 영어인 커뮤니케이션은 우리말의 의사소통과 가장 가까운 말입니다. 이 용어를 잘 알고 맞게 사용하면 좋겠습니다.

대화에도 원리가 있나요?

Q 수년 동안 친하게 지내오고 있는 고등학교 동창 네 명이 하는 모임이 있습니다. 한 달에 한 번쯤은 만나는 사이라 흉도 허물도 없이 지내는 친구들입니다. 오늘도 자주 가는 카페에서 수다를 떨고 있습니다. 서로의 고민거리도 나누고, 서로의 즐거움도 함께하는 좋은 친구들입니다. 그런데 최근에 조금씩 이상한 기류가 흐르고 있습니다. A가 모임에 나오고 싶지 않다고 말하는 것입니다. 왜 그러냐고 이유를 물으니 B가 혼자만 떠드는 것이 싫다는 것입니다. 물론 B가 원래 말이 많은 친구인 것은 알고 있지만 만날 때마다 지나치게 자기 이야기만 하는 것이 싫다는 것입니다. 상대적으로 다른 친구들은 이야기를 적게 할 수밖에 없는 상황입니다. 친구라서 이해하려고 노력은 하지만 최근에 와서 그 증상이 심해지자 A가 마음이 상했고, 나오기 싫어진 모양입니다. 아무래도 B에게 말을 해야 할 것 같습니다. 그래야 모임이 즐겁게 오래 유지될 수 있을 것 같습니다. 어떻게 이야기를 해야 B가 오

해하지 않고 받아들일 수 있을까요?

A 충분히 그럴 수 있지요. 대화라는 것은 서로가 골고루 나누어서 해야 하는데 한 사람이 독점을 한다면 다른 사람들이 싫어하게 될 가능성이 높지요. 이런 실수를 하지 않을 수 있는 방법을 소개하겠습니다. 세상 돌아가는 모든 것에는 나름대로의 원리가 있습니다. 여기에서 원리의 의미는 보편적 진리입니다. 그리고 그 원리를 알고 실천한다면 우리는 고민 없이 훨씬 더 편안한 삶을 누릴 수 있습니다. 대화도 마찬가지입니다. 나름대로의 원리가 있습니다. 그중에서 폴 그라이스(P. Grice)라는 사람이 주장한 네 가지 원리를 소개합니다. 원래는 협동의 원리로 발표된 것입니다. 대화를 할 때 서로 협동하면서 좋은 대화를 해나가는 법을 말했는데, 그냥 대화를 잘하는 방법이라고 생각해도 무방할 것입니다. 지금부터 설명하는 네 가지 방법을 잘 익히고 활용하면 대화를 썩 잘하는, 대화할 때 매너가 참 좋은 사람이라는 평가를 받을 수 있습니다.

첫째, 양의 원리입니다. 이것은 대화의 시간을 말하는 것인데, 대화에 참여한 모든 사람이 대화하는 시간을 골고루 나누어 갖는 것이 가장 바람직하다는 것입니다. 예를 들어 세 사람이 같은 주제를 가지고 한 시간 동안 대화를 한다고 가정하고 그 장면을 카메라로 촬영해서 편집해보았습니다. 가장 이상적인 대화는 한 사람이 20분가량 이야기를 했을 때라는 것입니다. 이런 원리를 고려한다면 몇 사람이 함께 대화를 할 때 혼자 너무 많이 이야기하는 것도 바람직하지 않고, 너무 말을 하지 않는 것도 바람직하지 않겠지요. 평소에 말이 많은 편이라고 생각한다면 적당한 시간을 이야기하고 뒤로 빠지는 것이 바람직하고, 평소에 말이 적은 편이라고 생각한다면 적당한 타이밍에 끼어들어 말을 하는 것이 바람직합니다. 또 리더의 경우에는 이렇게 적용하는 것도 염두에 두어야 합니다. 회의를 주재할 때 발언을 너무 많이 하는 사람이 있으면 자제시키고, 말을 너무 하지 않는 사람은 발언을 유도하여 참여시키는 것이지요. 이렇게 해야 모두가 발언하는 바람직한 회의가 되는 것입니다.

둘째, 질의 원리입니다. 이것은 대화의 내용과 관련된 것인데, 어떤 대화에서도 말하는 내용은 진실이어야 한다는 것입니다. 거짓을 말하면 안 된다는 말이지요. 하얀 거짓말이라는 것이 있습니다. 선의로 하는 거짓말을 의미하지요. 그런데 이것도 바람직하지 않습니다. 선의의 거짓말을 영어로는 White Lie라고 하는데 이것이 시간이 지나고 상황이 바뀌면 그 상황을 모면하기 위한 Grey Lie가 되고, 더 나아가 Black Lie를 거쳐서 Red Lie, 즉 새빨간 거짓말이 될 수도 있습니다. 대화를 할 때 거짓말은 처음부터 하지 말아야 되겠습니다.

셋째, 적절성의 원리입니다. 이것은 대화의 주제에 관한 것인데, 지금 나누고 있는 주제와 동떨어진 주제를 말해서는 안 된다는 것입니다. 지금 몇 사람이 여행 이야기를 주제로 대화를 하고 있습니다. 그런데 그중 한 사람이 느닷없이 정치 이야기를 꺼냅니다. 그러면 이야기의 중심이 흐트러져서 대화가 제대로 진행되지 않겠지요. 이런 경우를 말하는 것입니다. 바람직하지 않지요.

넷째, 방식의 원리입니다. 이것은 대화의 내용을 풀어내는 방법을 말하는 것으로, 무언가를 설명할 때는 구체적으로 해야 한다는 것입니다. 말은 추상성을 가지고 있습니다. 그리고 이 추상성 때문에 많은 오해가 빚어지기도 합니다. 각자가 가지고 있는 생각이나 경험에 따라 그 내용을 해석하기 때문입니다. 이것을 방지하는 가장 좋은 방법이 말을 구체적으로 하는 것입니다. 대화는 그 내용이 구체적일 때 오해가 줄어듭니다.

대화의 네 가지 원리, 즉 양의 원리, 질의 원리, 적절성의 원리, 방식의 원리를 잘 활용하여 어떤 대화에서도 멋진, 매너 있는 대화자가 되세요.

03 조직에서 소통이 그렇게 중요한가요?

나는 왜 혼밥을 해야 하나요?

Q 일을 열심히 해서 좋은 성과를 내고 그에 따라 좋은 보상을 받는 것이 조직생활이라고 알고 입사를 했습니다. 그 말에 맞게 열심히 일을 했습니다. 그리고 그에 따른 보상으로 다른 동기들보다 급여도 더 많이 받고 승진도 더 빨리 했습니다. 서른 중반인 지금은 꿈에 그리던 팀장이 되어 일곱 명으로 구성된 팀을 이끌고 있습니다. 그런데 문제가 생겼습니다. 팀장인 내게 팀원들이 다가오지를 않는 것입니다. 개인적인 이야기를 나누지 않는 것은 물론이고 업무적인 이야기도 본론만 아주 간단하게 말하는 것이 전부입니다. 어느 팀원과 업무적

으로 이야기를 나눌 일이 없는 날에는 그 팀원과 하루 종일 한 마디도 하지 않습니다. 어쩌다가 내가 먼저 다가가서 말을 걸어도 팀원들은 시큰둥합니다. 내가 이야기를 할 때는 듣는 둥 마는 둥 하고 나에게는 아예 말을 걸지도 않습니다. 이제는 공식적인 업무를 지시하는 것조차 부담스러운 지경에 이르렀습니다. 큰일입니다. 왜 이런 일이 생겼을까요? 어떻게 해야 이 문제를 해결할 수 있나요?

A 요즘 조직에 이런 사람들 많습니다. 특히 리더들 중에 많습니다. 그 현상을 구체적으로 더 살펴볼게요.

점심시간이 되었습니다. 모두들 하던 일을 멈추고 점심식사를 하러 가려고 자리에서 일어납니다. 오늘은 누구하고 점심을 먹을까 고민하던 김팀장이 이과장 앞으로 다가갑니다. "이과장, 오늘은 뭐 먹으러 갈까?" "예?" 놀란 토끼 눈을 하면서 이과장이 하는 말은 이렇습니다. "저 오늘 점심 약속이 있는데요." 이 과장에게 점심식사를 거부당한 김팀장이 이번에는 박대리에게 다가갑니다. 그런데 김팀장과 이과장의 이야기를 엿듣던 박대리는 김팀장이 다가오거나 말거나 윗옷을 챙겨서는 쌩하고 나가버립니다. 안타까운 김팀장, 오늘도 '혼밥'입니다. 이제는 익숙해질 때도 됐지만 허전한 마음과 소외당하는 느낌은 갈수록 더해가기만 합니다.

저녁시간이 되었습니다. 열심히 일하던 직원들이 하던 일을 정리하고 하나둘씩 자리를 뜨기 시작합니다. 오늘도 한잔하고 싶은 김팀장이 다시 한 번 이과장에게 다가갑니다. "이과장, 오늘 한잔 어때? 내가 살게." "저 요즘 술 안 마십니다. 내일 뵙겠습니다." 이 한마디를 남기고는 쏜살같이 사무실 문 쪽으로 달려갑니다. 한잔하자고 말을 걸고 싶은 나머지 직원들은 이미 사무실을 모두 나가버렸습니다. 안타까운 김팀장, 오늘도 '혼술'입니다. 오늘도 퇴근하다가 회사 옆 편의점 앞 테이블에서 혼자 맥주 두 캔을 비우고 갑니다.

김팀장은 야구를 좋아합니다. 오랫동안 한 팀을 응원해오고 있는 광팬입니다. 그런데 어제 자신이 응원하는 야구팀이 한국시리즈에서 우승을 했습니다. 집에서 텔레비전으로 중계를 보다가 집 천장이 떠나가도록 소리를 질렀습니다. 야구는 물론, 야구 중계 소리조차 싫어하는 아내한테 시끄럽다고 한마디 듣기는 했지만 좋은 걸 어떻게 합니까? 어제의 우승 기분을 마음에 담고 즐겁게 출근을 했습니다. 자신이 응원하는 팀이 우승을 했다고 직원들에게 이야기를 하고 싶어서 입이 근질근질합니다. 출근하자마자 커피를 한 잔 뽑아서 손에 들고 사무실을 한 바퀴 순례합니다. 비록 다른 팀이기는 하지만 이과장도 야구를 좋아하는 것을 알고 있는 터라 한마디 던집니다. "이과장, 어제 야구 봤어? 와 죽이지. 내가 응원하는 팀이 우승이야!" 팀장의 기쁜 마음에 좋은 소리를 얹어줄 것을 기대하고 말을 건넸는데 이과장의 입에서 나온 말은 이것입니다. "팀장님, 지금 바쁜데요!" 더 이상 말을 이어갈 수가 없습니다. 바쁘게 일한다는데 방해하는 팀장이 될까 봐 그냥 돌아섭니다. 아무리 돌아봐도 다른 직원들도 똑같이 얼굴을 컴퓨터에 파묻고 열심히 무언가를 하고 있습니다. 도무지 말을 걸 수가 없습니다. 팀원 중 어느 한 사람도 팀장과 말 섞기를 싫어합니다. 안타까운 김팀장, 오늘도 '혼말'입니다. 1점 차로 뒤지고 있던 9회 말 투아웃에서 역전 투런 홈런으로 우승을 하던 장면을 떠올리고 창밖을 보며 혼자 중얼거립니다. "와, 진짜 예술이었어."

혼밥, 혼술까지는 주변에서 간혹 볼 수 있었던 풍경입니다. 그런데 이제는 혼말까지 하게 되었습니다. 안타까운 일입니다. 왜 이렇게 혼밥, 혼술, 혼말을 하게 되는 걸까요? 주변에 함께할 사람이 없어서지요. 함께할 사람이 없다는 것은 불행한 일입니다. 물론 사람들은 있습니다. 물리적으로 같은 공간에서 함께하는 사람들은 있습니다. 있을 뿐입니까? 많지요. 대단히 많지요. 그런데 심리적으로 함께하는 사람들은 없습니다. 같은 공간에 있어도 마음으로 통하는 사람이 없습니다. 이렇게 되면 혼밥, 혼술, 혼말의 주인공이 되는 것이지요. 이런 현상은 조직이든 가정이든 똑같습니다.

원인은 어디에 있을까요? 이렇게 분석하는 것이 맞을 것입니다. 팀원 열 명 중에 한두 명과만 대화가 되지 않는다면 그 원인은 팀장과 대화가 안 되는 사람들과의 관계에서 찾아야 할 것입니다. 때로는 대화를 많이 하기를 원하지 않는 팀원들의 특징에서 그 이유를 찾을 수도 있겠지요. 그런데 열 명 중에 여덟아홉 명과 대화가 되지 않는다면 이 원인은 전적으로 팀장에게 있다고 보아야 합니다. 여러 가지 이유가 있을 수 있습니다. 그중에서 팀장이 가지고 있는 문제가 무엇인지를 분석해서 개선해나갈 필요가 있습니다. 개선을 해야 하는 분명한 이유가 단지 조직생활만을 위한 것은 아닙니다. 조직에서 혼말하고 사는 팀장이라면 가정에서도 왕따를 당하는 가장인 경우가 많습니다. 누군가와 대화를 잘 풀어가느냐의 문제는 어느 한 개인이 가지고 있는 기술의 문제이기도 하기 때문에 조직에서의 모습이 가정에서도 그대로 이어질 가능성이 높게 마련이지요.

왜 열심히 일을 해야 하는지 알려주세요.

Q 아침에 일어나서 세수하고 밥 먹고 사랑하는 아내와 자식들의 배웅을 받으며 회사에 출근을 합니다. 주어지는 일을 열심히 수행하고, 가끔은 새로운 일을 기획해서 하기도 합니다. 그러다가 문득 드는 생각이 있습니다. '내가 왜 열심히 일을 하고 있지?' '회사라는 곳은 무엇을 하러 오는 곳이지?' '직장인들은 무엇을 위해서 일을 하지?' 이런 생각들입니다. 생각 없이 일하는 것도 나쁘진 않겠지만 이런 생각들을 잘 정리할 수만 있다면 일하는 맛을 훨씬 더 잘 느낄 수 있을 것 같고, 그렇게 되면 직장생활 자체가 훨씬 더 재미있지 않을까 해서 가끔씩 해보는 생각입니다. 직장인들은 왜, 무엇을 위해서 열심히 일을 하고 있는 것일까요?

A 그렇습니다. 우리 직장인들은 매일 아침에 출근을 하면서도 왜 출근을 해야 하는지를 모르고 그냥 출근하는 경우가 대부분입니

다. 출근하는 이유를 꼭 알아야 할 이유도, 필요도 없으니까요. 아마도 신입사원 시절에는 한번쯤 생각해보았겠지만 언젠가부터 그런 생각은 하지 않고 출근을 하게 되지요. 그렇다면 이참에 한번 생각해보는 것도 괜찮을 것 같네요. 현실적이고도 이해하기 쉽게 이렇게 정리해보겠습니다.

아침에 출근하는 아빠에게 사랑하는 초등학교 1학년 딸이 묻습니다. "아빠, 회사에 뭐 하러 가는 거야?" 이 말에 아빠들은 뭐라고 대답할까요? 대개는 '일하러 간다'고 대답할 것입니다. 물론 속마음은 조금 다르지요. 아마도 마음 깊숙한 곳에서는 '돈 벌러 간다'는 대답을 하고 있을 것입니다. 그러나 어린 딸 앞에서 돈 얘기를 할 수 없어서 일하러 간다고 말하지 않을까요? 그런데 돈 벌러 간다는 얘기도 엉뚱하거나 잘못된 답변은 절대 아닙니다. 오히려 지극히 맞는 답변이지요. 조직생활이라는 것이 일을 열심히 해서 성과를 내고, 그에 따르는 보상을 잘 받아내기 위한 것이니까요. 그리고 그 보상 수단으로 자리하고 있는 것이 돈이잖아요. 조직에서 어떤 보상도 돈보다 더 바람직한 것은 발견되지 않고 있습니다. 그러니까 돈 벌러 간다는 답변이 지극히 정상적인 것이라는 말입니다. 어쨌든 조직에 출근하는 이유가 일을 하기 위해서인 것은 분명합니다. 다시 말하면 출근하는 목적이 일에 있다는 것이지요.

그렇습니다. 일을 하는 것이 출근하는 목적입니다. 그래서 직장인들은 일을 잘하거나 잘하려고 노력을 해야 하는 것입니다. 그것이 목적이니까요. 운동을 하러 집 근처에 있는 헬스장에 갔습니다. 무엇에 최선을 다해야 하나요? 운동입니다. 운동이 헬스장에 간 목적이니까요. 쇼핑을 하러 동대문 시장에 갔습니다. 무엇에 최선을 다해야 하나요? 좋은 옷을 잘 골라서 싸게 사는 일입니다. 그것이 동대문 시장에 간 목적이니까요. 어디에서 무엇을 하든 목적에 최선을 다하는 것이 당연한 것입니다.

직장인들이 일을 잘해야 한다는 것에 관한 증거들이 있습니다. 팀장들께 물어봅니다. 같은 팀에서 함께 일하고 있는 여러 명의 팀원 중에서 누구에게 가장 마음이 많이 가고 사랑스러우냐고요. 아마도 답변은 일 잘하는 팀원일 것입니다. 성실한 친구가 마음에 든다는 팀장들도 있을 것입니다. 그런데 조직에서는 그 팀원이 성실한지 성실하지 않은지 알 수 있는 방법이 딱 하나밖에 없습니다. 그 팀원이 하는 일의 과정을 보아야 성실한지 성실하지 않은지를 판단할 수 있습니다. 팀원들에게 질문을 해도 아마 같은 기준일 것입니다. 어떤 상사가 훌륭해 보이느냐고 물으면 일을 통해서 배울 것이 있는 상사를 가장 먼저 꼽을 것입니다. 그렇게 대답하는 이유는 자신의 상사인데 그에게서 배울 것이 없다면 존경심이 생기지 않기 때문일 것입니다. 이런 답변도 있을 수 있지요. 일이 꼬였을 때 그 꼬인 일을 풀어주는 상사가 좋다고요. 이처럼 조직이라는 곳은 어떤 사람을 판단하는 기준이 일일 수밖에 없는 곳입니다. 아래에서 위를 보아도 일이 판단 기준이 되는 곳이고, 위에서 아래를 보아도 일이 판단 기준이 되는 곳입니다. 결국 어떤 조직이든지 출근하는 목적은 일을 하기 위해서고, 일을 잘하는 사람이 인정받고 좋은 대우를 받기 마련입니다. 조직에서는 역시 일이 가장 중요합니다.

그런데 말입니다. 잊지 말아야 할 중요한 것이 있습니다. 조직에서의 일은 개인 혼자 하는 일이 없다는 것입니다. 조직에서 하는 모든 일들은 다른 누군가와 함께 하게 되어 있습니다. 아무리 골방에서 시스템을 혼자 연구하는 사람일지라도 다른 사람이 일을 해서 넘겨주는 것을 받아서 하거나, 자신이 한 일을 다른 사람에게 넘겨주어서 그 일이 지속적으로 이루어지게 합니다. 다른 사람들과의 사이에서 이루어지는 전체 공정 중 한 과정에 있다는 말이지요. 물론 대개의 경우는 다른 사람들과 직접 함께 일하는 것이 많습니다. 이렇듯 조직에서의 일이라는 것은 다른 사람들과의 관계 속에서 이루어지게 됩니다. 그래서 협업이라는 것이 필요한 것이지요. 협업이라는 한자어를 풀어보면 그 뜻이 쉽고도 명확해집니다. 협(協)이라는 한자는 힘 력(力)자 세 개를 더하는 (+) 모양새입니다. 사람들 간에 힘을 모은다는 의미일 테고, 업(業)이라는 한자는 일 자체를 의미하는 글자입니다. 정리하면 협업이라는 것은 '사람들끼리 서로 힘을 합쳐서 일을 하는 것'이라는 의미이지요. 요즘 어느 조직에서나 강조되고 있는 바로 그 '협업'입니다.

이렇게 정리가 되네요. 조직에서는 일이 가장 중요한 본질이고 목적이지만 그 일은 혼자 하지 않고 다른 사람들과 함께 하는 것이라고요.

일을 하러 왔는데 왜 사람이 더 힘든가요?

Q 회사에 출근하는 이유는 딱 한 가지 때문입니다. 일을 하기 위해서입니다. 일을 잘해서 좋은 성과를 내고 그에 따른 좋은 보상을 가져가는 게 우리가 회사에 출근하는 이유입니다. 그런데 그 일이라는 것이 사람들과 함께 해야 합니다. 조직에서 개인 혼자 하는 일은 없습니다. 어떤 형태로든지 사람들과 관련이 된 상태에서 일을 해야 합니다. 그래서 우리를 즐겁고 기쁘게 하는 것도, 슬프고 힘들게 하는 것도, 일과 사람 둘 중 하나일 것입니다. 그런데 둘 중에 우리를 더 힘들게 하는 것은 어느 쪽일까요? 이 질문에 대부분의 답변자들이 사람 쪽에 손을 들 것입니다. 사람 문제가 그만큼 힘들다는 말이겠지요. 그런데 재미있는 게 하나 있습니다. 아침에 자녀들이 회사에 왜 가느냐고 물으면 일하러 간다고 답변하고 출근을 한다고 했습니다. 회사에 출근하는 목적이 일을 하기 위해서라는 거지요. 그렇다면 일로 고민하고 힘들어해야 하는데, 오히려 사람 때문에 고민하고 힘들어하는 쪽이 훨씬 많습니다. 앞뒤가 맞지 않는 얘기 아닌가요? 왜 그런가요? 조직의 본질은 일인데도 불구하고 우리는 왜 사람 때문에 더 많이 고민하고 힘들어하며 살아야 하나요?

A 그렇습니다. 우리는 분명히 일을 하기 위해 출근을 했는데 사람 때문에 고민하며 조직생활을 하고 삽니다. 왜 그럴까요? 그 이유를

알기 위해서 두 가지 질문과 그 질문에 대한 답이 필요합니다.

첫 번째 질문은 이것입니다. '일을 잘하려면 인간관계가 좋아야 한다. 인간관계가 좋은 사람이 다른 사람들로부터 협조를 잘 얻어내서 자신이 하고자 하는 일도 잘 풀어간다. 맞는 말일까, 아닐까?' 어떻게 답하겠습니까? '맞다' 쪽일 것입니다. 조직에서의 일은 혼자 하는 일이 없습니다. 다른 사람들과 항상 관련이 되어 있습니다. 다른 사람이 한 일을 내가 받아서 하기도 하고, 내가 한 일을 다른 사람에게 보내기도 하고, 다른 사람들과 직접 함께 일을 하기도 합니다. 이런 특성을 가진 조직에서 일을 잘하려면 다른 사람의 협력이 필요하고 그러기 위해서는 인간관계가 좋아야 합니다.

두 번째 질문은 이것입니다. '인간관계를 잘하려면 일을 잘해야 한다. 맞는 말일까, 아닐까?' '글쎄요' 쪽의 답변이 훨씬 많을 것입니다. 항상 그런 것은 아닐 거라는 말이지요. 이런 생각을 해봅니다. 여기 일을 잘하지 못해서 실적을 제대로 못 내는, 당연히 역량도 상당히 떨어지는 다섯 사람이 있습니다. 이 다섯 사람의 관계는 좋을까요, 안 좋을까요? 정답은 '좋다'입니다. 유유상종이고 초록은 동색입니다. 심리학에도 유사성의 원리라는 게 있습니다. 사람은 자신과 유사한 점이 있는 사람에게 호감을 가지게 된다는 원리입니다. 일상생활에서 늘 경험을 합니다. 말을 나누다가 나와 같은 사투리를 쓰는 사람에게는 마음이 더 가게 됩니다. 나와 같은 프로 야구팀을 응원하는 사람이면 왠지 더 친밀하게 느껴집니다. 이런 이유로 '좋다'라는 쪽이 정답이라는 말입니다. 인간관계를 잘하기 위해서 일을 항상 잘해야 하는 것은 아니라는 말이지요.

위의 두 가지 질문에 대한 답변을 정리하면 이렇게 되네요. 일을 잘하려면 인간관계가 좋아야 하지만, 인간관계를 잘하기 위해서 일을 항상 잘해야 하는 것은 아니라는 것으로요. 달리 말하면 인간관계가 어떻게 형성되어 있느냐가 일의 과정이나 결과에도 영향을 준다는 것이지요.

물론 여기에는 전제가 두 가지 있습니다. 하나의 전제는 인간관계를 이야기하는 대상이 자신과 일로 관련이 있어야 한다는 것입니다. 조직에서 일로 관련이 없는 사람 중에는 인간관계가 좋은 사람이 참 많이 있습니다. 왜냐하면 자신과 일로 관련이 없는 사람이라면 그 사람과 갈등할 일도 별로 없어서 관계가 나빠질 이유도 별로 없기 때문입니다. 다른 하나의 전제는 항상 그런 것은 아니라는 것입니다. 인간적으로 관계가 좋아도 일에서는 갈등을 빚을 수 있고, 일로 갈등이 있어도 인간적으로는 좋아할 수 있다는 것입니다. 일반적으로 아주 중요한 일의 경우에 그렇지요. 아주 중요한 일은 철저하게 일 중심으로 모든 것이 진행되어야 합니다. 조직에서는 좋은 게 좋은 것이라는 태도가 바람직하지 않을 때가 많이 있습니다. 그러나 일상적인, 즉 덜 중요하다고 생각되는 일에서는 둘 사이의 인간관계가 일의 과정이나 결과에 영향을 주는 게 일반적입니다.

조직에서 흔히 있을 수 있는 예를 들어보겠습니다. 다른 팀을 지원하는 설비팀 같은 곳에서는 아주 흔한 광경입니다. 당신이 설비팀에서 근무하는 고장 수리 담당자라고 합시다. 생산 1팀에서 작은 고장을 수리해달라고 오전 10시에 요청을 해왔습니다. 알았다고 대답하고 난 10분 후, 이번에는 생산 2팀에서 역시 작은 고장을 수리해달라고 연락을 해옵니다. 알았다고 답변한 당신의 발걸음은 어느 팀을 향해 가고 있나요? 원칙적으로는 너무나도 당연히 10시에 요청받은 것을 먼저 해주어야 합니다. 선입선출이니까요. 그런데 10시에 요청해온 담당자와 당신은 사이가 좋지 않습니다. 하루가 멀다 하고 싸우고, 심하면 멱살잡이까지 하고, 아주 꼴도 보기 싫은 사람입니다. 아침에 출근하다가 마주치면 가는 길을 멀리해서라도 돌아가는 그런 사이입니다. 반면에 10시 10분에 요청해온 사람은 입사 동기고, 종종 술자리를 같이하는 친구고, 휴가도 날을 맞춰서 양쪽 집 가족들이 함께 가는 그런 사이입니다. 이제 다시 묻습니다. '어느 팀 일을 먼저 해주겠습니까?' 이 정도라면 10시 10분 쪽이라는 대답이 대부분일 것입니다. 물론 아주 중요한 일이면 이렇게 안 했을 것입니다. 이렇게 해서도 안 되고요. 그러나 웬만한 일들은 이렇게 했을 것입니다. 그런데 조직에서의 일이나 생활이 아주 중요한 것이 많은가요, 아니면 웬만한 것이 많은가요? 당연히 웬만한 것이 많습니다. 대부분 그럴 것입니다. 웬만하다는 것은 일상적이라는 말과 같을 테니까요.

이것이 인간관계가 일에 영향을 준다는 것을 말해주는 일상적인 사례입니다. 어떤 사람과의 관계가 어떻게 형성되어 있느냐에 따라 자신이 추진하고 있는 일이 더 잘 되기도 하고, 혹은 순조롭지 못하게 될 수도 있다는 말입니다.

따라서 조직생활을 하는 사람은 다른 사람들과 항상 좋은 관계를 형성하고, 유지하고, 발전시켜가야 합니다. 그리고 일보다 사람이 더 힘들다고 하는 이유는 바로 이런 배경 때문일 것입니다.

조직은 시스템이라는 것이 무슨 말인가요?

Q 조직은 시스템이라는 말을 자주 듣습니다. 조직에서 시스템이라는 말은 여러 사람이 모여서 서로 협력해 좋은 성과를 내야 한다는 말인 것으로 알고 있습니다. 그런데 이 시스템이라는 말이 왜 중요한가요? 조직은 여러 사람이 모여 있기는 하지만 어차피 각각의 개인이 자신이 맡은 일을 열심히 하고, 그 결과가 모여 팀의 성과가 나오고, 이렇게 돌아가고 있는데 왜 시스템이라는 말이 강조되는 것인가요? 그리고 시스템이 중요하다면 구성원 각자가 할 일은 무엇인가요?

A 조직은 두 사람 이상이 모여서 자신들이 추구하는 공동의 목표를 달성하기 위한 집단입니다. 한 사람을 두고 조직이라는 표현을 하지는 않습니다. 그리고 조직을 구성하고 있는 두 사람 이상이 서로 상호작용을 해야 목표를 달성할 수 있습니다. 그래서 시스템이라는 말이 강조되는 것입니다. 두 사람 이상의 상호작용이라는 것 때문이지요. 이와 관련한 설명을 주변 사람들과 잘 지내는 방법으로 이야기해 보겠습니다. 물론 조직에서입니다.

조직은 사람의 모임체입니다. 김부장, 이차장, 박과장, 최대리, 정사원이 모여서 하나의 작은 조직인 팀을 이룹니다. 그리고 이 작은 팀들 여러 개가 모여서 하나의 큰 조직인 회사를 이룹니다. 여기에서는 회사라는 단위는 너무 크니까, 팀이라는 비교적 작은, 그래서 그 안에서 벌어지고 있는 여러 가지 잡다한 내용들을 죄다 알 수 있는 단위를 가지고 이야기하겠습니다.

　여기 각각 다섯 명의 인원들로 구성된 두 팀이 있습니다. 두 팀의 구성원 모두 어느 정도 개인 능력은 갖추고 있어서 혼자서 일할 때에도 평균적인 성과는 내고 있습니다. 그런데 이런 면에서는 서로 다릅니다. 두 팀 중 한 팀은 구성원들이 제각각이어서, 즉 서로 상호작용을 하지 않고 협업도 되지 않아서 성과를 조금밖에 내지 못하는 팀이고, 다른 팀은 구성원들이 서로 상호작용을 활발히 하고 서로를 도와서 기대 이상의 성과를 내는 팀입니다. 다섯 명의 인원이 모였으나 성과를 조금밖에 내지 못하는 전자의 팀을 '무늬만 팀'이라고 말하겠고, 다섯 명이 모여서 기대 이상의 성과를 내는 후자의 팀을 '시너지 팀'이라고 말하겠습니다. 팀의 성과와 직결되는 이름을 붙여보았습니다. 시너지는 영어로 synergy이지요. 이 단어는 system과 energy를 합성한 용어입니다. 풀어보자면 시스템이 갖추어지면, 즉 개개인을 합쳐서 팀을 만들어놓으면 각 개인이 낼 수 있는 성과보다는 높아야 된다는 것이지요. 이렇게 되는 것을 시너지 효과라고 합니다. 수학적으로 1 더하기 1은 2입니다. 그런데 조직적으로는 1 더하기 1은 2가 아니라 2보다 훨씬 더 커야 한다는 것이 시너지가 가지고 있는 의미입니다. 즉 플러스 알파가 있다는 것이지요. 그리고 이 알파의 크기가 그 팀이 '무늬만 팀'인지 '시너지 팀'인지를 결정합니다.

알파의 크기는 팀에 따라 각각 다를 것입니다. 어떤 팀은 알파의 크기가 '0'입니다. 팀을 구성하고 있는 개개인의 성과의 합, 딱 그만큼만 성과를 내는 팀이지요. 어떤 팀은 알파의 크기가 '100'입니다. 비교적 괜찮은, 성과가 우수한 팀이겠지요. 어떤 팀은 알파의 크기가 '1000'입니다. 성과가 어마어마한 팀입니다. 이런 팀을 두고 대박 나는 팀이라고 하는 것이겠지요. 상대적으로 이런 팀도 있습니다. 알파의 크기가 '-100'입니다. 아마도 만나기만 하면 서로를 비난하고 헐뜯고 싸움만 하는 팀일 것입니다. 당연히 성과가 나쁘겠지요. 이처럼 알파의 크기가 중요합니다. 알파의 크기에 따라 조직의 성과가 달라지기 때문입니다.

예를 들어보지요. 여기 한 사람이 일할 때 '50'의 성과를 내는 두 사람이 있습니다. 어떤 사업가가 이 사람들에게 사무실을 차려주어 함께 일할 수 있도록 했습니다. 이 사업가가 경비를 들여가면서 사무실을 차려준 이유는 개인적으로 일할 때보다 더 좋은 성과를 기대하기 때문입니다. 개인적으로 일할 때의 합인 '100'보다 더 많은 결과를 내주기를 기대하는 마음 때문이겠지요. 그런데 만약에 두 사람이 만들어내는 알파의 크기가 '0'이라고 칩시다. 그렇다면 사무실은 괜히 차려준 꼴이지요. 각자 집에서 일하는 것이 더 낫잖아요. 사무실을 차려준 경비는 지출하지 않아도 될 테니까요.

조직을 정의한 학자들이 많이 있습니다. 그리고 자신의 생각대로 조직을 조금씩 다르게 정의하고 있습니다. 그런데 공통적으로 이야기하는 조직의 특성이 있습니다. 모두 세 가지인데, '공동의 목표가 있다' '두 사람 이상이 모인 집단이다' '구성원 간에 상호작용을 한다'입니다. 풀어서 정리하면 '조직은 두 사람 이상이 모여서 그들에게 주어진 공동의 목표를 달성하는 곳'인데 그러기 위해서 '두 사람 이상의 구성원이 서로 상호작용을 해야 한다'는 말입니다. 이것을 두고 조직은 시스템이라고 이야기하는 것이고, 시스템이기 때문에 시너지를 높여야 한다고 이야기하는 것입니다. 이 시너지를 높이기 위해서는 상호작용이 필요합니다. 그리고 상호작용의 구체적인 방법이 상호 소통입니다. 이제는 조직이 시스템이란 것과 시스템을 위해서는 소통이 필수라는 것이 이해가 되었을 것입니다. 소통은 요즘에 정말 많이 회자되는 용어이지요.

통한다는 것이 무엇을 말하는 것인가요?

Q 조직생활에서 인간관계를 잘 만들어가는 것은 참 중요하다고 합니다. 모든 게 그런 것은 아니라고 하지만 인간관계가 어떻게 형성되어 있느냐가 일에 영향을 주는 것도 대부분의 조직인들이 경험하고 있는 바입니다. 그래서 사람 사이는 잘 통해야 한다고 말하나 봅니다. 그런데 통한다는 것이 무엇을 말하는 것인지요. 그게 궁금합니다. 이것이 풀려야 그 다음의 것들이 풀릴 것 같습니다. 통한다는 것이 무엇을 말하는 것인가요?

A 그렇습니다. 말할 필요도 없이 사람 사이는 잘 통해야 합니다. 이것은 조직생활에서뿐만 아니라 인간 삶 전체를 보아도 그렇습니다. 그런데 이 통에도 대표적인 두 가지가 있습니다. 바로 通과 痛입니다. 앞의 것은 '통하다'라는 의미를 가지고 있는 통이고, 뒤의 것은 '아프다'라는 의미를 가지고 있는 통입니다. 그리고 이 둘도 나름 관련성을 가지고 있습니다. 이런 관련성입니다. 관계가 서로 잘 통(通)하는 것은 중요합니다. 그러나 때로는 관계가 통(痛)이 되기도 합니다. 잘 통(通)하지 않기 때문이지요. 그래서 이런 말을 하는 것 같습니다. '불통(不通)이면 고통(苦痛)이고 소통(疏通)이면 형통(亨通)이다.' 그렇습니다. 한 팀을 구성하고 있는 사람들끼리 서로 통하지 않으면 그팀은 매일매일이 고통스러운 날이 됩니다. 그리고 한 팀을 구성하고 있는 사람들끼리 서로 잘 통하면 그 팀은 매일매일 즐거움 속에서 일을 하게 됩니다. 성과가 좋은 팀이 어느 팀일지는 너무도 자명하지요. 기억하세요. 불통(不通)이면 고통(苦痛)이고 소통(疏通)이면 형통(亨通)입니다.

여기 불통의 세 가지 유형을 소개하겠습니다. 기억하기 좋게 '불통 3통'이라고 하겠습니다. 소개하는 3통은 공식적인 용어는 아닙니다. 이해를 돕기 위해 만들어본 용어입니다.

첫 번째 통은 무통(無通)입니다. 소통이 아예 없는 경우입니다. 물리적으로는 같은 공간에 있습니다. 그런데 구성원끼리 서로 말 한 마디하지 않습니다. 그 결과는 공유(共有)가 안 된다는 것입니다. 조직에서는 목표는 물론 그 목표를 달성하기 위한 과정까지도 서로 공유가 되어야 합니다. 그러지 않으면 일을 해나갈 수가 없지요. 무통은 조직에서 있어서는 안 되는 통입니다. 조직이라는 곳은 공동의 목표를 달성하기 위해 모인 구성원들끼리 대화를 통한 상호작용을 해야 하는 곳인데, 대화가 없다는 말은 목표 달성을 위한 노력을 하지 않는 것이라고 해도 틀린 말은 아닐 것입니다. 그런데 가끔 무통에 가까운 조직을볼 수 있습니다. 전혀 이야기를 하지 않는 것은 아니더라도 업무상 꼭필요한 말 외에는 대화가 없는 경우입니다. 출근할 때 인사 한 마디하고, 일과 관련된 이야기는 아주 조금 하고, 일과 관련이 없는 이야기는 아예 하지 않고, 그러다가 퇴근할 때 인사 한 마디 합니다. 이런 팀들도 더러 있는데 이 경우도 무통의 팀에 포함됩니다.

두 번째 통은 불통(不通)입니다. 대화를 하기는 하는데 서로 통하지가 않는 경우입니다. 그 결과는 상호 이해 불가입니다. 이런 경우가 가장 대표적인 불통의 현상일 겁니다. 한 사람은 자기 생각대로 말하고다른 사람은 그 말을 자기의 생각대로 해석합니다. 말을 듣고 해석할때 사람은 자기가 이미 가지고 있는 생각을 통해 해석하는 경향이 있습니다. 이것을 선유경향(先有傾向)이라 하는데, '사람들이 특정 사실에대해 미리 갖고 있는 선입견'을 말합니다. 이 선유경향 때문에 서로의해석이 달라지고 소통이 잘 되지 않기도 합니다.

세 번째 통은 오통(誤通)입니다. 대화의 내용이나 방법이 잘못된 경우입니다. 그 결과는 갈등으로 이어지기도 하지요. 대화를 사전에 준비하지 않아서 내용이 충분하지 못한 경우도 있고, 그 내용을 잘못 표현해서 갈등이 생기는 경우도 있습니다. 그런데 두 가지 중에서 어느 경우가 더 많을까요? 즉 대화의 내용과 방법, 어떤 것 때문에 갈등이 잦을까요? 이 질문에 많은 이들은 방법 쪽이라고 답을 할 겁니다. 실제로 대화 현장에서 보면 대화의 내용보다는 대화의 방법 때문에 유발되는 갈등이 훨씬 많습니다. 대표적으로는 이런 경우가 있지요. 처음에는 대화의 내용을 위주로 대화를 풀어가다가 잘 풀리지 않으면 언성이 높아지기도 하고 심하면 삿대질까지 하기도 합니다. 이쯤 되면 감정싸움이 되지요. 내용을 가지고 갈등을 해야 그 문제가 잘 해결될 텐데 감정싸움으로 비화된 탓에 해결해야 할 문제는 이미 뒷전이 되어 버립니다. 내용으로 시작된 갈등이 방법을 통해 증폭되는 경우이지요. 이런 경우를 오통이라고 합니다.

잘못된 소통, 즉 무통, 불통, 오통, 이 세 가지는 우리 곁에 두어서도 안 되고 오는 것을 허용해서도 안 됩니다. 경계하세요.

04 소통하지 못하는 리더는 '혼밥' 해야 한다면서요?

리더 역할이 왜 이렇게 힘든가요?

Q 리더가 부러웠습니다. '팀장'이라는 타이틀이 부러웠고, 아래 사람들에게 편안하게 지시할 수 있는 것이 부러웠고, 더 위의 높은 사람들과도 자주 소통할 수 있는 것이 부러웠습니다. 그중에서도 가장 부러웠던 것은 자신의 뜻을 팀원들을 통해서 마음껏 펼칠 수 있는 자리라는 것이었습니다. 그래서 나도 언젠가 승진해서 리더가 되면 정말 멋진 리더가 되어야겠다고 다짐하면서 지낸 지 15년 만에 드디어 일곱 명의 팀원을 이끄는 팀장이 되었습니다. 꿈에 그리던 리더가 된 것이지요. 드디어 마음에 품어왔던 리더로서의 역할을 멋지게 해낼 기회가 온

것입니다. 그러나 팀장이 된 지 한 달이 지난 지금, 출근하기가 점점 싫어집니다. 리더가 아니었을 때는 느껴보지 못했던 마음입니다. 리더가 아닌 옛날로 돌아가고 싶기도 합니다. 팀장이 되기 전에 승진자 교육도 받았고, 스스로도 팀장이 되면 이렇게 해야 되겠다는 계획도 잘 세웠었는데 그게 생각처럼 잘 안 됩니다. 도대체 리더 역할이 왜 이렇게 힘이 드는 걸까요?

A 리더라면 누구나 한번쯤 해보았을 고민입니다. 리더 역할 할 만한가요? 이 질문에 '그렇다'라고 답변할 리더가 몇이나 될까요? 많지 않을 것입니다. 차라리 리더가 아닌 시절로 돌아가고 싶다고 말하는 이가 더 많을지도 모르겠습니다. 이쯤 되면 '리더 역할'이라는 표현보다는 '리더 노릇'이라고 표현하는 것이 더 맞을지도 모르겠네요. 그렇다면 리더 노릇 하기가 왜 이렇게 힘들고 어려운 것인가요? 그 이유를 우리 리더들의 현실 속에서 찾아보겠습니다.

리더는 끼어 있는 사람입니다. 조직의 탑 리더 소수를 제외한 대부분의 리더는 위와 아래의 중간에 끼어 있습니다. 위로는 조직 또는 상사가 있고, 아래로는 팀원 또는 부하가 있습니다. 리더의 이런 구조 속에서 생기는 스트레스를 '샌드위치 증후군'이라고 말하는 학자들도 있습니다. 리더 역할, 도대체 왜 힘이 드는 것일까요? 아마 이런 이유 때문일 것입니다.

위에서, 즉 조직이나 상사가 리더에게 원하는 것은 한 가지밖에 없습니다. 그 한 가지가 바로 '성과'입니다. 다른 것은 요구하는 법이 없습니다. 그런데 아래에서, 즉 팀원이나 부하가 원하는 것은 무엇인가요? 그들도 위에서 요구하는 것처럼 성과를 요구하던가요? 아닐 겁니다. 실제로 현장에서 팀원들로부터 성과를 요구받은 적이 있나요? "팀장님, 토요일에 집에서 할 일도 없으시잖아요? 회사에 나와서 같이 일해서 성과 좀 내봅시다." 이런 말을 들어본 적 있나요? 아마도 없을 것입니다. 오히려 이런 경우가 많지 않았을까요? "김대리, 토요일에 회사홍보를 위한 문화 행사를 하는데 우리 팀에서 지원을 해야 하니 같이나와서 수고 좀 합시다." 이렇게 말하면 김대리의 반응은 아마 이랬을 것입니다. "저 토요일에 여자 친구하고 놀러 가기로 했어요. 죄송하지만 안 되겠습니다." 즉, 아래에 있는 팀원들이 요구하는 것은 조직생활을 '만족'하며 하고 싶다는 것이지요.

이렇듯 리더에게 요구되는 것은 위에서는 성과, 아래에서는 만족입니다. 그런데 이 두 가지가 조직의 성격상 다릅니다. 달라도 그냥 다른 것이 아니라 완전히 다릅니다. 위에서 요구하는 성과를 내기 위해 몰아치다 보면 팀원들과의 관계가 힘들어질 수밖에 없고, 아래에서 요구하는 만족이라는 것을 충족시키려 보면 위에서 요구하는 성과는 소홀해질 수밖에 없습니다. 그래서 리더 역할이 어려운 것입니다. 위에서는 성과를, 아래에서는 만족을 원하고 요구하는데, 이 두 가지가 성격이 완전히 다르기 때문에 어려운 것이지요. 그렇다고 두 가지 중에 어느 한 가지만 선택할 수는 없습니다. 요구하고 있는 두 가지 중에 한가지만 선택한다면 그 결과는 아마 이렇게 될 것입니다.

먼저 조직에서 요구하는 성과만을 추구하는 리더가 리더십을 발휘하는 모습을 생각해보겠습니다. 한마디로 말하면 팀원들을 일로 몰아치는 막무가내 리더의 모습입니다. 이전에는 이런 모습들이 대표적이었습니다. 토요일에도 불러내서 일을 시키고, 야간에도 나오라고 하고, 명절에도 제사만 지내고 나오라고 하는 리더들입니다. 물론 52시간제가 시행되고 있는 지금은 상상 속에서만 짐작이 가능한 일들이지요. 그러나 지금도 일로 다그치는 리더들은 얼마든지 많습니다. 이런 리더는 단기적으로는 성과를 낼 수 있습니다. 그러나 말 그대로 단기적으로만입니다. 장기적으로는 아닙니다. 막무가내 리더 옆에는 팀원들이 오고 싶어하지 않습니다. 신뢰를 받지 못하게 되는 것이지요. 공식적인 일 이외의 관계는 단절될 것입니다. 이런 리더들은 혼밥하고 혼술하는 법을 미리 배워놓아야 합니다. 막무가내 리더가 팀원들에게 밥 먹으러 가자고 하면 배가 고프지 않아서 오늘은 건너뛰겠다고 말할 것이고, 술 마시러 가자고 하면 한약 먹어서 안 된다고 말할 것입니다. 막무가내 리더가 선택할 수 있는 것은 혼밥과 혼술밖에 없습니다.

다음은 팀원들과의 관계만을 중시하는 리더가 리더십을 발휘하는 모습입니다. 이런 리더는 팀원의 개인 사정이나 상황을 너무 많이 고려합니다. 어느 기한 내에 일이 완성되어야 하는데 팀원이 개인적인 사정으로 못했다고 하면 그럴 수 있다고 하면서 그냥 넘어갑니다. 심지어는 팀원이 일을 못해 헤매고 있어도 지도할 생각을 하지 않고 자신이 직접 합니다. 지나친 배려이지요. 성과만을 몰아치는 리더를 '막무가내 리더'라고 한다면 관계만을 중시하는 리더는 '만년 리더'라고 말하고 싶습니다. 승진에서 누락될 가능성이 많기 때문입니다. 일반적으로 조직은 성과 중심으로 승진을 결정하기 때문이지요. 그래서 만년 리더입니다. 어느 단계에서 더 이상의 리더로 올라가기는 어려울 것입니다. 승진에서 누락되면 위로주는 많이 얻어먹습니다. 주변에 사람은 많으니까요. 이런 유형의 리더를 미국에서는 '컨트리 클럽 스타일'이라고 말하기도 합니다. 부하들 데리고 골프만 치러 다닌다고 해서 붙여진 별명 같습니다. 그러나 리더로서 결코 바람직한 모습은 아니지요.

그래서 리더는 힘든 직책입니다. 성과와 관계 사이에서 늘 고민해야 하니까요. 어떤 리더들은 이렇게 힘든 리더의 모습을 '골 때린다'라는 일상 용어로 표현하기도 합니다. '골 때린다'는 말이 예쁜 말은 아닐지라도 현실적인 말임에는 틀림이 없는 것 같습니다. 그리고 그 이유는 이렇습니다. 리더가 아니었을 때는 골은 때리지 않았습니다. 골 밑에 있는 몸이 때렸지요. 팀원 시절에는 리더가 지시하면 '예, 알겠습니다'라고 한 마디 하고 바로 몸으로 실행하면 되었습니다. 몸이 힘들기는 했지만 머리가 아프지는 않았습니다. 그런데 리더가 되니까 '이리 갈까? 저리 갈까? 차라리 돌아갈까?' 늘 이런 고민 속에 살게 되지요. 이것을 일부 리더들이 '머리 아프다'라고 말하는 것이고, 이것을 '골 때린다'로 표현하고 있는 것입니다.

이런 경우를 생각해보겠습니다. 리더를 임기제로 하는 경우입니다. 차장으로 승진해서 2년 동안 임기를 수행합니다. 그리고 2년의 임기가 끝났을 때 본인이 원하면 차장을 그만두고 과장이나 대리 또는 사원으로 내려갈 수 있습니다. 당신에게 이런 경우가 생긴다면 어떻게 하겠습니까? 차장을 그만두고 자신이 원하는 더 아래쪽의 직급으로 내려올 수 있는데 차장을 그냥 하겠습니까, 아니면 내려오겠습니까? 아마도 그만두고 내려오고 싶다는 리더들이 꽤 많을 것입니다. 실제로 그런 경우를 보았습니다. 현장의 리더들이었는데 임기 2년을 채우고 본인이 하기 싫으면 반납하고 내려가는 경우입니다. 그리고 강의하는 현장에 그런 사람이 소수 있었습니다. 그래서 물어보았습니다. "수당 몇 푼은 포기할 수 있다. 조금만 덜 쓰면 되니까. 그러나 리더로 올라가면 그 밑에 몇 사람의 부하(후배)가 딸리게 되는데, 그리고 리더는 그 사람들을 관리하는 맛에 사는데 왜 내려왔습니까?" 그랬더니 생각할 틈도 갖지 않고 바로 내놓은 말이 이것이었습니다. "선생님, 미처 몰랐었는데요. 위에 올라가보니까 골 때려서 못해 먹겠습니다." 그 말을 듣고 내린 결론이 있습니다. 리더는 골 때리는, 조금 더 순화해서 표현하자면 골 아픈, 머리 아픈 자리라는 결론입니다. 그래서 앞에서 '골 때린다'는 표현을 해본 것입니다.

물론 항상 그런 것은 아닙니다. 리더이기 때문에 좋은 것도 너무 많지요. 그런데 좋은 것은 고민이 필요 없고 계속 좋으면 되는 것이라 논외로 삼았습니다.

어쨌든 리더는 참 힘든 직책입니다. 그래서 리더는 아무나 하는 게 아닙니다. 선택 받은 사람만 할 수 있는 것입니다.

인연이라고 하죠, 거부할 수가 없죠.

Q 살다 보면 만나고 싶지 않은 사람이 있습니다. 그리고 그런 사람은 만나지 않으면서 살고 싶습니다. 대부분의 경우가 그렇겠지요. 나와 이해관계가 없다면 말이지요. 그런데 만나고 싶지 않아도 만나지 않을 수 없는 경우가 있습니다. 그래서 괴롭고 힘이 듭니다. 특히 직장생활에서 그렇습니다. 중요한 프로젝트를 하고 있어서 일이 많은데도 일을 더 하라고 던져주는 상사, 일을 하라고 지시를 하면 하는 시늉만 하고 결과를 가져오지 않는 후배, 이런 사람은 만나지 않고 살고 싶습니다. 만나고 싶지 않은 사람은 만나지 말고, 만나고 싶은 사람만 만나며 살고 싶습니다. 그럴 수 있는 방법이 없을까요?

A 그럴 겁니다. 싫은 상사, 미운 부하는 만나고 싶지 않습니다. 누구나 마찬가지 마음이겠지요. 그러나 우리는 그런 사람들을 매일매일 만나야만 합니다. 더구나 그런 사람이 같은 팀이라면 하루 종일 같은 공간에 있어야 하기도 합니다.

싫은 상사와 일하는 이대리는 오늘도 버티며 지내고 있습니다. 자신과 맞지 않는 김팀장 때문에 죽을 맛입니다. 생각으로는 이미 사표를 수십 장 썼습니다. 대학 때부터 들어오고 싶은 대기업이고 대학 동창들로부터도 부러움을 살 만한 회사이기 때문에 쉽게 그만둘 수도 없습니다. 더구나 요즘같이 취업하기 어려운 때 그만두면 지금처럼 좋은 회사에 들어간다는 것은 불가능하다고 보는 게 맞습니다. 상사인 김팀장만 아니면 모든 게 좋을 텐데 참 힘이 듭니다. 입사 4년 차인데 처음에 함께 일하던 최팀장은 괜찮았습니다. 그런데 1년 전부터 함께 일하게 된 김팀장과는 영 맞지가 않습니다. 도저히 안 되겠습니다. 인사팀과 상의를 해서라도 팀을 옮겨달라고 해야겠습니다.

기회를 엿보던 어느 날, 평소 알고 지내던 인사팀장과 면담을 했습니다. 전후 사정을 이야기 들은 인사팀장은 가능하면 이대리가 원하는 방향으로 해주고 싶어했고 어느 팀으로 가고 싶냐고 물었습니다. 이런 상황을 예상했던 이대리는 평소에 자신을 친동생처럼 아껴주는 박팀장과 함께 일하고 싶다는 생각을 전달했고 일주일 후에 드디어 이대리의 뜻대로 박팀장이 이끄는 팀으로 옮기게 되었습니다. 이대리의 뜻대로 된 것입니다. 콧노래를 부르며 새로운 팀으로 출근한 이대리. 그러나 첫 날부터 자신의 생각이 틀렸음을 알 수 있었습니다. 이전에 생각하던 박팀장의 모습이 아니었습니다. 자신을 친동생처럼 아껴주었던 모습은 온데간데없고 그냥 또 다른 힘든 상사일 뿐이라는 것을 아는 데는 며칠 걸리지 않았습니다. '어? 이거 뭐지?' 그러나 이미 돌이킬 수 없는 상황이 되고 말았습니다. 왜 이런 일이 생긴 것일까요? 이대리가 무엇을 잘못한 것일까요?

가끔 있는 일입니다. 상사가 싫다고 회사를 그만둘 수는 없기에 차선책으로 선택할 수 있는 방법인 팀을 옮기는 경우입니다. 조직에서 어떤 사람과의 관계는 그 사람과 일로 연결되어 있느냐, 그렇지 않느냐에 따라 다르게 설정되곤 합니다. 선배의 경우에도 일로 관련이 있는 선배면 마냥 좋은 이야기만 오갈 수는 없습니다. 일로 관련이 되어 있는 후배에게는 싫은 소리도 하게 되고, 때로는 야단을 칠 수밖에 없기도 합니다. 그러니까 후배에게는 악마처럼 보이기도 하는 것이고, 그 대상이 바로 직속 상사나 선배인 것입니다. 그러나 일로 관련이 없는 선배는 후배에게 싫은 소리를 할 필요가 없습니다. 만날 때마다 일상적인 이야기, 좋은 이야기만 주고받아도 됩니다. 그래서 천사처럼 여겨지기도 합니다. 앞의 예에서 박팀장의 경우이지요. 박팀장에게 이대리는 그냥 귀여운 후배이기만 합니다. 자신의 팀에서 일하는 후배가 아니기 때문입니다. 그런데 인사명령에 의해 오늘부터 자신의 팀에서 일하게 되었습니다. 어제까지와는 다른 성격으로 연결되는 후배가 되었습니다. 이제는 후배라기보다는 전통적인 용어로 부하가 된 것이지요. 어제처럼 편하게만 대하게 될까요? 아닙니다. 그래서도 안 됩니다. 오늘부터 이대리를 대하는 태도가 달라집니다. 어제까지 천사였던 박팀장이 오늘부터 악마가 되는 것이지요. "전 부서에서 일을 이렇게 배웠나?" "일을 더 차분하게 해야겠어. 우리 팀은 숫자를 많이 다루는 부서야. 틀리면 안 돼." 이런 말이 박팀장으로부터 듣게 되는 말일 것입니다. 반면에 김팀장의 경우는 어떻겠습니까? 어제까지는 일로 관련이 되어 있어서 악마처럼 대할 수밖에 없었는데 일과 무관해진 오늘부터는 천사처럼 대하게 되겠지요. "그동안 수고했어. 저녁에 시간 되면 간단하게 치맥 할까? 내가 쏠게." "앞으로 힘든 점이 있으면 언제든지 이야기해. 내 마음은 항상 열려 있네." 지금까지 함께 일하는 동안에는 들어보지 못한 이야기를 듣게 됩니다. 이처럼 상사도 일로 관련이 있느냐 그렇지 않느냐에 따라 천사처럼 생각되기도 하고 악마처럼 생각되기도 합니다. 이런 이대리가 자주 부르게 되는 노래가 있습니다. 노래를 참 잘하는 이선희 가수가 부른 '아, 옛날이여'입니다. 팀을 옮긴 것을 후회하면서 부르는 노래이지요.

꼴도 보기 싫은 정사원과 함께 일하고 있는 차팀장은 오늘도 속을 끓이고 있습니다. 요즘의 젊은 세대가 자신이 젊었을 때와는 큰 차이가 있어서 그들을 어떻게 대해야 하는지 팀장이 된 3년 전부터 교육이 있을 때마다 들어왔고, 어떻게 리더십을 발휘해야 하는지 스스로도 많이 연구하고 실행하는 편입니다. 그런데 최근에 새로 들어온 정사원은 어디에서도 들어보지 못한 차원의 팀원입니다. 소위 '돌아이'에 가깝습니다. 일의 배경과 의도는 물론 기대사항까지 자세히 설명을 해도 이해하지 못하고, 어쩌다가 지시한 일을 해올 때도 원칙 없이 자신의 생각대로만 해오고, 정말이지 못해먹겠습니다. 팀장이 된 후 나름대로 즐겁게 리더생활을 하고 있었는데 정사원이 팀으로 온 이후부터는 고민의 연속입니다. 마음속으로는 확 잘라버리고 싶습니다. 그러나 팀장에게 그런 권한은 주어지지 않았습니다. 차선책으로 다른 팀으로 보내버리고 싶습니다. 그러나 정사원의 뒤처지는 수준이 이미 회사 내에 소문이 난 후라 다른 팀에서 받으려 하지도 않습니다. 속만 태우고 있습니다.

이런 고민 중인 차팀장에게 위로의 노래를 한 곡 추천하고 싶습니다. 역시 이선희 가수가 부른 '인연'이라는 노래입니다. 그 노래 중간 가사에 이런 말이 나옵니다. '인연이라고 하죠. 거부할 수가 없죠. 내

생애 이처럼 아름다운 날 또다시 올 수 있을까요.' 물론 사랑하는 연인과의 만남을 의미하는 말일 겁니다. 그런데 이 가사가 어쩌면 직장생활에도 그대로 들어맞는지요. 여러분, 그 많은 사람 중에서 왜 하필 김팀장을 만났습니다. 그 많은 사람 중에서 왜 하필 정사원을 만났습니까? 이 상황을 인연이라는 말 말고 어떤 말로 표현할 수 있겠습니까? 우리 힘으로 김팀장을, 정사원을 거부할 수 있나요? 안 되잖아요. 김팀장이 싫다고 우리가 함부로 부서를 옮길 수도 없고, 정사원이 밉다고 자를 수도 없잖아요. 그래서 직장생활을 하는 중에 만나게 되는 우리 주변에 있는 이해관계자들은 거부할 수 없는 인연이라고밖에 볼 수가 없습니다. 그 다음 가사도 의미가 있습니다. 여러분의 생에서 이처럼 아름다운 날은 또다시 오지 않습니다. 그냥 그렇게 믿고 사는 게 편합니다. 그러니 서로 잘 지내야지요. 서로 사랑해야지요. 2절 가사는 더 멋있습니다. '인연'을 넘어 '운명'이라고 말하잖아요. 그렇습니다. 여러분이 지금의 그 직장을 만난 것, 그 직장 안에서 주변에 있는 사람들을 만난 것, 운명입니다. 그러니 거부하지 맙시다. 차라리 사랑합시다.

차팀장의 고민을 해결하기 위해 이런 비유를 들어보겠습니다. 자신의 생각을 바꾸어보는 것입니다. 결혼 10년이 넘은 부부에게 이런 질문을 하면 뭐라고 대답할까요? "살면서 갈라서고 싶다는 생각을 해본 적이 있습니까?" 여러분은 이 질문에 무슨 답변을 하겠습니까? 아마 그만 살고 갈라설 것을 생각해보지 않은 부부가 그리 많지는 않을 것입니다. 10년 이상이면 대부분 그렇지 않을까요? 그런데 지금까지 10년을 넘겨 20년, 30년을 지나 그 이상을 살고 있습니다. 다행이기도

소통을 위한 대화, 이렇게 하면 돼요

하지만 그보다는 지혜롭다고 해야 할 것입니다. 아마 이런 이유 때문일 것입니다. 갈라서려고 생각을 하기 시작하니까 정말 생각이 많아지고 복잡해집니다. 절차는 어떻게 되나, 어떤 서류들이 필요한가, 아이들은 어떻게 하나 등등의 문제를 생각하다 보면 하룻밤을 꼬박 새우게 됩니다. 하룻밤뿐이겠습니다. 그 모든 것들이 정리되기까지 며칠 밤을 새우게 될 것입니다. 누군가와 헤어지려면 이처럼 힘이 듭니다. 그럼 잘 지내려고 하면 어떻게 될까요? 잘 지낼 수 있는 방법을 2시간만 고민하고 나면 쉽게 잠들 수 있습니다. 지난번의 오해는 어떻게 풀까, 꽃을 사가지고 갈까? 와인을 한잔하면서 대화를 하면 어떨까? 이런 식으로 좋은 방법을 찾는 데는 2시간이면 충분할 것입니다. 이런 몇 가지만 잘 정리하고 나면 정말이지 두 다리를 쭈욱 뻗고 잘 수 있습니다. 이처럼 헤어지려는 고민보다는 잘 지내려는 고민이 훨씬 손쉽습니다. 훨씬 더 편하고요.

가정에서 부부로 만났든지, 직장에서 상사와 부하 또는 동료로 만났든지, 우리의 만남은 인연이고 운명입니다. 거부하지 맙시다. 그리고 이 만남을 소중하게 생각하고 아름다운 인연이자 운명으로 가꾸어갑시다. 그래야 마음 편하게 행복할 수 있습니다. 이대리의 경우에도 김팀장과 잘 지낼 수 있는 방법을, 차팀장의 경우도 정사원과 잘 지낼 수 있는 방법을 연구하는 것이 가장 바람직한 해결 방안일 것입니다. 어차피 이대리에게 김팀장은, 차팀장에게 정사원은 인연이자 운명이니까요.

소통 능력이 리더에게 그렇게 중요한가요?

Q 회사생활 10년 만에 드디어 다음 달에 팀장이 됩니다. 금년에 회사에서 전략적으로 진행하는 사업인 '유럽 진출 프로젝트'가 잘 진행된 덕분인 것 같습니다. 그 힘든 몇 번의 유럽 출장도 거뜬히 해냈고 다른 사람들이 해결하기 힘들어했던 몇 가지 문제도 잘 풀어냈습니다. 물론 실적도 좋았지요. 덕분에 개인적인 능력도 인정을 받았고 동기들보다 빠른 승진을 하게 된 것입니다. 많이 기쁩니다. 그런데 한 가지 걱정되는 것이 있습니다. 팀장이 되면 함께 일해야 하는 팀원들이 다섯 명이 있습니다. 리더로서 그들을 잘 이끌어야 한다는 게 마음을 누릅니다. 개인적인 성격이 차분하고 꼼꼼한 편이고, 말 없이 나 자신의 일을 해내는 편이라서 걱정이 됩니다. 이번 프로젝트도 혼자서 하는 일이었기 때문에 잘 해낸 것 같다는 생각도 듭니다. 그런데 무려 다섯 명의 팀원과 함께 일해야 한다니…. 특히 그중에는 나보다 입사가 2년 빠른 선배도 있습니다. 고민이 아닐 수가 없습니다. 밤잠을 설치는 일까지 생겼습니다. 먼저 팀장이 되어서 그 역할을 잘 수행하고 있는 몇몇 선배 팀장들께 자문을 구해보기도 했습니다. 대부분의 팀장들은 팀원들과 소통을 잘하라고 조언하며 소통을 잘하는 방법 몇 가지를 이야기해주었습니다. 다만 리더에게 왜 소통이 중요한지를 명확하게 이야기해주는 선배 팀장은 없었습니다. 소통은 너무도 당연하다는 생각들을 하고 있는 것 같습니다. 개인적으로 다른 사람과의 소통이 활발하거나 세련된 편이 아니라서 걱정이 됩니다. 그래서 먼저 알고 싶은

것이 리더에게 소통이 중요한 이유입니다. 그러면 소통을 잘하는 방법을 더 열심히 찾을 것 같기 때문입니다.

A 축하할 일이네요. 역시 승진은 사람을 기쁘게 합니다. 그런데 어떻게 팀을 이끌어가야 할지 고민이라고요? 특히 소통 때문에 고민하고 있다고요? 그렇다면 좋은 리더가 되기 위한 준비는 되었다고 보아야 할 것 같네요. 리더에게 소통 능력을 잘 갖추는 것은 기본이니까요. 왜 그런지를 설명하겠습니다.

리더가 되면 가장 크게 변하는 것은 자기 혼자가 아니라는 점입니다. 나 혼자만 일을 잘한다면 좋은 리더는 아니지요. 다른 사람들이 일을 잘하도록 해주어야 좋은 리더가 되는 것입니다. 평가를 받는 것도 마찬가지입니다. 팀장은 자신이 일을 해서 만들어놓은 성과와 함께, 팀원들이 일을 해서 만들어놓은 성과까지를 합쳐서 평가를 받습니다. 그래서 팀장은 팀원들이 일을 잘할 수 있도록 지원할 필요가 있습니다.

리더십을 발휘한다는 것은 무엇을 어떻게 하는 것을 말할까요? 이 질문에 여러분은 무슨 답변을 하겠습니까? 리더십을 '발휘한다'는 것은 리더십의 '과정'을 말하는 것이고 그 과정에는 무엇인가 수단이 있어야 한다는 말일 텐데, 그것이 무엇일까요? 답은 오직 한 가지, 의사소통입니다. '소통'이라는 용어의 의미는 '서로 통하여 오해가 없음'입니다. 그리고 서로 통할 때 주고받는 내용으로 각자의 뜻과 생각을 주고받게 됩니다. 이것이 의사소통입니다. 이 의사소통을 할 때의 '뜻과 생각'이 무엇이냐에 따라 팀원들의 움직임이 달라지게 될 것입니다. 그리고 그 의사소통의 방법이 바로 대화입니다. 요즘은 SNS로도 소통을 하지만 중요한 내용들은 서로 마주 앉아서 이야기를 나누는 대화를 수단으로 하게 되지요. 정리하자면 리더십을 발휘한다는 것은 '리더 자신의 의도를 팀원들에게 말이라는 수단을 통해 전달하여 팀원들로 하여금 일하도록 움직이게 하는 것'입니다. 따라서 의사소통 능력은 리더에게는 필수이자 운명인 것입니다. 왜냐하면 의사소통 능력을 가지고 있지 못하면 리더십 발휘는 불가능하니까요.

성공하는 리더는 성공하는 소통자라고 표현한다면 과한 것일까요. 아닐 겁니다. 훌륭한 소통 능력을 가지고 있지 못하면 훌륭한 리더가 될 수 없습니다.

리더에게 필요한 대화 스킬이 어떤 것들인가요?

Q 리더에게 소통 능력은 필수이고, 소통 능력의 구체적인 실현은 대화로 이루어진다고 했습니다. 이 말은 리더에게 대화 능력이 없다면 소통도 어렵다는 말인데 그렇다면 리더가 대화 능력을 높이기 위해서는 어떤 대화 스킬들이 필요할까요? 리더 앞에 놓이게 되는 상황은 여러 가지가 있을 텐데 이런 여러 상황에서 어떻게 대화를 해야 하는지요?

A 모든 사람들에게도 그렇겠지만 리더의 역할을 수행하는 데 필요한 대화 스킬은 크게 두 가지입니다. 하나는 듣기이고 다른 하나는 말하기입니다. 대화의 구성 자체가 이 두 가지이니까요. 세부적으로 듣기에는 질문과 경청이 포함되고, 말하기에는 공감하며 말하기, 부드럽게 말하기, 논리적으로 말하기, 강하게 말하기, 단점 지적하기 등과 같은 스킬들이 포함됩니다. 이러한 대화 스킬들이 리더십을 발휘하는 데 필요한 방법들입니다. 리더는 자신이 일한 결과에 팀원들이 일한 결과를 더한 것으로 평가를 받는 자리입니다. 그러면 팀원들이 좋은 결과를 내도록 지원이나 독려를 해야 하고 그러기 위해서는 대화의 여러 가지 스킬들을 모두 잘 갖추고 있어야 합니다. 대화 스킬을 얼마나 잘 갖추고 있는가에 따라서 리더로서의 결과 평가를 받는다고 해도 틀린 말은 아닌 것이지요. 각각의 스킬들의 개요를 살펴보겠습니다. 말 그대로 개요에 관한 것이고 스킬들의 구체적인 내용은 개요 설명 이후에 자세히 풀어서 설명하겠습니다.

1. 질문하기입니다.

요즘 리더 역할 하기가 점점 더 어려워진다는 고백들을 많이 합니다. 전통적인 리더의 경우에는 조직을 이끄는 원칙을 정해놓고 '나를 따르라'고 한 마디만 하면 됐지만 지금은 그 한 마디에 곧바로 움직일 팀원들이 많지 않습니다. 개인주의 성향과 개성이 강한 시대이기 때문에 팀원 각각의 성향이나 팀원이 처해 있는 상황을 고려해서 리더십을 발휘해야 합니다. 이것을 두고 리더 역할 하기가 점점 더 어려워진다고 말하는 것입니다. 그렇다면 팀원들의 성향이나 상황을 알 수 있는 방법은 무엇일까요? 두 가지를 통해서 알 수 있습니다. 팀원들의 말과 행동입니다. 그들이 하는 말이나 행동을 보면 알 수 있습니다. 말은 귀로 들어서 알 수 있고 행동은 눈으로 보아서 알 수 있습니다. 그런데 문제는 말을 아예 하지 않는 팀원들이 있다는 것입니다. 물론 행동을 보면 어느 정도 짐작은 할 수 있지요. 그러나 팀원이 보여주는 행동은 말 그대로 짐작을 하게 할 뿐입니다. 팀원의 상황을 정확하게 알려면 팀원이 하는 말을 들어야 합니다. 이때 필요한 것이 질문 스킬입니다. 질문을 통해서 그들이 속마음을 드러내놓도록 하는 스킬이 필요합니다. 또 질문이라는 것은 대화를 해나가는 중에 대화가 끊기지 않게 하는 중요한 수단이기도 합니다.

2. 듣기, 즉 경청입니다.

말을 잘하는 리더와 말을 잘 듣는 리더 중에 지금은 어느 리더가 더 인정받는 시대인가요? 물론 두 가지 다 필요하고도 중요하지만 듣는 것을 더 잘하는 리더가 더 인정받는 시대입니다. 그 이유는 경청의 목적에서 드러납니다. 리더와 관련한 경청의 중요한 목적이 두 가지 있는데, 하나는 상대방의 속마음을 알 수 있다는 것이고, 다른 하나는 상대방으로부터 신뢰를 얻을 수 있다는 것입니다. 리더로서 다른 사람, 즉 팀원들의 신뢰를 얻는 것은 대단히 중요합니다. 그러니 경청을 잘하는 리더가 더 인정받을 수밖에요.

3. 공감하며 말하기입니다.

공감한다는 것은 '상대방의 감정에 나도 그렇다고 느끼는 것'을 말합니다. 그리고 공감이 필요한 경우는 상대방의 상황이 좋을 때보다는 좋지 않을 때입니다. 상대방의 상황이 좋을 때는 함께 기뻐해주면 됩니다. 그런데 상대방의 상황이 좋지 않을 때는 공감하며 위로해주는 것이 필요합니다. 힘들 때 누군가로부터 위로받고 싶어하는 인간의 본성 때문이겠지요. 이때 진심으로 상대방을 위로하며 공감하는 말 한마디를 할 수 있어야 합니다. 공감을 잘해주는 사람에게는 힘든 사람들이 먼저 찾아오게 됩니다. 팀장에게 팀원들이 먼저 찾아오게 할 수 있는 리더라면 거의 성공한 팀장이라고 보아도 될 것입니다. 그 만큼 공감해주는 것이 중요합니다.

4. 부드럽게 말하기입니다.

누군가를 만났을 때 우리가 했던 일상적인 대화의 내용을 생각해보겠습니다. 가장 먼저 꺼내는 대화의 주제는 무엇인가요? 대부분의 경우는 안부를 물을 것입니다. 그리고 이어지는 대화의 주제는 입고 있는 의상이 멋있다, 얼굴이 좋아졌다 등과 같은 가벼운 이야기들일 것입니다. 이런 가벼운 이야기를 하는 이유는 그 이후의 대화를 잘 풀어가기 위해서 분위기를 좋게 하고자 하는 의도일 테고요. 좋은 분위기에서, 상대의 기분을 좋게 해놓고 시작하는 대화가 성공 확률이 높다는 것을 우리는 그동안의 대화 경험을 통해서 잘 알고 있습니다. 대화 초기에 이런 대화들을 통해서 좋은 분위기를 만들어놓는 것이 그 이후

의 대화에 긍정적인 영향을 준다는 것을 잘 알고 활용하고 있는 것이
지요.

5. 논리적으로 말하기입니다.

조직에서 자신의 목적을 달성하기 위해서 누군가를 설득해야 할 때
세 가지 방법을 사용합니다. 감성 설득, 이성 설득, 위협 설득이 그것입
니다. 감성 설득은 인간적으로 설득하는 것이고, 이성 설득은 논리적
으로 설득하는 것이고, 위협 설득은 겁주기로 설득하는 것입니다. 그
런데 조직에서의 대화는 일과 관련된 것이기 때문에, 가장 많이 사용되
고 사용해야 하는 방법이 이성 설득, 즉 논리적으로 설득하는 방법입
니다. 자신이 주장하고자 하는 바를 상대방에게 이해시키는 것이 중요
한데 그러기 위해서는 내용을 구체적으로 차근차근 설명할 필요가 있
기 때문입니다. 내가 하는 이야기의 내용을 상대방이 이해를 해야 행동
변화를 유도할 수 있잖아요. 논리적으로 말하기를 잘해야 하는 이유
입니다.

6. 강하게 말하기입니다.

이 방법은 누군가를 위협적으로 설득할 때 사용하는 방법이기도 합
니다. 인간적으로 이야기를 해도, 논리적으로 이야기를 해도 안 통할
때 사용하는 방법입니다. 상대방에게 겁을 주어서라도 내 목적을 달성
하고자 하는 방법이지요. 그런데 이 방법을 자주 사용하면 상대방은
나에게 다가오지 않을 가능성이 있습니다. 그래서 최후의 수단으로만

사용하는 것이 좋겠습니다.

7. 단점 지적하기입니다.

어떤 팀원에게 반복되는 문제 행동이 있다면 대개는 그가 가지고 있는 인간적인 내적 특성, 즉 성격적인 약점을 가지고 있거나, 행동적인 단점을 가지고 있는 경우가 많습니다. 다시 말하면 약점이나 단점 때문에 동일한 문제 행동이 반복되는 것이지요. 따라서 이 부분을 반드시 짚어주어야 합니다. 그러지 않으면 그 팀원의 바람직하지 않은 행동은 개선되지 않을 테니까요. 그런데 참 민감합니다. 이 두 가지는 잘못 건드리면 상대방에게 마음의 상처를 줄 수 있기 때문입니다. 그래서 조심스럽게 접근을 해야 합니다. 물론 잘 접근하는 방법은 있습니다.

이상 일곱 가지가 조직에서 일반적으로 대화할 때 갖추고 있어야 하는 능력입니다. 특히 리더에게는 이 능력들이 매우 중요합니다. 리더십을 잘 발휘해서 주변인들로부터 훌륭한 리더라는 칭송을 받고 있는 리더가 있다고 합시다. 도대체 무엇을 어떻게 잘하길래 그런 칭송을 받을까요? 정답은 소통을 잘한다는 것일 테고, 소통을 잘한다는 것은 그 수단인 대화 스킬을 골고루 잘 갖추고 있다는 것일 테지요. 물론 백 퍼센트는 아니겠지만 대화 스킬이 큰 비중을 차지함에는 틀림이 없을 것입니다. 왜냐하면 리더십을 발휘하는 수단이 결국 대화니까요. 그런데 사람은 자신만의 특성이 있듯이 대화 스킬도 선호하는 것이 있을 수 있습니다. 예를 들어 논리적으로 말하기를 즐겨 사용하는 사람은 거의 모든 상황에서 논리적으로 이야기하려는 경향이 있습니다. 그러나 리더로서 한두 가지 스킬에 치중되는 것은 바람직하지 않습니다. 리더에게는 언제 어떤 상황이 닥쳐올지 모르기 때문에 여러 가지 다양한 상황에서 대화할 수 있는 능력을 갖추어놓아야 하니까요.

이제부터는 일곱 가지를 구체적으로 어떻게 발휘해야 하는지 하나씩 설명하겠습니다.

방법편

각각의 대화 상황에는 그 상황에 맞는 방법이 있습니다.

27년이 넘는 짧지 않은 기간 동안 소통과 관련한 강의를 해왔습니다. 당연히 대화하는 방법도 강의를 했지요. 그 방법을 정리한 것이 앞에서 설명한 일곱 가지 내용입니다. 질문하기, 경청하기, 공감하며 말하기, 부드럽게 말하기, 논리적으로 말하기, 강하게 말하기, 단점 지적하기의 일곱 가지입니다. 이 일곱 가지 스킬만 잘 갖추고 있으면 우리 앞에 놓이는 어떤 상황도 잘 풀어갈 수 있는 소통 능력자가 될 것입니다. 그런데 하나 크게 느낀 게 있습니다. 우리나라 사람들은 대화를 하기 전에 준비를 제대로 하지 않는다는 것입니다. 대화를 한다는 것은 서로 마주 앉아서 말을 주고받는 것인데 '어떻게 앉을까? 어떤 자세로 말할까? 어떤 어투로 이야기를 할까?' 등과 함께 '이 상황에서는 일곱 가지 스킬 중에 어떤 방법을 사용해야 할까?' 등의 내용을 고민하지 않는 것이 분명해 보입니다. 그런데 중요한 것은 대화는 준비를 잘한 만큼 성공 가능성이 높다는 것입니다. 그래서 앞으로는 누구와 어떤 대화를 하든지 준비를 철저히 할 것을 감히 강력하게 권합니다. 특히 목적을 가지고 하는 대화는 더욱 그렇습니다. 대화를 준비한다는 것이 어떤 것인지 다음의 상황을 보면 확실히 알 수 있을 것입니다.

이 상황은 앞에서 이야기한 가정에서 흔히 있을 수 있는 사례 중 첫 번째 내용인데 이 사례를 앞으로 진행되는 소통 스킬을 설명하는 데 사용하도록 하겠습니다. 자녀를 둔 가정이라면 대부분 고민하는 문제이고 상황을 이해하기 쉽기 때문입니다.

결혼한 지 7년 만에 얻은 아들 하나, 그래서 그런지 얼마나 귀한지 모르 겠습니다. 눈에 넣어도 아프지 않다는 말을 실감하고 있습니다. 그런 아들 이 어느새 커서 이제 중학교 2학년입니다. 귀한 아들인지라 지금도 애지중 지 키우고 있습니다. 그런데 최근에 걱정거리가 생겼습니다. 아들이 컴퓨터 게임에 너무 빠져 있습니다. 하루에 다섯 시간 이상은 하는 것 같습니다. 그 런 아들 모습이 걱정인 엄마는 종종 게임 좀 그만하라고 말했습니다. 처음 에는 엄마 말을 듣는 것 같더니 이제는 듣는 척도 하지 않습니다. 이 상황 을 전해 들은 아빠가 나설 차례입니다. 아들이 컴퓨터 게임을 덜 하고 해야 할 공부에 더 많은 시간을 투자했으면 좋겠습니다. 이런 아들에게 어떻게 말해야 하나요?

자식을 두고 있는 어느 가정에서나 있을 법한 일입니다. 자식이 잘 되기를 바라는 부모의 마음은 모두 똑같겠지요. 그런데 자식들은 그 마음을 몰라주고 엉뚱한 일에 시간을 쓰곤 합니다. 세상의 모든 부모 는 자기 자녀가 잘 되기를 바랍니다. 성품이 훌륭한 사람도 되고, 돈 도 많이 벌어서 부자도 되고, 좋은 배우자 만나서 결혼도 하고, 예쁜 아이들 낳아서 잘살고, 이런 것들이 모든 부모들이 자녀에게 기대하는 것입니다. 그 모든 것을 이루기 위해서 학창 시절에 공부를 열심히 해 야 한다는 것이 부모가 가지고 있는 기본 생각입니다. 맞는 말이기도 하지요. 그런데 자녀들은 공부를 하기 싫어합니다. 자기가 좋아하는 게임만 하려고 합니다. 그것도 가끔씩 하는 것이 아니고 컴퓨터 앞에 앉기만 하면 게임을 합니다. 하루에 몇 시간씩이나…. 어떻게 말을 해야 할까요? 잘못 말하면 오히려 아들이 반항하고 비뚤게 나가지 않을까 염려가 되기도 해서 참 조심스럽습니다.

이럴 때 우리 아빠들은 어떻게 말하나요? 아마 일반적으로는 이렇지 않을까요? 일단 컴퓨터 게임을 하는 아들 뒤에 서서 물끄러미 바라보다가 아들 등짝을 한번 시원하게 날리고 이렇게 말할 것입니다. "하라는 공부는 안 하고 맨날 게임이냐? 도대체 커서 뭐가 되려고 그래? 한 번만 더 게임하는 거 눈에 띄기만 해봐. 인터넷 끊어버린다." 이 한 마디를 남겨놓고는 방문을 꽝 닫고 나와버릴 것입니다. 중요한 것은 이 말을 듣고 아들이 진정으로 반성해서 컴퓨터 게임을 줄이겠느냐 하는 것입니다. 그나마 다행인 것은, "엄마한테 들어보니까 너 컴퓨터 게임을 하루에 다섯 시간이나 한다며" 식으로 말하지는 않았다는 것입니다. 만약 이렇게 말한다면 아들은 엄마를 미워하는 감정을 갖게 됩니다. 그나마 몇 마디라도 나누던 엄마와도 말을 하지 않게 될 가능성이 높지요. 이런 말을 하지 않았다는 게 그나마 다행이긴 하지만 위와 같이 야단치듯 말하는 아빠의 모습이 바람직하지 않다는 것은 분명해 보입니다.

아빠의 이런 말에 스스로 반성하고 자진해서 게임을 한 시간으로 줄일 아들이 몇이나 될까요? 거의 없을 것입니다. 아빠가 집에 있을 때는 눈치 보느라 덜 할 수도 있겠지요. 그러나 아빠가 집에 없으면 게임은 다시 시작될 것입니다. 더 걱정스러운 것은 마음속에 아빠에 대한 반감이 차곡차곡 쌓여가는 것이겠지요. 그리고 그러한 반감들이 모이면 언젠가는 아빠하고 대화를 잘 하지 않게 될 것입니다. 아빠가 퇴근하고 집에 오면 "오셨어요?" 이 한마디 남기고는 자기 방에 들어가서 나오지 않는 아들이 될 수도 있지 않을까요? 그리고 아빠는 그런 아들을 두고 거실 소파에서 한숨만 푹푹 내쉬게 될 수도 있지 않을까요? 이런 아빠와 아들 사이에서 엄마는 안절부절 못하게 될 수도 있겠고요.

그렇다면 어떻게 말하는 것이 바람직한 방법일까요?

이 상황에서 가장 중요한 것은 아들에 대한 아빠의 태도, 즉 마음가짐입니다. 아들을 자신의 소유물로 생각하면 안 된다는 이야기를 하고 싶습니다. 아들을 한 인간으로, 평등한 관계로 생각해야 합니다. 그래야 지금부터 제시하는 소통의 방법들이 적용될 수 있습니다. 이제부터 소통의 방법들을 하나씩 설명하겠습니다. 그 설명 과정 중에 지금 살펴본, 아들이 컴퓨터 게임을 많이 하는 상황을 이해를 돕기 위한 사례로 간간이 활용하도록 하겠습니다.

01 사전 준비
'준비한 대화가 성공합니다'

대화를 할 때 사전 준비를 꼭 해야 하나요?

Q 대화를 잘하고 싶습니다. 대화를 잘해서 상대방을 내가 원하는 대로 행동하게 하고 싶습니다. 그런데 자주 실패합니다. 나름대로 생각을 하고 대화를 하는데 자주 실패합니다. 상대방을 설득하려고 하다가 오히려 내가 설득을 당하는 경우도 많습니다. 대화를 하기 전에는 이런저런 생각을 했는데 막상 테이블에 마주 앉으면 했던 생각이 흐트러지고 미처 생각하지 않은 말들이 자꾸 튀어나옵니다. 그러다가 결국은 소득 없이 대화가 끝나버립니다. 때로는 내가 손해를 보기도 하지요. 도대체 내가 무엇을 잘못하고 있는 건가요? 우선 가장 먼

소통을 위한 대화, 이렇게 하면 돼요

저 해야 할 일이 무엇인가요?

A 안타까운 일입니다. 누구나 한번쯤은 해본 고민이기도 할 테고요. 다른 팀 구성원들과 업무 협의를 하러 갑니다. 이번 업무 협의의 목적은 A라는 일을 다른 팀에서 해줄 것을 설득하는 것입니다. 그런데 두 시간 후 A업무는 물론 B업무까지 떠안고 사무실로 돌아옵니다. 대화의 실패, 특히 목적이 있는 대화의 실패입니다. 이렇게 대화에 실패하는 이유는 여러 가지가 있지만 그중에서 가장 큰 이유는 대화를 하기 전에 준비를 철저하게 하지 않기 때문일 가능성이 매우 높습니다. 이렇게 생각하면 됩니다. '준비한 대화가 성공한다'라고요. 그렇다면 준비하지 않은 대화는 실패할 가능성이 높다는 이야기가 되겠네요. 맞습니다. 대화에도 철저한 준비가 필요합니다.

지금의 아내와 연애하던 때를 생각해보세요. 서로 사귀기로 한 것이 아닌, 아직은 '썸'을 타는 단계입니다. 주말에 만나기로 했습니다. 이번에야말로 사귀자고 용기를 내어 고백할 작정입니다. 이런 경우라면 아마도 일주일 내내 생각하고 준비할 것입니다. 장소는 어디로 할까? 시간은 몇 시로 할까? 무슨 옷을 입어야 하나? 대화 주제는 어떤 것으로 할까? 이런 것들에 대해 많이 고민하고 철저하게 준비해서 주말에 그녀를 만날 것입니다. 그리고 이렇게 준비를 했기 때문에 그녀가 지금의 아내가 되어 있는 것이지요. 대화도 마찬가지입니다. 철저히 준비를 해야 합니다. 그래야 대화에 성공할 가능성이 높습니다. 특히 조직에서 하는 대화는 목적이 확실하기 때문에 대화의 성공을 위해서는 준비를 철저하게 해야 합니다.

먼저 생각해볼 것은 대화를 잘한다는 것이 무엇을 의미하는지에 관한 것입니다. 이것을 알아보기 위해 조직의 이야기를 해보겠습니다. 조직에서는 누구와 주로 대화를 하나요? 아마 자신과 일로 관련이 있는 사람일 것입니다. 조직에서는 일과 관련이 없는 사람이라면 굳이 시간과 정성을 들여 대화할 필요가 없습니다. 그 에너지를 다른 생산적인 곳에 사용하는 것이 더 나을 테니까요. 오해는 없어야 합니다. 일과 관련이 없는 사람이라고 해서 대화를 아예 하지 않는다는 말은 아닙니다. 다만 일과 관련이 있는 사람과의 대화와, 일과 관련이 없는 사람과의 대화는 사용하는 에너지가 다르다는 말이지요. 결국 조직에서 에너지를 사용해야 하는 대화는 대부분 일과 관련이 있는 경우입니다. 그러면 이렇게 생각해야 하지 않을까요? 일을 잘하기 위해서 우리는 일일 업무 계획서나 주간 업무 계획서 같은 것을 작성합니다. 그래야 일이 계획적으로 잘 진행되겠지요. 마찬가지입니다. 대화를 잘하기 위해서는 일일 대화 계획서나 주간 대화 계획서를 작성해야 합니다.

자주 지각하는 후배 사원과 대화할 때를 생각해볼게요. 다른 생각을 하고 있다가 그 후배가 지나가자 지각 생각이 납니다. 그래서 불러놓고 "왜 자꾸 지각을 하느냐, 다음부터는 지각하지 마라, 한 번만 더 지각하면 그냥 안 놔둔다"고 퍼부어댑니다. 지각하는 후배에게 말을 하는 목적은 지각을 하지 않도록 하기 위해서입니다. 그런데 이렇게 퍼부어대면 후배의 지각이 근절될 수 있을까요? 가능은 하겠지요. 무서우니까. 그런데 더 중요한 것은 그 이야기를 들은 후배의 속생각입니다. 아마도 반감을 가지게 될 것입니다. '저나 잘하시지'라고 생각하면서 반감을 가지게 될 것입니다. 바람직한 대화 방법이 아닙니다. 준비하지 않았기 때문입니다. 대화에도 준비가 필요합니다. 준비하지 않으면 실패할 가능성이 높습니다.

그렇다면 어떻게 준비를 해야 할까요? 대화의 목적을 달성하면서도 관계가 손상되지 않는, 오히려 관계가 유지되거나 더 좋아지기 위한 다섯 가지 준비 요소를 설명하겠습니다. 비즈니스 대화는 상대방을 설득하는 것이 주된 목적이기 때문에 여기에서도 무언가 문제가 있는 상대방을 설득하는 것을 가정해서 설명하겠습니다.

준비해야 할 요소들은 모두 다섯 가지입니다. 상대, 상황, 목적, 시간, 장소입니다. 이 요소들을 하나씩 설명하겠습니다.

1. 상대입니다.

대화할 사람이 누구인지 생각하고 준비하는 것입니다. 나보다 윗사람인지 아랫사람인지, 일 중심적인 사람인지 사람 중심적인 사람인지, 자신의 말을 많이 하는 사람인지 남의 말을 잘 들어주는 사람인지 등을 생각해보는 것입니다. 이런 것들을 준비해서 적용하면 대화의 성공 가능성은 훨씬 높아집니다. 몇 가지 예를 들어보겠습니다. 누군가에게 나의 주장을 해야 하는 경우입니다. 상대가 나보다 윗사람이거나 권한이 더 큰 사람이라면 약하게 주장할 필요가 있고, 나보다 아랫사람이면 강하게 주장하는 것도 필요할 수 있습니다. 일 중심적인 사람이라면 곧바로 대화의 주제를 이야기하는 것이 바람직하고, 사람 중심적인 사람이라면 대화의 주제를 이야기하기 전에 건강이나 취미와 같은 개인적인 이야기를 살짝 얹어주는 것이 효과적입니다. 말을 많이 하는 사람이라면 그중에서 쓸 말과 버릴 말을 잘 구별해야 할 것이고, 말을 적게 하는 사람이라면 이야기를 많이 할 수 있도록 유도하는 질문이 필요할 것입니다.

여기에서 또 하나 이야기해볼 필요가 있는 것이 있는데 여러 사람을 한꺼번에 설득하는 것과 한 사람씩 차례대로 설득하는 것, 어느 쪽이 더 효과적일까 하는 것입니다. 정답은 한 사람씩입니다. 여러 사람을 동시에 설득할 때는 그중에서 한 사람이라도 반대 의견을 제시하는 사람이 생기면 그 반대 의견이 다른 사람들에게도 영향을 주어 설득 효과가 떨어집니다. 따라서 소수의 몇 사람을 설득할 필요가 있는 경우에는 시간이 걸리더라도 한 사람씩 설득하는 것이 효과적입니다.

2. 상황입니다.

상황은 지금 문제가 되고 있는 이슈를 말합니다. 예를 들어 지각을 자주 하는 팀원이 있다면 지각을 하는 그 자체가 상황이 됩니다. 중요한 것은 그 상황을 정확하고 구체적으로 인지하고 표현하는 것입니다. 그러기 위해서는 관찰이 중요합니다. 짐작으로, 추상적으로 상황을 이야기하면 상대방으로부터 반박당하기 쉽습니다. 관찰한 상황을 구체적으로 준비해야 합니다. "자네 요즘 들어 지각을 자주하던데…"라는 표현보다는 "내가 지켜보니까 일주일에 두 번 정도 지각했고 한

번 지각할 때 무려 15분씩이야. 벌써 석 달째인 거 아냐?" 이렇게 이야
기해야 상대방이 그 상황을 정확하게 받아들이고 인지할 수 있습니다.

상황을 알기 위해서 관찰을 하는 것은 매우 중요합니다. 예능 프로
그램에서 관찰 카메라를 설치해서 출연자들의 일거수일투족을 알아
내는 것과 같은 의미입니다. 정확하게 관찰하기 위해서는 두 가지를
구분하는 것이 좋습니다. 언어와 비언어입니다. 언어는 말인데 여기에
서의 말은 그 사람이 하는 말의 내용을 의미합니다. 또는 직접적으로
하는 말과 함께 그 사람 주변에서 하는 말을 들어보는 것도 그 사람
을 알 수 있는 좋은 방법이지요. 이것을 '관찰'이라고 정리합니다. 그런
데 누군가를 관찰하려면 그 사람에게 '관심'을 가지고 있어야 합니다.
관심을 가지고 있지 않으면 관찰은 어렵습니다. 일반적으로 관심이 없
는 사람을 눈여겨보지는 않기 때문입니다. 그리고 관심은 자신과 '관
계'가 깊은 사람에게 가져야 합니다. 주변의 모든 사람들에게 관심을
두는 것은 불가능하기도 하지만 사실 그럴 필요도 없습니다. 우리가
가지고 있는 관계의 에너지는 한계가 있습니다. 주변에 있는 모든 사
람들과 다 잘 지낼 수는 없습니다. 그래서 자신과 관계가 있는 사람들
과 잘 지내려고 노력해야 하는 것이지요. 그래야 효과적입니다. 관계도
선택과 집중이라고 보면 됩니다. 관계가 선택이라면 조직에서 관계를
선택하는 기준은 무엇이 될까요? 대부분 일입니다. 우리의 하루 조직
생활을 생각해보면 나와 일로 관계가 있는 사람들과 주로 대화를 하
면서 지내잖아요.

이렇게 정리가 되네요. 자신과 일로 관계가 있는 사람은 늘 관심을

가지고 관찰을 해야 하는 것으로요. 그리고 거기에 해당되는 사람이 조직에서는 같은 팀에 있는 사람들입니다. 전통적인 용어로 표현하자면 위로는 직속 상사이고 아래로는 직속 부하입니다. 특히 그중에서 아래쪽에 있는 사람들의 상황을 알기 위해서 늘 관찰을 해야 하지요. 그래야 문제 행동을 찾아낼 수 있습니다.

3. 목적입니다.

대화하는 목적을 말합니다. 목적은 상황에서의 문제를 뒤집는 것을 말하지요. 팀원이 지각을 자주 하는 상황이라면 목적은 지각을 하지 않도록 하는 것입니다. 기억해야 할 것은 목적은 항상 1차 목적이어야 한다는 것입니다. 지각하는 팀원을 대화를 통해서 모범사원으로 만들 수는 없습니다. 모범사원은 우선 1차 목적인 지각을 하지 않게 된 후에 생각해볼 일입니다. 지각이 1차 목적이라면 모범사원은 3차나 4차쯤의 목적이 될 것입니다.

그런데 여기에서 생각해보아야 할 것이 있습니다. 이런 경우를 예로 들어보겠습니다. 특판 영업을 하는 경우입니다. 임직원 천여 명 되는 고객사를 방문해서 이번 추석 선물로 당사에서 생산하는 상품 세트 천 개를 판매하려고 합니다. 지금까지 몇 번의 전화 통화를 통해 어느 정도 가격을 정해놓았습니다. 물론 고객사의 담당자도 큰 이견은 없었고요. 드디어 오늘 고객사를 방문해서 미팅을 통해 최종 결정을 하기로 계획하고 있습니다. 이때 목적은 하나입니다. 계약서에 사인을 받아내는 것입니다. 그런데 일이 계획대로 잘 안 되었습니다. 사인을 받지 못한 것입니다. 계획했던 최초 목적 달성에 실패한 것이지요. 그런데 고객사에서 가격을 5퍼센트 추가 할인해주기를 원하고 있습니다. 그래서 회사에 들어가서 내부 협의를 해보고 다음주 화요일에 다시 방문하겠다고 했습니다. 그러면 이것은 목적 달성에 실패한 것일까요? 아니지요. 물론 당일 계획이었던 사인을 받아내는 것에는 실패했지만 내부 회의를 거쳐서 다음주 화요일에 다시 방문해 사인을 받을 수도 있습니다. 오늘 당장의 목적 달성은 실패한 것이지만 할인 폭을 조정해서 다음주에 사인을 받으면 결국 목적은 달성되는 것입니다. 그래서 목적은 최고와 최저로 나누어놓아야 합니다. 이 경우에 최고 목적은 오늘 사인을 받아내는 것이고, 최저 목적은 고객사에서 가격 조정을 요구할지도 모르니 만약에 그렇게 되면 내부 회의를 통해 다시 방문하겠다고 고객사의 담당자와 약속을 하는 것입니다. 만약에 최고 목적만을 가지고 영업하면 자주 실패하는 영업사원이 될 수도 있습니다. 그런데 최저 목적까지 염두에 두면 가끔씩만 실패하는 영업사원이 되는 것이지요.

목적을 설정할 때는 최고 목적과 최저 목적을 미리 결정하되 대화에서는 최고 목적을 염두에 두고 대화를 해야 합니다. 그러다가 일이 잘 풀리지 않을 때 최저 목적을 동원하는 것이지요. 여기에서 말하는 최고 목적은 앞에서 이야기한 1차 목적과 같은 의미입니다. 그리고 목적을 때로는 수치로 표현하게 될 때가 있습니다. 이때는 목적 대신 목표라는 말을 사용하기도 합니다.

4. 시간입니다.

대화에서도 시간은 중요합니다. 두 가지의 시간을 준비해야 합니다. 하나는 하루 중 언제 대화를 하는 것이 목적을 달성하는 데 가장 효과적일지 생각하는 것이고, 다른 하나는 대화하는 데 어느 정도의 시간을 할애하는 것이 효과적일지 생각하는 것입니다.

사람마다 차이는 있지만 하루 중에 인간의 두뇌가 가장 논리적으로 잘 돌아가는 시간대가 오전 10시 전후라고 합니다. 일반적으로는 9시에서 11시 사이라고 하네요. 우리나라 기업 중에 '집중 근무제'라는 제도를 시행한 곳이 있었습니다. 오전 9시부터 11시까지 2시간 동안 집중해서 일하자는 의도인데, 그 시간대에는 회사 내부 회의는 물론 외부 방문이나 외부 전화도 하지 말고 집중해서 성과를 높일 수 있는 일을 하자는 운동이었습니다. 외부에서 오는 전화는 어쩔 수 없이 받아야 하지만 나머지 활동들은 극도로 제한을 하였지요. 그 시간에는 머리를 사용하는 일을 하라는 의도였을 겁니다. 그 효과가 어떠했는지 검증한 결과는 보지 못했지만, 인간의 두뇌가 가장 활발하게 돌아가는 시간대를 활용한 제도인 것은 분명해 보입니다. 그렇다면 그 시간대에 상사 결재를 받으러 가는 것은 바람직하지 않다는 말이 되네요. 상사의 논리가 살아있기 때문에 논리적으로 꼬투리 잡힐 가능성이 많기 때문이지요. 결재를 받아내야 하는 나의 논리도 고려해야 할 것 아닌가 하는 생각이 들 수도 있겠지만 결재를 받아내고자 하는 나의 논리는 하루 종일 살아있습니다. 내 이슈잖아요. 그러면 언제가 상사의 결재를 받기에 가장 좋은 시간대이겠습니까? 오후 2시 전후라고 하네요. 사람은 배가 부르고 등이 따뜻하면 다른 사람을 잘 포용한다고 하는데 그런 이유 때문입니다. 이렇듯 대화도 하루 중에 어느 시간에 하느냐가 중요합니다.

또 하나, 대화를 하는 데 어느 정도의 시간이 적당한지를 미리 생각하고 대화를 해야 합니다. 물론 계획대로 되지 않을 수도 있지만 그래도 사전에 준비하는 것이 필요합니다. 소요 시간과 관련해서 한 가지 더 이야기하고 싶은 것이 있습니다. 회사에서 회의를 주재할 때 관련자들에게 회의 시간을 안내할 것입니다. 그때 대부분의 경우에는 회의 시작 시간만 공지합니다. 끝나는 시간은 잘 공지하지 않지요. 이것도 개선해야 할 부분입니다. 회의를 시작하는 시간뿐 아니라 회의를 마치는 시간도 공지해야 합니다. 그래야 참석자들도 자신의 시간 계획을 세울 수 있고, 다음에 회의에 참석해달라고 요청을 하면 흔쾌히 참석하게 될 것입니다. 물론 회의를 끝내겠다고 한 시간에 마치는 것도 중요하겠지요. 참고로 회의를 마치는 시간을 공지할 때는 괄호를 쳐주는 것이 좋습니다. 유동적이라는 의미이지요. 약속한 시간보다 조금 더 늦게, 아니면 조금 더 일찍 끝날 수도 있다는 의미입니다. 이렇게 대화 소요 시간이 결정되면 그 시간을 상대방에게 밝히는 것이 바람직합니다. "이 주제로 30분 정도 이야기를 하고 싶은데 지금 괜찮은지요?" 이런 멘트를 하면 상대방은 존중받고 있다는 느낌을 갖게 되고, 대화도 잘 풀리게 됩니다.

5. 장소입니다.

시간과 함께 대화할 때 중요한 것이 장소입니다. 대화할 때 분위기가 대화의 과정이나 결과에 영향을 준다고 합니다. 그 분위기를 결정하는 중요한 요소가 장소입니다. 업무와 관련된 이야기라면 사무실이 좋겠고, 개인적인 이야기라면 회사 근처 카페가 좋겠지요. 혹시 리더가 잘못된 행동을 하는 팀원을 강하게 피드백할 필요가 있을 때는 리더의 자리가 가장 좋습니다. 홈그라운드의 이점이라는 것이 있기 때문이지요.

준비한다는 것은 이렇게 하는 것을 말합니다. 대화는 무작정이 아닙니다. 특히 무언가 목적을 가지고 상대방을 설득하려는 대화라면 더욱 그렇습니다. 우리가 살면서 이 다섯 가지를 철저하게 준비했던 때가 있었습니다. 사랑하고 싶은 그녀를 두고 애태우던 때입니다. 그녀와 데이트를 해야 합니다. 아직 오케이 사인을 받은 상태가 아니기 때문에 정성을 다해 데이트를 해야 합니다. 이때 다섯 가지를 어떻게 결정했는지를 떠올려보세요. 사랑스러운 그녀를 만나기 전에 어떤 음식을 좋아하고 어떤 분위기의 카페를 좋아하는지 생각을 했었지요. 상황은 아직은 썸만 타고 있는 상태이고, 목적은 그녀에게서 사귀겠다는 답변을 받아내는 것입니다. 시간은 토요일 오후 3시쯤으로 했습니다. 그래야 저녁식사를 하기까지 시간 여유를 가지고 그녀와 이런저런 이야기를 하면서 함께할 수 있으니까요. 장소는 영등포 지하철역 광장으로 했습니다. 그녀에게서 누군가가 자신을 기다려줄 때가 좋더라는 말을 들은 적이 있어서입니다.

아마 이렇게 준비하고 데이트를 했기 때문에 데이트에 성공할 수 있었고 지금의 아내가 되어 있을 것입니다. 마찬가지로 대화에도 준비가 정말 필요합니다. 준비한 대화가 성공 가능성이 높으니까요. 향후에는 어떤 대화에도 준비하는 습관을 들여서 지금까지의 대화보다도 자신이 원하는 목적을 더 많이 이루어가길 바랍니다.

이렇듯 대화는 준비를 잘해야 합니다. 준비를 한 만큼의 결과를 얻는다고 해도 틀린 말이 전혀 아닙니다. 준비할 것은 모두 다섯 가지인데 상대, 상황, 목적, 시간, 장소입니다. 이 다섯 가지를 앞 글자만 불러 모았더니 '상상목시장'이라는 말이 만들어지네요. '상상하는 나무는 시장에 가면 살 수 있다'라고 기억해두면 오래오래 기억할 수 있을 것입니다. 조금 유치한 방법이기는 하지만 실행에 옮기려면 기억하는 것이 중요하잖아요.

대화를 위한 사전 준비를 쉽게 이야기해주세요.

Q '준비한 대화가 성공한다'는 말을 이해는 하겠습니다. 준비해야 할 요소 다섯 가지도 알 것 같기는 합니다. 그런데 대화를 미리 준비해본 경험이 별로 없어서 무엇을 어떻게 해야 하는지 잘 모르겠습니다. 쉽게 이해할 수 있도록 예를 들어서 설명을 해줄 수 있나요?

A 그럴 수 있습니다. 자주 해보지 않은 것이라면 익숙하지 않을 수 있지요. 대화를 하기 전에 사전 준비하는 내용을 쉽게 이해할 수 있도록 설명하겠습니다. 자신의 목적을 달성하는, 즉 성공적인 대화를 위해 준비해야 할 다섯 가지 요소들이 있습니다. 이것을 확실하게 이해하기 위해 일상생활 중에서 대화를 준비하는 과정으로 설명하겠습니다. 우리들의 가정에서 자주 볼 수 있는 컴퓨터 게임을 너무 많이 하는 중학교 2학년 아들의 경우를 예로 들어볼게요. 이 상황은 앞에서 언급한 상황 중에서 첫 번째 상황입니다. 역시 준비하는 과정에서 가장 먼저 떠올려야 할 것은 대화를 준비하기 위한 요소 다섯 가지, '상대, 상황, 목적, 시간, 장소' 기억하기 좋게 줄여서 '상상목시장'입니다. 그 틀에 맞춰 알기 쉽게 설명하겠습니다.

1. 상대

먼저 상대입니다. 상대는 중학교 2학년, 사랑하는, 너무너무 사랑하는 아들입니다. 아들은 스포츠를 좋아하는데 그중에서도 프로 야구를 좋아합니다. 프로 야구 한화팀을 적극적으로 응원하는 소위 '보살 팬'입니다. 성격도 활달하고 씩씩해서 학교에서도 리더 역할을 곧잘 해내곤 합니다. 이것이 평소에 아빠가 아들을 지켜본 모습입니다.

아들의 성향도 고려를 하면 좋겠지요. 아들이 외향적이라면 말을 비교적 많이 하고 싶어할 것입니다. 따라서 아빠는 아들의 이야기를 들어주는 것을 잘해야 합니다. 아들은 이야기의 주도권을 가지고 싶어할 것입니다. 그래서 아들에게 말할 기회를 주고 호응을 잘해주는 것이 바람직합니다. 아빠라고 해서 외향적인 아들이 하는 말을 자꾸 자르고 아빠가 하고 싶은 말만 하면 아들은 아빠하고는 대화가 안 된다고 생각할 것입니다. 대신 외향적인 아들은 생각을 정리하는 데 약합니다. 구체적인 계획을 세우는 것을 힘들어합니다. 이때가 아빠의 도움이 필요할 때이지요. 아들이 힘들어하고 부족한 부분을 채워주는 것이 아빠의 역할이잖아요. 차분한 마음을 가지고 생각할 수 있도록 유도해주어야 합니다. 그리고 어느 수준까지는 아빠가 구체적인 계획을 세워주거나, 아들과 함께 구체적인 계획을 마련해야 합니다. 이렇듯 사람의 성향을 알면 접근하고 응대하기가 훨씬 수월합니다. 반대로 내향적인 아들이라면 이야기를 잘 하지 않을 수 있습니다. 일반적으로 내향적인 사람은 말을 하기 전에 생각을 많이 하기 때문에 상대적으로 말수가 적습니다. 따라서 아빠는 아들이 말을 할 수 있도록 하는 준비가 필요합니다. 그리고 그중에 가장 좋은 방법이 질문을 하는 것이지요. 아들이 말을 할 수 있도록 가벼운 질문을 준비하는 것이 좋습니다.

2. 상황

상황은 아들이 컴퓨터 게임을 하루에 다섯 시간가량이나 하고 있다는 것입니다. 여기에서 중요한 것은 컴퓨터 게임을 다섯 시간가량 하고 있다는 것을 알아내는 과정입니다. 철저하게 아빠가 관찰한 결과여야 합니다. 대개의 경우 아빠들은 아들을 관찰할 시간이 적습니다. 그래서 아들의 행동 하나하나를 엄마에게 물어서 알게 됩니다. 어쩔 수 없는 상황이지요. 그러나 이런 경우라 하더라도 이렇게 말하면 안 됩니다. "엄마한테 물어보니까 너 하루에 컴퓨터 게임을 다섯 시간이나 한다며?" 이렇게 하면 그 순간부터 아들이 엄마를 미워하게 될 수도 있습니다. 비록 엄마한테 들었더라도 이렇게 이야기하는 것이 좋습니다. "아빠가 며칠 동안 살펴보니까 하루에 컴퓨터 게임을 하는 시간이 다섯 시간이나 되더라." 이렇게 말입니다. 가장 바람직한 것은 아빠가 아들의 행동을 관찰해서 그 행동의 과정을 알아내고 그것을 말하는 것이겠지요. 그리고 아들의 상황을 정확하게 알려면 관심을 가지고 지속적으로 관찰을 해야 합니다.

3. 목적

목적을 구체적으로 표현한 것이 목표인데, 여기에서는 시간 단위이기 때문에 목표로 표현하겠습니다. 목표에는 두 가지가 있는데 최고 목표와 최저 목표입니다. 최고 목표는 상대방으로부터 '그렇게 하겠다'고 확답을 받아내는 것이고, 최저 목표는 확답은 아니더라도 '이 수준까지는 하겠다' 아니면 '생각해보겠다'는 답변을 받아내는 것입니다. 여기에서의 경우라면 아들에게서 "예, 알겠습니다. 앞으로는 하루에 한 시간만 하겠습니다"라는 답변을 듣는 것이 최고 목표이고, "하루에 한 시간은 어렵고 두 시간으로 줄여볼게요"라든지, 아니면 "저도 한번 생각해볼게요"라는 답변을 듣는 것이 최저 목표입니다. 물론 오늘 대화에서 아빠가 원하는 한 시간의 목표는 아빠가 정한 목표이고 아들과 합의한 목표는 아닙니다. 아들과의 대화 과정에서 조정될 수도 있습니다.

4. 시간

시간은 온 가족이 함께 저녁식사를 마치고 비교적 여유가 있을 저녁시간이 좋을 것 같습니다. 대개의 경우 저녁식사를 마치면 아들은 자기 방으로 들어가서 컴퓨터 게임을 시작하려고 하고, 아빠는 텔레비전 앞에서 뉴스를 보려고 하는 시간대입니다. 아들과 아빠 둘 다 중요한 일을 할 시간대는 아니어서 그때로 선택을 하는 것이 좋겠다는 것입니다. 추가하자면 대화를 하는 데 소요되는 시간이 얼마쯤 될까 하는 것도 미리 생각해두는 것이 좋습니다. 너무 많은 시간을 대화하면 아들이 지루해할 것이고, 너무 적은 시간을 대화하면 할 이야기를 충분히 하지 못할 테니까요.

5. 장소

장소는 집에서 5분 거리에 있는 '설빙'으로 하겠습니다. 지난번에 가족이 함께 갔었는데 아빠가 좋아하는 커피나 차 종류도 있고 아들이 좋아하는 빙수 종류도 있어서 선택을 했습니다. 좋은 대화를 위한 분위기 때문입니다. 대화 분위기가 대화 결과에 영향을 주잖아요. 이런 경우라면 집 안에서 대화하는 것보다는 집 밖에서 대화하는 것이 효과적일 것입니다. 밖에서 대화하는 장소도 아빠가 좋아하는 곳보다는 아들이 좋아하는 곳이 좋겠고요. '설빙' 정도면 어떨까 해서 선택해보았습니다. 빙수를 같이 먹으면서, 아니면 아들은 빙수를 먹고, 아빠는 커피 한 잔을 마시면서 대화를 하면 어떨까요? 집에서 하는 것보다는 훨씬 좋은 결과를 얻을 수 있을 것입니다.

아빠가 컴퓨터 게임을 많이 하는 아들과 대화를 하는 이유는 컴퓨터 게임을 하는 시간을 줄이고 학생의 본분인 공부를 더 하기를 바라기 때문입니다. 그리고 그 목적을 달성하기 위해서 사전에 대화를 준비하는 것은 매우 중요합니다. 준비한 대화가 성공할 가능성이 훨씬 높으니까요. 참고로 우리나라 사람들의 경우에는 좋은 대화를 위한 어느 단계, 어느 방법, 어느 스킬보다도 준비 단계를 가장 소홀히 한다는 것도 꼭 이야기하고 싶네요.

대화를 하는 장면도 생각해보고 싶네요.

Q 컴퓨터 게임을 많이 하는 아들과 대화를 잘하기 위한 준비를 모두 마쳤습니다. 그리고 아들과 함께 설빙에 왔습니다. 이제는 어떻게 대화를 해야 하는지요?

A 이 부분은 이 도서 뒷부분의 실전편 '면담하기'에서 구체적으로 설명하고 있습니다. 여기에서는 아들과의 바람직한 대화 장면을 간단하게 그려보도록 하겠습니다.

1. 가벼운 이야기로 시작합니다.

아들과의 대화는 이렇게 하면 좋겠습니다. 저녁식사를 마친 후 아들도 아빠도 시간이 여유로울 때 함께 설빙에 갑니다. 아들이 좋아하는 인절미 빙수를 시켜서 함께 먹으며 이야기를 나눕니다. 이때 다짜고짜 컴퓨터 게임을 대화의 주제로 삼으면 안 됩니다. 이야기는 가벼운 주제로 시작해야 합니다. 가벼운 이야기로 마음의 문을 열어놓은 다음 본 주제를 이야기하는 것이 훨씬 효과적입니다. 무슨 이야기로 가벼운 이야기 소재를 삼을까 고민하다가 마침 아들이 좋아하는 걸그룹 마마무 멤버 중 하나가 어느 예능 프로그램에 나와서 자연스럽고 조금은 게걸스럽게 곱창을 먹는 모습에 관한 이야기를 합니다. 아빠의 입에서 자신이 좋아하는 걸그룹 이야기가 나오자 아들은 신이 나서 떠듭니다. 마마무는 노래도 잘하고, 방송도 자연스러워서 좋다고 합니다. 다른 걸그룹에 비해서 미모가 뛰어난 것은 아니지만 가수는 일단 노래를 잘하는 것이 훨씬 중요하다는 말도 합니다. 드디어 마마무 이야기로 가벼운 이야기는 성공했습니다.

2. 무거운 이야기는 질문으로 시작합니다.

무거운 이야기는 아빠의 입으로 시작하는 것보다는 아들의 입에서 시작되도록 하는 것이 좋습니다. 그러기 위해서 아빠가 할 일은 질문을 하는 것이지요. "아빠가 보니까 요즘 들어 전보다 컴퓨터 게임을 더 많이 하는 것 같은데 특별히 더 많이 하는 이유가 있니?" 정도면 어떨까요? 질문을 하지 않고 아빠가 컴퓨터 게임을 줄이라고 말한다면 아들은 이렇게 생각할 것입니다. '아빠의 잔소리가 또 시작되는구나' '아빠가 빙수를 괜히 사주시겠어?' 오랜만에 어렵게 만든 아들과의 자리가 의미 없는 자리가 되고 말 것입니다. 그래서 질문을 하라는 것입니다. 모든 현상에는 원인, 즉 이유가 있습니다. 아들이 이전보다 컴퓨터 게임을 많이 한다면 나름대로 이유가 있을 것입니다. 그 이유는 아들이 가지고 있고, 그 이유를 알려면 아들의 생각을 들어야 합니다. 그러기 위해서 질문을 하는 것입니다. 정확하게 밝혀진 이유는 이미 반은 해결된 것이나 마찬가지라는 말이 있습니다. 아들의 이야기를 들을 때는 때로는 반응을 보여주기도 하고, 때로는 관련되는 작은 질문을 하기도 합니다. 그래야 아들이 더 많이 이야기를 할 것이고, 그래야 컴퓨터 게임을 많이 하는 분명한 이유를 알 수 있을 것입니다.

3. 아빠가 아들에게 기대하는 바를 이야기합니다.

드디어 아빠가 하고 싶은 말을 할 때가 되었습니다. 하루에 다섯 시간 하는 컴퓨터 게임을 하루에 한 시간으로 줄이라는 말을 할 때가 된 것이지요. 이때 주의할 점은 아들에게 기대하는 바를 말해야 한다는 것입니다. 이 말은 아들에게 명령을 하지는 말아야 한다는 것을 의미합니다. 명령은 강한 말이기 때문에 아들이 심리적으로 반발할 가능성이 있습니다. 이 심리적 반발은 행동의 반발로 이어질 수 있고, 그것은 곧 아들을 향한 아빠의 설득 실패를 의미합니다. 추가할 말은 아들의 행동을 유발하기 위해서는 그 행동이 가져올 결과를 말해주라는 것입니다. 컴퓨터 게임을 다섯 시간 하면 나중에 이런 결과가 올 것이고, 한 시간 하면 이런 결과가 올 것이라는 말을 덧붙이는 것입니다. 예를 들어 다섯 시간을 하면 공부할 시간이 부족해서 아들이 원하는 대학

소통을 위한 대화, 이렇게 하면 돼요

에 들어가지 못할 수 있지만, 한 시간만 하면 공부할 시간을 확보할 수 있어서 아들이 원하는 대학에 들어갈 수 있다고 말하는 것입니다. 공부를 이야기하는 것이 가장 이해하기 쉬워서 선택한 것인데 어떤 주제를 선택할지는 아들의 관심사가 무엇인지를 염두에 두고 선택하면 되겠습니다.

4. 이야기 나눈 내용을 함께 정리합니다.

이제 아들과의 대화가 마무리되었습니다. 대화의 결론은 아빠가 기대하는 대로 되지 않을 수도 있습니다. 아들이 그냥 다섯 시간 하겠다고 할 수도 있고, 아빠가 기대하는 대로 한 시간으로 줄일 수도 있습니다. 아니면 두 시간이나 세 시간으로 정할 수도 있겠지요. 어떤 결론이 나든 나눈 이야기를 함께 정리합니다. 오늘은 이런 이야기를 나누었고 앞으로는 이렇게 해보자는 식의 말이 이어지게 되겠지요.

이런 절차에 따라 이야기하는 아빠들도 있겠지만 그렇지 않은 아빠들도 있을 것입니다. 중요한 것은 대화의 목적 달성입니다. 목적 달성의 가능성을 조금이라도 높이려면 이런 절차에 따라 대화를 나누는 것이 바람직하다는 것을 강조합니다. 그리고 몇 번 이렇게 해보면 그 절차가 자연스럽게 몸에 배서 익숙해질 것입니다. 그때까지는 의도적으로 적용해야 하겠지요.

02 질문하기
'무슨 질문을 해야 하는지 잘 모르겠어요'

질문을 해야 하는 분명한 이유가 궁금해요.

Q 사람들에게 궁금한 것이 있습니다. 질문을 해서 알아내야 할 것들이지요. 질문을 잘 하면 좋은 답변을 들을 수 있을 텐데, 어떻게 질문해야 하는지를 잘 모르겠어요. 질문을 왜 해야 하는지 이유부터 알고 싶습니다.

A 그렇습니다. 질문 하나 하는 것도 쉽지가 않습니다. 특히 목적이 분명한 질문은 하기가 더 어렵지요.

먼저 조직에서 누군가에게 질문을 한다면 그 내용은 두 가지 중 하나일 것입니다. 하나는 일과 관련이 있는 질문입니다. 조직생활 자체가 일과 관련된 생활이기 때문에 그에 따른 질문을 하는 경우가 많지요. 다른 하나는 일과 관련이 없는 질문입니다. 일과 관련이 없는 질문이라면 대개 개인적인 일에 관한 질문이겠지요. 이 두 경우의 질문에도 각각의 이유가 있을 것입니다. 누군가가 나에게 질문을 해온다고 가정해봅시다. 먼저 일과 관련이 있는 질문을 해오는 경우라면 대부분 나로부터 무엇인가를 알고 싶어서 하는 질문일 것입니다. 그런 질문을 받으면 내가 그 사람으로부터 인정을 받고 있다는 느낌을 갖게 되겠지요. 나에게 질문을 해서 무엇인가 얻어낼 것이 있기 때문에 질문을 하는 거니까요. 그리고 일과 관련이 없는 개인적인 질문을 해오는 경우라면 아마도 상대방이 나와 좀 더 친밀한 관계를 갖고 싶은 것이 가장 큰 이유일 것입니다. 누군가와 더 친해지려면 그 사람을 더 많이 알아야 하니까요. 실제로 더 친해지고 싶은 사람에게는 더 많은 질문을 해서 점점 더 많이 알아가고자 하잖아요. 그러면서 친밀성이 높아지는, 즉 더 친해지는 사이가 되어갑니다. 물론 다 그런 것은 아닐 것입니다. 일의 실수를 문책하기 위한 질문도 있을 수 있고, 개인적으로 무언가를 따지고 싶어서 하는 질문도 있을 테니까요. 그래도 누군가로부터 질문을 받으면 부정적인 마음보다는 긍정적인 마음이 더 많이 드는 것은 확실한 것 같습니다.

질문을 하는 이유는 여러 가지가 있습니다. 그중에서 조직생활과 관련해서 질문을 하는 이유를 정리해보겠습니다. 조직에서의 질문은 앞에서 본 것처럼 일과 관련이 있는 질문이거나 일과는 관련이 없는 개인적인 질문입니다. 이 두 가지의 경우에 질문을 하는 이유는 대개 이렇습니다. 일과 관련하여 질문을 하는 이유는 답을 구하기 위해서입니다. 일을 진행하다가 막히거나 궁금한 것이 있으면 그 일과 관련이 있는 사람에게 질문을 해서 답을 구하고 막힌 문제를 해결합니다. 이 때 보다 나은 질문을 하면 보다 나은 답변을 얻게 되고, 보다 나은 답변은 보다 나은 해결책으로 이어집니다. 그리고 일과 관련이 없는 개인적인 질문은 대개의 경우 친밀도를 높이기 위해서입니다. 상대를 더 알고 싶다는 것은 더 친해지고 싶기 때문일 테니까요.

그런데 조직에서는 이 두 가지가 분명하게 나뉘지 않을 수도 있습니다. 예를 들어보겠습니다. 성실하게 열심히 근무하던 팀원이 요즘 들어 하지 않던 지각을 합니다. 이유를 모르겠습니다. 주변 동료들에게 물어도 잘 모른다는 답변뿐입니다. 면담이 필요하겠지요. 이때 세련된 리더는 마주 앉자마자 바로 본론으로 들어가지 않습니다. 요즘 회사생활은 어떤지? 힘들지는 않은지? 도와줄 일은 없는지? 이런 것들을 먼저 물어봅니다. 이런 질문을 통한 대화로 분위기를 부드럽게 조성해놓고 본 주제인 요즘 지각이 잦은 이유를 묻습니다. 이런 경우라면 위에서 이야기했던 일과 사람이 모두 관련되어 있는 질문입니다. 다만 순서가 이렇게 되는 것이지요. 사람과 관련 있는 가벼운 질문을 먼저 한 후에 일과 관련된 무거운 질문을 하는 것입니다. 여기에서는 지각을 일로 구분을 해보네요. 지각을 하면 일 진행이 제대로 되지 않으니까요.

상대방의 생각이나 해답은 상대방의 머릿속에 들어 있습니다. 그것을 끄집어내려면 질문을 해야 합니다. 그리고 잘 끄집어내려면 질문을 잘 해야 합니다.

상대방의 이유를 알아내는 질문은 어떻게 하나요?

Q 말을 많이 하는 팀원이 있습니다. 말을 많이 하는데도 사람들은 그 팀원을 싫어하지 않습니다. 성격 자체가 밝고 명랑한 데다 긍정적인 사고를 가지고 있고 그런 바탕 위에서 말을 하기 때문에 그가 하는 말에 대해 싫다고 하는 주변인들이 없습니다. 우리 팀에 긍정 에너지를 불어넣는 팀원입니다. 그런데 최근 이상한 모습을 보입니다. 한 달 전부터 말을 거의 하지 않고 동료들과도 잘 어울리지 않습니다. 원래 밝고 명랑한 팀원이라 저러다가 곧 괜찮아질 것이라고 생각하고 기다리고 있는데 한 달가량 별다른 변화가 보이지 않습니다. 다른 팀원들에게 물어봐도 최근 그 팀원에게서 같은 느낌을 받고 있다는 답변뿐입니다. 그 팀원에게 무언가 문제가 있는 것으로 보입니다. 그 이유를 알아야 할 것 같습니다. 그 이유를 알아내 빨리 예전의 긍정 에너지를 다시 발산하며 살 수 있도록, 그래서 팀에 다시 활력을 불어넣을 수 있도록 해야 하겠습니다. 이런 경우에는 질문을 해서 상대방이 그 이유를 말하게 하는 것이 가장 바람직한 방법일 텐데 어떻게 질문을 하는 것이 좋을까요?

A 안타까운 일이네요. 특히 팀 분위기에 긍정적인 영향을 주고 있는 팀원이 입을 닫고 있다면 더 안타까운 일이지요. 이 경우에 가장 중요한 것은 팀원을 강제한다는 느낌을 갖지 않도록 하는 것입니다. 억지로 대답하게 하지 말라는 말이지요. 그 질문이 이런 질문입니다. "이팀원, 요즘 무슨 문제 있나? 전과 달리 요즘 거의 말을 하지 않고 있어서 무슨 문제가 있는지 궁금하네. 말해보게." 이렇게 답변을 강요하는 듯한 질문을 하면 그 팀원은 아마 입을 굳게 다물게 될지도 모릅니다. 사람은 누군가가 자신을 공격해오면 그 공격에 상처를 받지 않기 위해서 방어를 하게 됩니다. 이 경우에 방어를 한다는 말은 마음의 문을 닫고 자신만의 세계 속으로 더 깊이 들어가는 것을 말합니다. 그렇게 되면 말을 하지 않는 이유에 대한 답변을 더 하지 않게 되고, 질문을 한 사람의 입장에서는 말을 하지 않는 이유를 알기가 어렵게 되겠지요. 이처럼 무언가 이유를 알아내고자 할 때는 상대방의 마음이 닫히는 질문을 하는 것은 바람직하지 않습니다.

그렇다면 상대방의 마음을 여는 질문을 해야 한다는 말인데 그 질문의 방법은 이렇습니다. 무겁지 않고 가벼운 질문을 하는 것입니다. 서로 나누어서 기분이 좋아질 수 있는 이야기를 먼저 하는 것입니다. 여기에는 여러 가지 방법이 있는데 상대방의 무언가를 칭찬해주거나, 최근에 상대방 주변에 있었던 좋은 일에 관한 질문을 해주는 것입니다. "야, 오늘 입은 옷이 최근 트렌드구나. 나 같은 사람은 엄두도 못 내는데 역시 넌 멋쟁이야. 어디에서 샀니? 나도 한번 알아라도 보게."

이렇게 칭찬을 하면서 질문을 합니다. 또는 "딸 잘 크지? 이제 돌 지났으니까 잘 걸어 다니겠다. 엄마를 닮아서 크면 참 예쁠 거야. 예뻐 죽겠지?" 이렇게 상대방이 많은 관심을 가지고 있는 주제에 관한 질문을 합니다. 이런 질문들을 해야 상대방의 기분이 좋아지고 기분이 좋아져야 상대방이 마음의 문을 열게 됩니다. 마음의 문을 열게 하는 질문은 상대방의 기분이 좋아지는 질문이라고 생각하면 되겠습니다. 그런데 우리는 가끔 일상 대화 중에서 가벼운 이야기를 나눈답시고 상대방의 기분을 언짢게 하는 질문을 할 때가 있습니다. "요즘 무슨 일 있어? 얼굴이 안돼 보이네." 또는 "야, 옷이 그게 뭐냐? 그거 한물 간 거 아냐?" 이런 질문들입니다. 이런 질문을 하면 순간적으로 상대방의 기분이 다운되게 됩니다. 그러면 그 후에 물어오는 다른 질문에 대한 답변도 하기 싫어지거나 건성으로 하게 될 가능성이 높습니다.

이렇게 상대방의 마음의 문을 여는 가벼운 질문을 통해 서로의 기분을 좋게 한 후에 하고 싶은 질문을 하는 것입니다. "전과 달리 요즘에 말을 하지 않는 것 같은데, 그게 나만의 느낌은 아니고 주변 사람들도 그렇게 느끼고 있는 것 같아. 혹시 무슨 일 있어?" 이렇게 질문하는 것입니다. 이렇게 질문할 때도 중요한 포인트가 있습니다. 이것이 문제일 것이라고 짐작해서 질문을 하면 안 된다는 것입니다. "전과 달리 요즘에 말을 하지 않는 것 같은데, 회사에 불만이라도 있어?" 이렇게 질문을 하면 말을 하지 않는 이유가 회사에 불만이 있어서라면 이야기를 하겠지만 다른 이유라면 이야기를 하지 않을 가능성이 높습니다. "전과 달리 요즘에 말을 하지 않는 것 같은데, 여자 친구와 잘 안

돼?" 이렇게 질문을 하면 말을 하지 않는 이유가 여자 친구와 문제가 있어서라면 이야기를 하겠지만 다른 이유라면 이야기를 하지 않을 가능성이 높습니다.

질문 순서로는 이렇게 기억하면 좋겠습니다. 가벼운 질문을 해서 상대방의 기분을 좋게 한 후에 묻고 싶은 본 질문을 해서 알고 싶은 이유를 알아내는 것입니다. 본 질문을 무거운 질문이라고 기억해도 좋겠습니다. 그래야 질문 순서를 가벼운 질문과 무거운 질문으로 간단하게 정리할 수 있고 오래 기억할 수 있을 테니까요.

03 경청하기
'내 얘기 좀 들어주세요'

경청은 귀로 하는 게 아니라고요?

Q 어느 사무실에서나 흔히 볼 수 있는 일상적인 아침 풍경입니다. 김팀장이 이대리를 불러서 이번에 새롭게 시작해야 하는 프로젝트에 관해 지시를 합니다. 그리고 오늘 저녁까지 내용을 정리해서 보고해달라고 주문을 합니다. 지시를 받은 이대리는 잘 알겠다고 답변을 하고 돌아와서 지시 받은 업무를 합니다. 팀장의 지시이기도 하지만 스스로 판단하기에도 급한 것 같아 다른 업무를 뒤로하고 하루 종일 그 일을 합니다. 그리고 완성된 내용을 팀장께 보고합니다. 그런데 팀장이 보기에 아침에 지시한 것과는 다른 방향입니다. 처음부터 다시

해야 할 판입니다. 정말 답답한 노릇입니다. 팀장 생각은 이렇습니다. '아침에 지시한 내용이 이런 것이 아닌데 왜 엉뚱한 일을 한 거야?' 이 대리 생각은 이렇습니다. '아침에 지시 받은 내용이 이런 내용이고 그 내용을 토대로 했는데 왜 그러지?' 서로의 생각이 완전히 다릅니다. 왜 이런 일이 생긴 것일까요? 누가 무엇을 잘못한 것일까요?

A 조직에서 흔히 볼 수 있는 풍경이지요. 안타까운 일입니다. 한 번에 끝낼 수 있는 일을 두 번, 세 번을 해야 하니까요. 이런 실수가 벌어지는 이유는 무엇 때문일까요? 여러 가지가 있겠지만 그중에서 큰 비중을 차지하는 원인은 경청을 제대로 하지 않았기 때문일 것입니다. 여기에서 경청을 하지 않았다고 하면 이대리만의 실수인 것으로 생각될 수 있습니다. 그런데 경청이라는 것은 대화를 나누는 당사자 중 어느 한 사람의 실수만은 아닙니다. 당사자 모두의 실수입니다. 그 이유가 무엇이고 어떻게 하면 그런 실수를 하지 않을 수 있는지 설명하겠습니다.

우리는 흔히 다른 사람의 말을 잘 들어주는 사람을 두고 매너가 좋은 사람이라고 합니다. 그런데 조직에서는 그 말이 꼭 맞는 말은 아닙니다. 잘 듣는 사람은 매너 좋은 사람임을 넘어서 역량이 뛰어난 사람입니다. 여기서 역량이라는 용어를 한번 생각해봐야 하겠습니다. '역량'이라는 말과 함께 자주 사용되는 '능력'이라는 말이 있습니다. 같은 듯하지만 다른 말입니다. 사전적 의미를 보면 역량(力量)은 '어떤 일을 해낼 수 있는 힘'을 말하고, 능력(能力)은 '어떤 일을 감당해낼 수 있는 힘'을 말합니다. '해낼' 수 있느냐와 '감당할' 수 있느냐의 차이네요. 감당하는 것보다는 해내는 것이 더 힘이 있고 긍정적으로 보입니다. 역량은 가져야 할 힘의 최대치를 말하고, 능력은 가져야 할 힘의 최소치를 말한다고도 볼 수 있겠습니다. 사전적 의미를 조직적 차원으로 가져와서 이렇게 정리해보겠습니다. 능력은 어떤 사람이 가지고 있는 재주이고, 역량은 조직의 생산성에 기여할 수 있는 재주라고 구분하겠습니다. 예를 들어 어떤 팀원이 컴퓨터도 9단이고, 영어도 9단입니다. 능력은 매우 뛰어나지요. 그런데 컴퓨터 9단과 영어 9단 가지고 조직의 생산성에 기여하는 바가 없습니다. 이러면 능력은 매우 뛰어나지만 역량은 대단히 떨어지는 경우가 되는 것이지요. 조직에서 사용되는 역량과 능력을 이렇게 비교해서 이해하면 될 것입니다. 그래서 조직에서는 능력이라는 단어보다 역량이라는 단어를 더 많이 사용하게 되는 것이지요.

경청으로 다시 돌아와봅니다. 조직에서 어떤 사람과 일과 관련해 대화를 합니다. 일반적인 대화의 과정은 이렇습니다. 먼저 내가 질문을 합니다. 그러면 상대방은 답변을 하겠지요. 그때 나는 귀를 기울여 경청을 합니다. 그리고 상대방의 말이 끝나면 내가 이어서 말을 합니다. 이것이 일반적인 대화의 과정인데 이런 대화의 과정을 잘할 수 있는 사람이 대화를 통해서 자신의 목적을 잘 달성할 수가 있게 되지요. 이처럼 대화 능력을 잘 갖춘 사람이 자신의 목적을 잘 달성할 수 있고 자신의 생산성을 높게 만들어갑니다. 이런 이유로 경청을 잘하는 사람을 역량이 좋은 사람이라고 하는 것입니다.

경청은 어떻게 하는 것인가요? 몸의 기관 중에서 어디로 하는 것인가요? 이 질문에 세 가지 답변이 나올 수 있습니다. 가장 먼저는 '귀로 한다'는 답변입니다. 이것은 삼류 답변입니다. 보이는 것만 가지고 하는 답변입니다. 이보다 조금 더 나은 답변이 '귀로 들어서 머리로 이해한다'는 것입니다. 이것은 이류 답변입니다. 일반적으로 이 정도면 경청을 매우 잘한다고 생각하겠지만 아직 완벽한 경청의 수준은 아닙니다. 일류 답변은 '귀로 듣고, 머리로 이해하고, 입으로 표현한다'는 것입니다. 즉 경청은 귀로 하는 것이 아니라 입으로 한다는 답변입니다. 이렇게 경청했을 때 완벽한 경청이 되는 것이지요.

예를 들어보겠습니다. 여기는 설렁탕을 맛있게 하는 식당이고 여러분은 손님입니다. 대개의 맛집이 그렇듯이 이 집도 깍두기 맛이 장난이 아닙니다. 설렁탕 한 숟가락에 깍두기를 하나씩 먹다 보니 제공된 깍두기가 다 떨어져서 한 접시를 더 달라고 해야 합니다. "사장님, 여기 깍두기 좀 더 주세요." 손님의 이 요구에 설렁탕집 사장님은 두 가지 답변을 할 수 있습니다. 하나는 "예"라고 대답하고 깍두기를 가져다주는 것이고, 다른 하나는 "깍두기 더 필요하신가요? 더 가져다드릴게요"라고 대답하고 깍두기를 가져다주는 것입니다. 두 경우 모두 손님이 원하는 목적은 달성되었습니다. 그런데 어느 대답이 손님의 마음을 더 흔쾌하게 해주나요? 당연히 후자입니다. 이유는 딱 하나입니다. 손님이 이런 말을 했고 사장은 손님의 말을 잘 들었다는 것을 확인시켜주는 장면이 하나 더 있다는 것입니다. 이것이 올바른 경청입니다. 귀로 듣고 머리로 이해하고 입으로 표현한다는 것이 바로 이런 것입니다.

앞에서 질문한 조직의 예입니다. 아침에 출근하자마자 팀장의 지시가 있었습니다. 팀장의 지시이기 때문에 다른 일은 제쳐두고 하루 종일 그 일을 해서 완성을 했습니다. 저녁 즈음에 팀장에게 아침에 지시한 일을 다 했다고 보고를 했는데 한참을 살펴보던 팀장이 이런 말을 합니다. "이거 왜 이렇게 했어? 이게 아니잖아. 다시 해와!" 한 방 맞은 기분입니다. 야근을 해야 할 것을 생각하니 한없이 슬퍼지기도 합니다. 팀장이 밉습니다. 조직에서 흔히 볼 수 있는 장면입니다. 이런 일이 생기는 이유는 무엇 때문일까요? 지시를 하고 지시를 받는 과정에서 경청이 제대로 되지 않았기 때문입니다. 팀원의 입장에서는 아침에 지시 받을 때 이렇게 했어야 합니다. 팀장의 지시를 다 받고 나서 그냥 돌아서서 자리로 돌아오지 말고 지금까지 팀장이 한 이야기를 자신의 말로 한 번 정리해서 팀장에게 말해보는 것입니다. "팀장님, 선은 이렇고 후는 이래서 누구하고 상의해서 언제까지 보고하라는 말씀이시지요?" 이렇게 말을 하면 팀장이 듣고, 잘못 이해하고 있는 부분이 있으면 수정해줄 것이고, 잘 이해하고 있으면 오케이를 하겠지요. 이런 상태에서 일을 했어야 야근도 하지 않고 팀장도 미워할 필요가 없는 것입니다. 팀장의 입장에서는 지시를 다 마치고 난 후에 돌아서려는 팀원을 불러서 "내가 지금까지 지시한 내용을 자네의 말로 정리해서 말해봐요" 하는 겁니다. 그렇게 팀원의 말을 들어보고 잘 이해하고 있으면 그대로 하라고 하면 되고, 잘못 이해하고 있는 부분이 있으면 수정해주면 되는 것입니다. 이때 조심할 것은 팀원에게 지시한 내용을 다시 한 번 말해보라고 하면 팀원이 오해할 수도 있다는 부분입니다. '한 번만 말하면 다 알아듣는데 뭘 확인까지 하려고 그래?' 팀원이 이런 생각을 할지도 모르는 일입니다. 팀장이 자신을 불신하고 있다는 오해를 할 수도 있다는 말이지요. 이런 오해를 불러일으키지 않으려면 한마디만 더 얹어주면 됩니다. "내가 지시를 제대로 했는지 몰라서." 이 한마디면 됩니다. 팀장인 나를 위해서 다시 한 번 말해달라는 것이니까 오해를 살 일이 없지요. 물론 실제로는 팀원이 잘 이해했는지 확인하기 위한 것입니다. 그런데 이런 상황이라면 지혜가 필요합니다. 그래서 팀장 자신을 위해서 팀원의 말로 정리해서 다시 한 번 말해달라고 하는 것이지요.

이것이 경청입니다. 귀로 듣고, 머리로 알고, 입으로 표현하는 것까지가 경청입니다. 조직에서 빚어지는 수많은 실수들이 거슬러 올라가면 소통의 실수로 인해 생겨납니다. 즉 소통의 실수가 일의 실수를 유발하는 것입니다. 더욱 중요한 것은 일의 실수가 반복되면 사람에게도 신뢰가 가지 않는다는 사실입니다. 소통의 실수가 일의 실수를, 일의 실수가 관계의 실수를 만들어내게 되는 것이지요. 소통, 그중에서도 경청만 잘해도 이런 실수들을 피할 수 있고, 혹 지금 이런 실수가 반복되고 있다면 경청 하나로 악순환의 고리를 끊어낼 수 있습니다. 이제부터는 경청을 귀로만 하는 것에 그치지 말고 입으로 할 것을 권합니다.

소통을 위한 대화, 이렇게 하면 돼요

조직생활에서 경청이 왜 중요한가요?

Q 경청을 잘해야 한다는 것이 정말 중요하다는 것은 알겠는데, 그렇다면 조직생활에서 경청이 중요한 이유는 무엇인가요?

A 경청을 잘해야 하는 이유는 무엇일까요? 이런저런 이유들이 많지만 조직생활에서 중요한 이유 두 가지가 있습니다. 그 두 가지 이유를 설명하겠습니다. 하나는 상대의 속생각과 속마음을 알 수 있다는 것이고, 다른 하나는 상대로부터 신뢰를 얻을 수 있다는 것입니다. 이 두 가지 이유에 대한 배경은 이렇습니다.

먼저 경청을 하면 상대의 속생각과 속마음을 알 수 있다는 것에 대한 배경 설명입니다. 인간의 말과 생각의 속도에 관해 연구된 결과가 있습니다. 실험한 학자마다 조금씩 다르지만 평균적으로, 기억하기 편하게 정리하면 이렇습니다. 인간의 표준적인 말의 속도는 1분에 100단어이고, 빨리 말하는 사람은 1분에 200단어라고 합니다. 빨리 듣는 속도는 1분에 300단어이고, 빨리 생각하는 속도는 1분에 800단어라고 합니다. 이 통계 중에서 빨리 말하는 속도와 빨리 생각하는 속도를 비교해볼 때 말의 속도보다 생각의 속도가 4배 빠르다는 것을 알 수 있습니다. 우리 인간은 말을 하기 전에 생각을 먼저 한다는 의미입니다. 결국 말이라는 것은 생각하고 있는 것을 입으로 정리해서 표현하는 것이지요. 그래서 어떤 사람의 말을 들어보면 그 사람의 생각을 알 수 있는 것입니다.

다음은 경청을 하면 상대로부터 신뢰를 얻을 수 있다는 것에 대한 배경입니다. 내용은 간단합니다. 우리는 자신의 이야기를 귀 기울여 들어주는 사람에게는 한 번 더 찾아가고 싶어합니다. 결국 경청을 통해 상대방으로부터 신뢰를 얻을 수 있다는 것입니다.

조직생활은 곧 협력생활입니다. 누군가와 끊임없이 협력하면서 주어진 목표를 이루어가는 것이 조직생활입니다. 그 과정에서 상대방의 마음을 읽어내는 것, 상대방으로부터 신뢰를 얻어내는 것은 중요하지 않을 수가 없습니다. 그리고 이 두 가지는 경청을 통해 이루어집니다. 그러니 조직생활에서 경청이 중요하지 않을 수가 없지요.

경청할 때 상대방의 눈을 보아야 하나요?

Q 말을 할 때는 상대방의 눈을 보는 것이 맞는 것 같아요. 그런데 상대방의 말을 들을 때도 그 사람의 눈을 보아야 하나요?

A 그렇습니다. 경청을 할 때도 상대방의 눈을 보는 것이 좋습니다. 대화할 때 시선은 매우 중요합니다. 자신이 누군가와 대화를 하고 싶을 때는 그 사람을 눈으로 먼저 보게 됩니다. 마음이 먼저 간다는 말이기도 하지요. 반면에 대화를 나누기 싫은 사람과는 눈을 마주

소통을 위한 대화, 이렇게 하면 돼요

치지 않으려고 합니다. 마음이 가지 않으니까요. 이처럼 누군가에게 시선을 준다는 것은 그 사람과 대화를 나누고 싶다는 마음의 표현입니다. 그리고 시선을 주는 이유는 다음의 두 가지를 잘 챙기기 위해서라는 것이 중요합니다. 하나는 수용 정도인데 내 말을 상대방이 어느만큼 받아들이고 있는가를 눈빛을 통해서 읽어내는 것입니다. 다른 하나는 동의 정도인데 상대방이 내가 말한 대로 행동을 할 것인가를 읽어내는 것입니다. 물론 이 경우는 설득을 위한 대화일 때만 해당이 되지요. 이 두 가지를 위해서라도 시선을 상대방에게 주면서 대화를 하는 것이 중요합니다. 우리는 눈맞춤을 '아이 콘택트(Eye Contact)'라고 합니다. 그러나 눈을 통해서 감정의 교감까지를 이루어야 한다는 것을 생각해보면 아이 콘택트 수준에서 머물지 말고 '아이 커뮤니케이션(Eye Communication)'을 해야 합니다. 경청을 할 때 상대방의 시선을 보아야 하는 또 다른 이유가 있습니다. 이야기를 들을 때 상대방의 눈을 보아주면 상대방은 자신의 이야기를 잘 들어주고 있다는 느낌을 갖게 되어 이야기를 더 잘하고, 많이 하게 됩니다. 자신을 신뢰하고 있다는 느낌을 갖게 되기도 하지요.

그런데 때로는 눈을 직접 쳐다보기가 힘든 대상이 있습니다. 일반적으로 자신보다 나이가 많거나, 직급이 높거나, 이성인 경우가 그렇습니다. 이때는 눈을 살짝 비껴보는 것이 필요합니다. 눈을 직접 보지 말고 미간이나 콧등을 보는 것이지요. 둘이 앉아서 대화하는 정도의 거리에서 미간이나 콧등을 볼 때 상대방은 그것을 눈치 채지 못합니다. 자신을 보고 있다는 느낌을 갖게 되지요. 물론 눈을 직접 보기 어려운 경우에 한합니다. 대화할 때 가장 기본적인 시선은 상대방의 눈을 직접 보는 것이니까요.

시선을 집중하는 부분은 동서양의 인식 차이가 있습니다. 서양, 특히 미국에서는 '상대방의 눈을 보지 않고 하는 이야기는 진실이 아닐 가능성이 있다'는 것이 일반적인 인식입니다. 실제 있었던 일인지, 누가 만들어낸 것인지는 모르겠는데 이런 이야기가 있습니다. 자녀들과 함께 미국으로 이민을 갔습니다. 큰아들을 유치원에 보냈다고 하네요. 그런데 어느 날 유치원 선생님에게서 전화가 왔습니다. 아이한테 문제가 있으니 유치원으로 오라는 것이었습니다. 덜컥 겁이 나서 한걸음에 달려갔는데 선생님이 말하길 아이가 이야기할 때 자신의 눈을 보지 않는다는 것이었습니다. 동서양의 문화 차이에서 오는 아이러니 같습니다. 오히려 우리 문화에서는 대화를 할 때 상대방의 눈을 지속적으로 쳐다보는 것은 결례라는 인식이 일반적입니다. 상대방이 부담스러워할 수도 있으니까요. 그래서 추천합니다. 7대 3 원칙을 적용하십시오. 경청할 때 7할 정도는 상대방의 눈을 보아주고, 3할 정도는 다른 곳을 보아주는 것입니다. 이 정도의 수준이면 이야기하는 상대방이 부담스러워하지 않으면서도 자신에게 집중하고 있다는 인식을 갖게 될 것입니다.

이렇게 정리가 되네요. 경청을 할 때는 상대방에게 시선을 주는 것이 원칙입니다. 그런데 가끔은 눈을 보기 어려운 상대방이 있는데 그럴 때는 눈 주변을 보는 것이 좋습니다. 그리고 편한 상대방과 대화를 하더라도 7할 정도는 상대방을 보고 3할 정도는 다른 곳을 보는 것이 상대방이 말하기 편하다는 것을 알아두세요.

이 방법을 '집중하라(Concentrate)'라는 용어로 기억하도록 하겠습니다.

내 의견과 다른 의견을 말할 때는 어떻게 해요?

Q 상대방의 이야기를 잘 듣고 있습니다. 그런데 이야기하는 내용이 내가 생각하고 있는 방향과 점점 달라집니다. 나하고 생각이 같은 줄 알았고, 엊그제만 해도 이번 사안에 관해 합의에 가까운 의견을 나누었습니다. 그런데 이제 와서 다른 이야기를 하고 있는 것입니다. 마음속으로는 성질이 납니다. 생각 같아서는…. 이런 경우에는 어떻게 해야 합니까?

A 이럴 때는 참 답답하지요. 내 의견과 다른 의견을 이야기하는 것도 답답한데, 엊그제 합의에 가까운 의견을 나누고도 오늘 다른 소리를 하면 누구나 성질이 올라올 것입니다. 그러면 이때는 어떻게 해야 할까요? 그래도 인내하고 끝까지 듣고 있어야 할까요?

사람은 서로 다릅니다. 겉모양도 다르고 속모양도 다릅니다. 특히 그중에서 속모양이 다른 것을 생각해보겠습니다. 여기에서의 속모양은 그 사람이 가지고 있는 캐릭터라고 보아도 좋겠습니다. 사람의 캐릭터가 다른 이유를 세 가지로 많이 이야기합니다. 유전과 환경, 그리고 학습이 그것입니다. 부모가 다르고, 자라온 환경이 다르고, 경험한 학습이 다릅니다. 그래서 사람은 서로 다를 수밖에 없는 존재들입니다. 지금 자신과 이야기하고 있는 사람을 떠올려보세요. 서로 다른 세 가지 요건을 모두 갖추고 있지요. 유전, 환경, 학습이 모두 다릅니다. 한 가지 생각할 것은 같은 회사, 같은 팀에 있으니까 환경은 같은 것이 아닌가라고 생각할 수도 있다는 것입니다. 그런데 그것은 같은 팀에서 근무한 불과 몇 년일 것입니다. 지금까지의 긴 인생 중에서 극히 일부의 환경이라는 것이지요. 그래서 환경도 다른 것으로 보는 것이 맞습니다. 어쨌든 이런 것들이 다르기에 너무나 당연히 가지고 있는 생각이나 의견도 다르겠지요. 특히 상호 이해관계가 있는 대화의 내용에서는 더욱 그렇습니다. 이때 우리는 자신의 생각과 다른 의견을 이야기하는 상대방을 인정하지 않기가 쉽습니다. 그래서 생겨나는 습관이 상대방의 말을 끊는 습관이지요. 말을 몇 마디 하지도 않았는데 말을 끊어버립니다. 이런 사람들이 자주 하는 말이 있습니다. "이 사람아, 그게 아니고…" "지금 그 얘기가 아니잖아" "엉뚱한 소리 하지 말고" 이런 종류의 말들입니다. 상대방의 의견을 인정하지 않는 대표적인 말 습관이지요. 이런 모습을 자주 보이는 사람이라면 누구나 그 사람하고 대화하기를 싫어할 것입니다. 그래서 상대방이 내 마음에 들지 않는 말을 하더라도 일단은 인정하는 것이 중요합니다. 그러고 나서 내가 가지고 있는 다른 의견을 이야기하면 됩니다.

그러면 자신의 생각이나 의견과 다른 말을 하는 사람을 인정하는

소통을 위한 대화, 이렇게 하면 돼요

대화 방법은 무엇일까요? 그 방법은 이렇습니다. 상대방의 이야기를 다 듣고 나서 3초가량 기다렸다가 'Yes, But'의 순서로 말하는 것입니다. 먼저 Yes를 말함으로써 상대방의 말에도 일리가 있고, 일부 인정한다는 모습을 보여줍니다. "그래, 자네 말을 충분히 이해하네" "그렇게 생각할 수도 있지" "그것도 맞는 말일 거야" 이런 말들입니다. 그 다음에 But을 말함으로써 자신의 의견을 말하는 것입니다. "그런데 조직 전체적인 차원에서 보면" "자네 말도 일리는 있지만" "그렇게 생각하는 것도 일리는 있지만" 이런 말들로 이어주는 것입니다. 이렇게 말하면 상대방은 어느 정도 존중받는다는 느낌을 가질 수 있고, 감정도 상하지 않을 수 있습니다.

앞에서 언급한 3초가량을 기다리라는 이유는 이렇습니다. 인간에게는 감각이라는 것이 있습니다. 인간은 순간적으로 보이고 들리는 것을 모두 받아들인다고 합니다. 보이는 것, 즉 시각은 0.25초 만에, 들리는 것, 즉 청각은 1-3초 만에 받아들인다고 하네요. 대화는 청각과 관련된 부분이기 때문에 1-3초의 평균 시간인 2초를 가지고 먼저 이야기를 하겠습니다. 2초, 중요한 시간입니다. 기억하십시오. 우리가 말을 할 때 한 문장을 끝내고 2초가량을 쉬어주면 상대방은 그 2초 동안에 말하는 사람이 말한 내용을 자신의 뇌리 속으로 가져간다는 것입니다. 잘 이해하고 기억할 수 있게 되겠지요. 여기에 1초를 더해서 상대방이 3초 이상 말을 하지 않으면 아마도 상대방이 이야기하는 것을 잠시 쉬어가고 싶다는 뜻일 것입니다. '나는 이제 말하는 것을 잠시 멈출 테니 당신이 이야기하세요.' 이런 뜻이겠지요. 이때 자신이 할 이야기를 하면 됩니다. 3초를 쉬라는 말은 이런 의미입니다.

이렇게 정리가 되네요. 나와 다른 의견을 이야기할 때는 끝까지 인내하고 기다렸다가 'Yes- But'의 순서로 이야기를 하는 것입니다.

이 방법을 '인정하라(Acknowledge)'라는 용어로 기억하도록 하겠습니다.

경청할 때 반응을 보이면 좋다고 하는데 어떻게 하면 되나요?

Q 상대방의 이야기를 들을 때 반응을 보이라고 합니다. 그러면 상대방은 힘을 얻어서 말을 더 잘하고 많이 하게 된다고 하지요. 그런데 반응을 어떻게 보여야 하는지를 모르겠어요. 상대방이 더 말을 잘할 수 있도록 반응을 보이는 방법에는 어떤 것들이 있나요?

A 경청을 하는 목적 중에 가장 중요한 것이 상대방의 생각과 정보 같은 것들을 알고자 하는 것입니다. 그것도 많이 아는 것이 경청의 목적을 달성하는 길입니다. 그렇다면 상대방이 많이 이야기를 할 수 있도록 해야 합니다. 그 방법 중에 참 중요한 것이 상대방의 이야기에 반응을 보여주는 것입니다. 이렇게 했을 때 상대는 이야기를 계속할 힘을 얻게 되어 더 많은 생각이나 정보를 말하게 되는 것이지요.

이른바 국민 MC라는 사회자들이 이런 스킬을 잘 발휘하는 사람들입니다. 특히 토크 형태의 예능 프로그램을 보면 이런 내용들이 잘 묻어납니다. 유재석이라는 국민 MC가 잘하는 것은 말을 하는 쪽이 아니라 말을 듣는 쪽에 있습니다. 물론 말도 보통 사람보다는 잘합니다. 그러나 그보다 훨씬 더 잘하는 것이 말을 듣는 것이고, 그중에서도 가장 뛰어난 재능이 출연자들이 자기 이야기를 많이 하도록 유도하는 것입니다. 그때 사용하는 스킬이 반응을 보여주는 것이지요. 신체적으로 반응을 보여주거나 가벼운 질문을 해서 출연자가 편안하게 계속 이야기를 할 수 있도록 도와줍니다. 이것이 유재석이라는 국민 MC를 만든 가장 중요한 요소가 아닐까요? 이야기 나온 김에 하나 더 하자면 유재석의 장기 중에 하나가 출연자 중에서 말을 하지 않고 있는 사람을 말을 하게 하는 것입니다. 이때 사용되는 스킬이 질문이지요. 잘 관찰하면 배울 점이 참 많은 MC입니다.

그러면 반응은 어떻게 해야 할까요? 구체적으로 설명하겠습니다.

1. 고개를 끄덕여줍니다.

반응 중에서 가장 대표적인 것은 고개를 끄덕여주는 것입니다. 물론 상대방이 이야기하는 내용 중에 수긍하고 동의하는 부분에서 끄덕이는 것입니다. 사람에 따라서는 습관적으로 고개를 끄덕이는 경우도 있습니다. 그런 사람을 구분하는 방법은 이렇습니다. 이야기를 할 때 상대방이 수긍하고 동의할 만한 내용을 이야기하면서 상대방이 고개를 끄덕이는 정도를 관찰합니다. 그러고 난 후에 이번에는 상대방이 도저히 수긍하지도 동의하지도 못할 내용을 이야기해봅니다. 이때 고개를 끄덕이는 사람은 습관적으로 끄덕이는 것입니다. 이 구분이 필요한 이유는 습관적으로 고개를 끄덕이는 사람에 대해 나의 의견에 동의했다고 잘못 판단할 수도 있기 때문입니다. 언젠가 책에서 본 이야기인데 학자들이 연구를 해보니까 대화할 때 반응을 보이기에 가장 적합한 고개 끄덕임의 타이밍은 13초에 한 번이라고 합니다. 무슨 근거로 나온 이야기인지까지는 찾아보지 못했습니다. 그래서 그냥 참고로만 이야기하네요.

2. 상대방의 행동이나 표정을 따라 해줍니다.

심리학에 유사성의 원리라는 것이 있습니다. 나와 비슷한 무언가를 가지고 있는 사람에게는 마음이 더 가고 더 친해지고 싶은 마음을 갖게 된다는 원리이지요. 대표적인 경우가 사투리입니다. 처음 만나는 사람과 대화를 하다가 같은 지역의 사투리를 듣게 되면 마음이 훨씬 더 풀어지고 편안해지는 것을 경험하게 됩니다. 함께 프로 야구 이야기를 하다가 응원하는 팀이 같으면 더 마음이 가기도 합니다. 이것이 유사성의 원리입니다. 그런데 이 원리가 경청할 때의 반응에도 그대로 적용됩니다. 상대방이 이야기를 하다가 책상에 놓여 있는 물컵을 집어 들 때 이야기를 듣고 있는 사람도 자신의 물컵을 집어 드는 경우입니다. 이렇게 되면 이야기하는 사람이 듣는 사람에게 심리적 유사성을 느끼게 되는 것이지요. 상대방이 이야기를 하다가 다리를 꼬면 이야기를 듣고 있는 사람도 다리를 꼬아주면 됩니다. 여기에서 하나 조심할 것은 유사성을 적용한다고 해서 상대방의 모든 행동을 똑같이 따라 해서는 안 된다는 사실입니다. 이것을 상대방이 알아차리게 되면 자신을 의도적으로 따라 한다고 생각할 수 있습니다. 당연히 반응으로서의 효과도 없어지겠지요. 이렇게 하면 됩니다.

상대방이 변화를 주는 행동을 할 때 똑같지 않은, 다른 행동으로 따라 하는 것입니다. 이야기를 하고 있는 상대방이 다리를 꼴 때 이야기를 듣는 쪽에서는 다리를 꼬는 것이 아니라 상체에 약간 움직임을 주는 것입니다. 상대방의 행동 변화를 그대로 따라 하는 것이 아니라 상대방의 행동 변화가 있을 때 나도 행동 변화를 주면 되는 것으로 기억하면 좋겠습니다.

표정에도 유사성의 원리는 적용됩니다. 비언어는 언어를 도와주는 역할을 합니다. 비언어인 표정은 언어인 말의 내용을 도와주기 위해 사용하게 되지요. 일반적으로 슬픈 이야기를 할 때는 슬픈 표정을 짓게 되고, 기쁜 이야기를 할 때는 기쁜 표정을 짓게 됩니다. 그래야 슬픈 감정이나 기쁜 감정이 상대방에게 더 정확하게 전달됩니다. 여기에 유사성의 원리가 적용되어야 합니다. 누군가가 슬픈 이야기를 할 때 듣는 사람이 함께 슬픈 표정을 해주면 말하는 입장에서 공감을 받고 있다는 느낌을 갖게 됩니다. 훨씬 더 이야기하기가 편하겠지요. 듣는 사람은 말하는 사람이 말하는 내용에 알맞은 표정을 지으면서 듣는 것이 바람직합니다.

3. 말로 반응을 보여줍니다.

말로 반응을 보여주는 방법은 두 가지입니다. 하나는 가벼운 질문을 하는 것이고 다른 하나는 추임새를 넣어주는 것입니다. 가벼운 질문이라 함은 이야기하는 사람이 자신의 말을 잘 이어가게 하기 위한 질문을 말합니다. 이야기를 들으면서 "그래서 어떻게 되었어요?" "그 다음은요?" "힘들지는 않았어요?" 이런 종류의 질문을 하는 것이지요. 이렇게 되면 이야기하는 사람이 말을 훨씬 더 편안하게 이어갈 수 있습니다. 추임새라 함은 의미 자체가 '흥을 돋우기 위해 삽입하는 소리' 입니다. 한 사람이 이야기를 할 때 듣는 사람이 추임새를 넣어주면 이야기하는 사람이 신나서 말하게 됩니다. "그렇지" "잘했네" "맞아" 이런 종류의 말들입니다. 이것 역시도 이야기하는 사람이 자신의 말을 잘 이어갈 수 있도록 도와주는 것이지요.

이렇게 정리가 되네요. 경청을 할 때 반응을 보여주면 상대방이 이야기를 훨씬 더 신나게 많이 하게 되고, 그 방법으로는 고개를 끄덕여주는 것, 행동이나 표정을 따라 해주는 것, 가벼운 질문을 하거나 추임새를 넣는 것 등이 있습니다.

이 방법을 '반응하라(Respond)'라는 용어로 기억하도록 하겠습니다.

개인적인 고민거리가 있는데도 들어야 하는 상황이면 어떻게 해야 하나요?

 아침에 출근을 하는데 아내가 이야기를 합니다. "어제 집주인한테 전화가 왔었는데 전세 비용을 이천만 원 올려달래요." 그 말을 듣는 순간부터 마음이 편하지 않습니다. 지금의 전세 비용도 전세 대출을 받아서 충당하고 있는데 더 올려달라고 하니, 도저히 방법이 생각나지를 않습니다. 걱정을 가득 담고 회사에 도착을 합니다. 쓴 커피를 한 잔 마시고 나자 직속 상사인 김팀장이 호출을 하네요. 새로 추진해야 하는 프로젝트에 관한 계획을 설명합니다. 그런데 이상하게도 내 귀에는 잘 들어오지 않습니다. 그 대신에 아침에 아내로부터 들었던 전세 비용 이천만 원이 귓가에 맴돕니다. 머릿속에 자리하는 것도 새로운 프로젝트 계획보다는 전세 비용 이천만 원입니다. 마음속에 자리하고 있는 걱정거리가 지금 나누고 있는 대화를 방해하고 있습니다. 팀장의 말을 경청하기는 해야 하는데 이럴 때는 어떻게 해야 하나요?

A 이 상황을 마주하고 생각나는 이야기가 하나 있습니다. 축구 이야기라서 더러는 싫어할 분도 있겠네요. 1998년 프랑스 월드컵 때입니다. 첫 경기를 멕시코와 하는데 0대 0의 상황에서 우리나라가 프리킥을 얻었고 그것을 하석주 선수가 직접 넣어서 1대 0으로 리드를 하는 상황이 되었습니다. 중계를 시청하던 온 국민이 벌떡 일어나서 기뻐했지요. 골을 넣은 하석주 선수도 당연히 영웅이 되는 순간이었고요. 그런데 골을 넣고 나서 몇 분이 지나지 않은 상황에서 하석주 선수가 상대 선수에게 백태클을 하고 퇴장을 당하고 맙니다. 그리고 그 게임에서 우리나라 팀은 1대 3으로 지고 맙니다. 하석주 선수의 그 이후 인

터뷰에서는 그 당시의 백태클 퇴장이 단골 메뉴가 되었고 그것 때문에 지금도 힘들다고 하는 내용을 가끔 보았습니다. 개인적으로는 세월이 한참 지난 지금, 그런 불편한 마음은 당연히 지워버렸으면 하는 마음이고, 백태클 퇴장 이전에 프리킥 골 성공한 것이 있었다는 것을 선수 본인은 물론 우리 모두가 잊지 않았으면 좋겠습니다. 그 경기는 우리나라가 월드컵에 출전한 이래 첫 경기에서 선제골을 넣은 역사적인 경기라고 하니까요. 그것을 하석주 선수가 해냈잖아요. 중요한 것은 백태클을 한 이유입니다. 기자들이 왜 그랬느냐고 물었더니 하석주 선수는 몇 분 전에 골을 넣었던 좋은 감정을 주체하지 못해서 그랬다고 이유를 밝혔습니다.

충분히 이해가 되는 말입니다. 우리도 무언가 좋은, 지극히 좋은 일이 있으면 그 감정이 오래 지속되고 그 감정이 다른 일에도 영향을 주잖아요. 그런데 하석주 선수의 그 말을 접하고 깨달은 교훈이 하나 있습니다. 좋은 감정도 절제하거나 조절할 필요가 있다는 것입니다. 그러니 좋지 않은 감정은 말할 필요도 없겠지요.

특히 다른 사람의 말을 들을 때 내 마음속에 좋지 않은 감정이나 걱정거리가 있으면 그 마음이 상대방의 말을 제대로 듣는 것을 방해하게 됩니다. 감정을 좋지 않게 한 무엇인가에 내 정신이 쏠려 있기 때문이지요. 심각한 걱정거리가 있어도 마찬가지입니다. 따라서 감정이 좋지 않거나 걱정거리가 있을 때는 다른 사람과 대화를 하지 않는 것이 가장 좋습니다. 누군가 말을 걸어오면 정중하게 "지금은 이야기를 나눌 기분이 아니어서 미안하지만 내일 다시 이야기했으면 합니다" 이

한 마디로 대화를 미루는 것이 좋습니다. 그런데 문제는 대화를 미루기 어려운 상대방이 말을 걸어올 때입니다. 자신보다 훨씬 높은 상사가 말을 걸어오는데 그런 말을 할 수는 없잖아요. 그때 필요한 것이 감정 통제 기술입니다. 안 좋은 감정이나 걱정거리를 뒤로 돌려놓는 것입니다. 그리고 상사와 대화를 합니다. 그런 뒤에 안 좋은 감정이나 걱정거리를 다시 가져오는 것입니다. 안 좋은 감정이나 심한 걱정거리는 그 근본적인 원인이 제거되기 전까지는 쉽게 없어지지 않습니다. 그래서 뒤로 돌려놓으라는 주문을 하는 것입니다. 이것이 감정 통제 기술입니다. 경청에서 중요한 스킬이지요.

이 방법을 '감정을 통제하라(Emotion Control)'라는 용어로 기억하도록 하겠습니다.

경청을 하다가 모르는 것을 묻기가 창피해요.

경청을 하다가 모르는 내용이 있으면 물어야 하잖아요. 그런데 그게 잘 안 됩니다. 모르고 있다는 것을 스스로 고백하는 것이라 창피하기도 하고, 그것도 모르냐고 핀잔을 들을까 염려가 되기도 하고요. 어떻게 해야 하나요?

모르는 것은 상대방에게 물어보는 것이 너무도 당연하다는 것을 머리로는 알고 있습니다. 그런데 그것을 실행하려면 용기가 필요하지요. 대개는 두 가지 이유 때문입니다. 질문을 하기가 어려운 상대방 때문이기도 하고, 질문을 하기가 곤란한 상황 때문이기도 합니다.

먼저 상대방 때문에 질문을 하기 어려운 경우를 보겠습니다. 상대방 때문에 질문을 하지 못하는 경우는 두 가지로 나뉘는데 먼저 그 상대방이 자신보다 높은 위치에 있는 경우입니다. 그런 상대방에게 질문을 하면 "이런 것도 모르나?"라는 답변이 돌아올까 봐 주저하게 됩니다. 이렇게 생각하면 어떨까요? 상대방은 나보다 상사입니다. 직장생활 경험도 더 많고, 당연히 아는 것도 더 많습니다. 그렇기 때문에 아직 잘 모르는 후배 직원들에게 알려줄 의무를 가지고 있는 사람입니다. 그런 의무가 있는 사람에게 물어보는 것은 지극히 당연한 일인 것이지요. 다음은 상대방이 자신보다 낮은 위치에 있는 경우입니다. 자신보다 낮은 위치에 있는 사람에게 질문을 하면 '내 상사가 그것도 모르고 있구나'라고 생각할까 봐 질문을 주저하게 됩니다. 불치하문(不恥下問)입니다. 아랫사람에게 물어보는 것은 수치스러운 일이 아닙니다. 물어보지 않아서 알지 못하는 것이 수치스러운 일이지요. 이처럼 상대방에 따라서 질문을 망설이는 경우가 있는데 주저하지 마십시오. 분명하고 정확하게 알아야, 분명하고 정확하게 일을 수행할 수 있습니다.

상황 때문에 질문을 하지 못하는 경우도 있습니다. 여기에도 두 가지 경우가 있는데, 하나는 대화 당사자 간에 민감한 문제를 이야기하는 경우고, 다른 하나는 어떤 이유로든 서로의 감정이 안 좋은 경우입니다. 먼저 대화 당사자 간에 민감한 문제를 가지고 이야기하는 경우입니다. 조직생활에서 누군가와 대화를 해야 한다는 것은 그 상대방과 일로 관련이 있기 때문일 것이고, 아마도 그 일이 서로에게 민감한 경우이겠지요. 그리고 민감하다는 것은 서로가 양보하기 어려운 이슈라서 그렇겠고요. 그래서 더 질문이 필요합니다. 민감한 문제를 잘 해결하기 위한 가장 좋은 방법은 그 문제에 대해 더 깊이 있는 토론을 하는 것입니다. 더 깊은 토론을 통해 서로의 의견을 나누어야 하고 그러다 보면 무언가 해결할 방법이 모색되는 것입니다. 그 과정에 필수적인 것이 질문이라는 것을 꼭 생각해두세요. 민감한 내용의 경우에 질문을 하지 않는다는 것은 그 문제를 해결할 의지가 없다는 것이 되고, 결국은 자신의 의견 피력 없이 상대방에게 대화의 목적을 넘겨주겠다는 것과 다름없게 됩니다. 그 다음은 서로의 감정이 좋지 않은 경우입니다. 이런 경우에는 얼른 대화를 마치고 싶다는 생각이 간절해지지요. 상대방과 마주 앉아 있기가 싫을 테니까요. 그래서 가능하면 질문을 하지 않게 됩니다. 그런데 중요한 것은 질문을 하는 이유입니다. 상대방과의 대화, 특히 일과 관련된 대화를 할 때는 그 내용이 상호 충분히 이해가 되지 않으면 좋은 합일점을 찾아가기가 쉽지 않습니다. 따라서 서로 구체적인 내용까지 이야기할 필요가 있습니다. 그러기 위해서는 계속되는 질문을 통해서 깊이 있는 내용까지 서로 알아야 합니다.

경청을 할 때 모르는 내용을 질문하는 것은 결례가 아닙니다. 오히려 상대로부터 신뢰를 받는 좋은 방법입니다.

상대방이 하는 말이 애매할 때는 어떻게 해야 하나요?

Q 경청을 하다가 모르는 내용이 있으면 물어야 하는 것은 알겠습니다. 그런데 모르는 정도는 아니고 애매한 정도라면 어떻게 해야 하나요?

A 우리는 살면서 사람들과 많은 오해를 주고받습니다. 오해의 원인에는 여러 가지가 있지만 많은 원인이 서로 주고받는 말에 있습니다. 말 때문에 오해를 하기도 하고 받기도 하며 살아갑니다. 그러면 도대체 말의 어떤 부분 때문일까요? 추상성 때문입니다. 말은 추상적인 특성을 가지고 있습니다. 추상성은 눈에 보이지 않거나 손에 잡히지 않는 것을 설명하기 때문에 생겨나는 것입니다. 추상성이 높을수록 오해의 가능성은 높아집니다. 추상적인 내용은 각자의 머리로 달리 해석할 수 있기 때문입니다. 이 추상성으로 인한 오해를 줄이려면 구체화하는 것이 필요합니다. 상대방의 말을 듣고 이야기의 범위가 너무 넓어서 와 닿지 않는 경우에는 구체적으로 설명을 해달라고 주문을 해야 합니다. 그래야 추상성이 줄어들고 오해의 소지도 없어집니다. 이것은 질문과는 약간 차이가 있습니다. 질문은 모르는 부분을 묻는 것인 반면 구체화 요구는 알긴 알겠는데 그 내용이 확실하게 잡히지 않을 때 사용하는 것입니다.

예를 들어보겠습니다. 결혼한 가정이라면 신혼 때, 즉 아직 서로의 대화 방법에 익숙하지 않았을 때 경험했을 법한 사례입니다. 부부가 거실에 함께 앉아서 TV 드라마를 보고 있습니다. 그러다가 갑자기 빨래를 걷어서 개야 한다는 것이 생각난 아내가 혼잣말로 한마디를 합니다. "아, 빨래 걷어서 개야 하는데…." 이 말에 남편은 들었는지 못 들었는지 그냥 가만히 앉아 있습니다. TV 드라마가 끝나고 잠시 방에 들어갔던 아내가 방에서 나오면서 남편에게 한마디를 하네요. "왜 아직 빨래 안 걷었어?" 그러자 남편은 이렇게 말합니다. "나한테 걷으라고 했던 거야?" 그 다음 이 부부를 기다리고 있는 것은 오직 하나, 냉랭한 기류입니다. 사소한 경우이기는 하지만 자주 있을 법한 상황이기도 합니다. 이런 일이 생기는 이유는 둘 사이에 대화가 분명하지 않았기 때문입니다. 추상적이었다는 것이지요. 이런 경우는 양자 모두에게 문제가 있다고 보는 게 맞겠지요. 아내는 말할 때 남편에게 빨래를 걷어서 개라고 분명하게 했어야 했고, 남편은 아내가 개겠다는 것인지, 자신이 개야 하는지 분명하게 물어봤어야 했습니다. 이 경우 남편이 했어야 할 말이 '구체화를 요구한다'는 것에 해당합니다. 애초 아내의 말이 추상적이었기에 빚어진 오해입니다. 그렇다고 듣는 쪽에서도 그냥 있어서는 안 되는 것이지요. 아내에게 구체적으로 무엇을 누가 하자는 것인지 확인했어야 한다는 것입니다.

조직에서도 이런 일은 흔히 있을 수 있습니다. 가장 빈번한 예는 상사가 부하에게 지시를 하는 경우에 나타나지요. 부하가 듣기에 상사의 지시가 추상적이어서 내용을 이해하기 어려울 때가 있습니다. 그때 부하 직원은 상사에게 구체적으로 이야기를 해달라고 요구를 해야 합니다. 구체적으로 이해한 상태에서 일을 해야 일의 오류가 생기지 않습니다.

상대방의 말이 추상적이라면 구체적으로 말을 해달라고 요구를 해야 합니다. 말의 추상성이 오해를 불러올 수도 있으니까요.

경청을 했는데 들었던 이야기가 잘 기억나지 않아요.

 상대방의 말을 적극적으로 경청했습니다. 시선도 주고, 인정도 하고, 반응도 하고, 감정 통제도 잘하며 들었습니다. 모르는 내용은 질문도 하고 추상적인 내용은 구체적으로 설명해달라고 요청도 하며 잘 들었습니다. 상대방이 하는 말을 잘 이해도 했습니다. 그러고는 대화를 마치고 헤어졌습니다. 두 시간쯤 지난 후, 조금 전에 나누었던 대화의 내용을 떠올려보았습니다. 그런데 웬일인가요. 무슨 이야기를 나누었는지 기억이 나지를 않습니다. 분명 대화를 나눌 당시에는 상대방의 말을 이해하기도 했고 수긍도 했는데, 이게 웬일입니까? 대화 상대방이 비즈니스로 연결되어 있고 아주 친한 사이는 아니라서 함부로 연락해서 내용을 다시 설명해달라고 하기도 어렵습니다. 왜 이런 일이 생기는 것일까요?

이럴 때 참 답답하지요. 이야기를 나눌 당시에는 잘 이해가 되었던 내용이 대화를 마치고 나면 잘 기억나지 않습니다. 더구나 비즈니스 관계로 대화를 했다면 그 후속으로 무언가 행동해야 하는 경우가 많은데 기억이 나지 않는다면 참 난감해지지요. 목적을 가지고 나누는 대화에서는 기억하는 것이 매우 중요합니다. 비즈니스에서의 목적은 대개 누군가를 자신이 원하는 대로 행동하게 해야 하는 경우가 많습니다. 그리고 행동을 하게 하기 위해서는 대화했던 내용을 기억하도록 하는 것이 매우 중요합니다. 기억을 해야 하는 이 상황은 이야기를 하는 사람에게도, 이야기를 듣는 사람에게도 마찬가지로 중요합니다. 앞에서 말한 대화의 추상성을 줄이는 방법들은 내용을 이해하기 위한 것들입니다. 부족한 부분을 더 알기 위해 질문을 하기도 하고 구체적으로 말해달라고 요구하기도 해야 합니다.

그렇다면 기억을 위해서 해야 할 일은 무엇일까요? 대화를 모두 마치고 난 후에 지금까지 나누었던 대화 중에서 중요한 내용을 요약해서 말하는 것입니다. "오늘 나누었던 이야기 중에서 중요한 것은 이것, 이것, 이것이네요. 맞나요?" 이런 대화가 되겠지요. 그리고 이 말은 이야기를 주로 들었던 사람이 정리를 해서 말하는 것이 좋습니다. 이야기를 한 사람은 자신의 말이기 때문에 대부분 잘 기억합니다. 그러나 들었던 사람의 경우는 다르지요. 그래서 이야기를 주로 들었던 사람이 자신의 말로 정리해서 말하라는 것입니다. 이렇게 말하면 이야기를 했던 사람이 확인할 수가 있습니다. 자신의 의도와 맞으면 맞다고 할 것이고, 자신의 의도와 다르면 수정해줄 것입니다. 여기까지 되어야 이야기의 핵심 내용이 서로에게 기억으로 남게 될 것입니다.

특히 목적을 가지고 대화를 해야 하는 비즈니스 대화의 경우에는 핵심을 요약해서 정리하는 것이 중요하다는 것을 꼭 기억하십시오. 비즈니스를 하는 사람이라면 이것을 습관으로 만드는 것이 좋습니다.

상대방에 대한 좋지 않은 기억이 듣는 것을 방해하네요.

Q 한 달 전에 일과 관련해 어떤 사람과 대화를 나눈 적이 있습니다. 그런데 그때 그 사람에게 좋지 않은 감정을 갖게 되었습니다. 서로 다른 주장을 하는 상황에서 조금도 양보를 하지 않는 사람이라는 것을 강하게 느꼈습니다. 합리적인 것과는 거리가 있는 사람으로 뇌리 속에 각인되어 있습니다. 그런데 이번에 다른 이슈로 만나서 대화를 해야 하는 일이 생겼습니다. 피하고 싶지만 어쩔 수가 없는 상황입니다. 어떻게 해야 하나요?

A 그럴 수 있습니다. 한 번 미운털이 박힌 사람은 다시 사랑하기가 어렵지요. 지난번 좋지 않았던 대화의 기억이 이번 대화를 하기 싫게 만들 수 있습니다. 인간이 가지고 있는 본성인 선입관 때문이지요. 선입관(先入觀)을 사전에서는 '어떤 대상에 대하여 이미 마음속에 가지고 있는 고정적인 관념이나 관점'이라고 정의하고 있습니다. 이것을 대화로 제한해서 의미를 정리해보겠습니다. 대화에서 선입관이라는

소통을 위한 대화, 이렇게 하면 돼요

것은 대화를 할 때 '대화 주제에 관한 자신의 생각을 미리 결정해놓는 것'을 말합니다. 지금의 상황으로 보면 지난번의 좋지 않았던 대화의 경험이 그 사람에 대한 선입관을 갖게 한 것이지요. 아마 이런 선입관이겠지요. '그 사람과는 대화가 안 돼. 자기 주장만 하는 고집이 아주 센 사람이고 남의 말은 아예 들으려고도 하지 않는 사람이야.' 이렇게 되면 상대방과는 대화가 어렵습니다. 상대방이 하는 말은 허공에 흩어지는 메아리에 불과해지지요. 나의 의견과 다를 때는 자꾸 거부하는 마음까지 생기게 되고요.

이때 필요한 것이 역지사지의 마음입니다. 내가 상대방에게 그런 생각을 가지고 있다면 상대방도 나에게 그런 생각을 가지고 있을 것이라고 생각해보는 것입니다. 내가 상대방을 고집스러워서 대화하기가 힘든 사람이라고 생각한다면 상대방도 나를 고집스러워서 대화가 어려운 사람이라고 생각하지 않을까요? 그리고 각자의 생각이라는 것은 대화를 나누는 주제와 대화를 나누는 상황에 따라 달라질 수 있는 것입니다. 살아있는 생물인 사람이 살아있는 조직의 이슈를 가지고 이야기를 나누는 것이잖아요. 그러니까 이번 대화는 지난번의 대화와 다를 것이라는 생각으로 대화에 임해야 합니다. 지난번에 그랬으니까 이번에도 그럴 것이라는 생각, 즉 선입관을 갖지 말아야 하는 것이지요.

이 부분을 잘 이해하기 위해서 한 가지를 더 살펴볼 필요가 있습니다. 대화의 맥락에 관한 내용입니다. 맥락은 고맥락과 저맥락 두 가지로 구분하지요. 우리나라를 비롯한 동양 문화권의 국가들은 고맥락 문화를 가지고 있다고 하고 서양의 많은 나라들은 저맥락 문화를 가지고 있다고 합니다. 고맥락이라는 것은 대화를 나눌 때 대화 자체의 내용보다는 그 대화의 전체적인 맥락, 즉 전체적인 상황을 고려해서 대화의 내용을 이해해야 한다는 것입니다. 반면 저맥락은 오고가는 대화 내용 자체만으로 해석을 하는 것입니다. 맥락에 관한 이야기를 하는 이유는, 지난번 대화에서 이런 부분을 간과해서 상대방을 제대로 이해하지 못했을 수도 있기 때문입니다. 그래서 상대방에 대한 좋지 않은 선입관을 가지게 된 것일지도 모릅니다. 우리가 가지고 있는 고맥락 문화는 전후의 문맥이나 더 나아가서 지금 대화가 되고 있는 상황까지를 파악해서 해석을 하는 것입니다. 이런 관점에서 볼 때 미리 폭을 좁혀놓는 선입관은 바람직하지 않을 수밖에 없습니다. 자기 결론을 미리 내려놓으면 자기 의견과 다른 상대방 의견에 대해서는 자꾸 합리화나 변명을 하게 되지요. 이렇게 되면 좋은 합일점에 도달하기가 힘듭니다. 대화를 할 때는 내 생각이 옳지 않을 수도 있다는 것이 항상 전제가 되어야 합니다.

대화를 할 때 선입관을 갖는 것은 바람직하지 않습니다. 대화 상대방에게 갖는 부정적인 선입관은 상대방의 이야기를 경청하지 못하게 합니다. 심지어는 긍정적인 선입관도 경계할 필요가 있습니다. 지난번에 갖게 된 상대방에 대한 지나친 긍정적인 선입관이 상대방의 말을 분석하고 판단하는 것을 방해하기도 하니까요.

상대방의 이야기 중 일부가 잘 안 들어와요.

Q 대화 중에 열심히 경청을 합니다. 이야기하는 상대방의 시선도 잘 쳐다보고, 나와 다른 의견이 있더라도 인정도 하고, 상대방이 이야기를 잘할 수 있도록 반응도 보여주고, 나의 걱정거리도 잘 통제하면서 열심히 듣습니다. 나아가 모르는 내용은 질문도 하고, 추상적인 내용은 구체화를 해달라고 요구도 하고, 중간중간에 요약정리도 해가면서 잘 들었습니다. 그런데 대화를 모두 마치고 한참 후에 대화 내용을 돌아보면 내용 전체가 생각나질 않고 부분적으로만 생각이 납니다. 그런데 생각나는 내용은 나에게 유리한 것들 중심인 것 같아요. 그러니까 전체적인 맥락을 잘 모르게 되더라고요. 왜 그렇지요?

A 그럴 수 있습니다. 그리고 그런 현상은 어느 한 사람에게만 해당되는 것이 아닌 듯합니다. 어쩌면 인간이 가지고 있는 본성에서 비롯되는 것일 수도 있습니다. 심리학에서 이야기하는 선택적 지각과 관련된 이야기이지요. 그중에서 대화와 관련이 있는 내용을 추려보면 다음의 세 가지 정도가 될 것 같습니다.

첫째, 인간은 자신이 원하는 것만 골라 들으려고 한다는 것입니다. 아마도 자신에게 필요한 것은 집중해서 듣는 반면에 필요하지 않은 것은 흘려듣는다는 이야기 같습니다. 당연한 일일지도 모르겠습니다. 대화를 하는 시간 내내 자신의 에너지를 몰입시키는 것은 힘든 일이거

든요. 그러니까 부분적으로 에너지를 써야 하는데 아무래도 자신에게 유리한 쪽의 내용에 그 에너지가 가는 것이 이유가 아닐까 생각합니다. 둘째, 인간은 자신이 유리한 쪽으로 해석하려고 한다는 것입니다. 이것은 인간이 가지고 있는 합리화를 하고자 하는 성향과 관련이 있을 것으로 보입니다. 그리고 그것을 인정한다면 여기에서는 자기 합리화가 해당될 수 있겠지요. 자신의 의견이 맞도록 주장을 하려면 그에 맞는 이야기에 관심을 가질 필요가 있고 그 이야기를 상대방이 해준다면 곧바로 자신의 뇌리에 입력될 것입니다. 이런 요인이 자기에게 유리한 쪽으로 해석하고자 하는 경향을 만드는 것으로 보입니다. 셋째, 인간은 자신에게 필요한 것만 기억하려고 하는 경향이 있다는 것입니다. 이것도 인간이 가지고 있는 본성으로 여겨집니다. 대화에는, 특히 비즈니스 대화에는 그 대화를 통해서 이루어야 할 목적이 있습니다. 그 목적을 달성하는 데 필요한 것을 기억하고자 하는 것은 인간의 본성이기도 할 것입니다.

그런데 이런 세 가지 경향은 대화에서, 특히 경청에서 하지 말아야 할 것들입니다. 경청의 중요한 목적 중 하나가 상대방의 생각이나 정보를 알기 위한 것입니다. 자신의 생각이나 정보를 고집하기 위한 것이 아님을 명심해야 합니다. 자기가 좋아하는 메뉴를 골라 먹는 재미가 있는 뷔페 음식과 달리 대화는 모든 메뉴를 듣고 나서 해석을 하는 것이 옳은 방법입니다.

경청하는 방법 아홉 가지를 설명했습니다. 문제는 이 아홉 가지를 머릿속에 잘 넣어두는 것입니다. 머릿속에 잘 넣어두고 있어야 필요할 때 꺼내서 사용할 수가 있으니까요. 그래서 기억하기 좋은 방법을 소개합니다. 성인에게는 어울리지 않는 유치한 방법이기는 하지만 중요한 것은 머릿속에 넣어두는 것이니까 참고해보세요. 먼저 집중하고, 인정하고, 반응하고, 감정을 통제하는 네 가지를 외우는 방법입니다. 영어로 표현하면 집중한다는 것은 Concentrate, 인정한다는 것은 Acknowledge, 반응한다는 것은 Respond, 감정을 통제한다는 것은 Emotion control입니다. 그리고 이 네 단어의 머리글자만 불러 모으면 CARE라는 단어가 만들어집니다. 이 네 가지 스킬은 CARE라는 단어로 기억하면 좋습니다. 그 다음 세 가지-질문하라, 구체화를 요구하라, 요약하라-도 첫 글자만 모아서 기억하십시오. '질구요'라는 말이 만들어지는데 그냥 '밥이 질구요'라는 말로 기억하면 좋습니다. 그 다음 두 가지-선입관을 갖지 마라, 선택적으로 듣지 마라-는 '선선'인데 이것도 그냥 '바람이 선선'이라는 말로 기억해놓으면 아마 평생 잊을 일이 없을 것입니다. 미리 이야기했습니다. 유치하다고요. 그러나 중요한 것은 우리 머릿속에 넣어두는 것이기 때문에 과감하게 유치함을 선택했습니다.

04 공감하며 말하기
'힘든 나를 위로해주세요'

공감 능력, 그렇게 중요한가요?

Q 인간관계와 관련해서 요즘에 많이 회자되고 있는 단어가 소통과 공감입니다. 프로 야구팀의 감독으로 취임하면 가장 먼저 하는 말이 선수들과 소통하고 공감하는 감독이 되겠다고 합니다. 프로 야구팀뿐만 아니라 어떤 종목의 스포츠 팀 감독이 되더라도, 어떤 기관의 수장이 되더라도, 모든 리더들이 같은 말을 하지 않을까요? 그만큼 소통도, 공감도 중요하다는 뜻일 테지요. 그중에서 소통의 의미는 '서로 잘 통해서 오해가 없다'라는 것을 여러 번 확인했습니다. 그렇다면 공감은 무슨 뜻일까요? 어떤 의미를 가지고 있고, 또 그 방법은 무

엇일까요? 무엇을 어떻게 해야 공감을 잘하는 사람이 되는 것일까요? 만약에 다른 사람에게 공감할 수 있는 능력을 가지고 있지 못하면 어떻게 되는 것일까요? 특히 리더에게는 공감이 매우 중요할 것 같은데 왜 그럴까요? 공감과 관련해서는 많이 궁금하네요.

A 공감이라는 용어가 요즘 너무나 많이 회자되고 있습니다. 그만큼 중요하다는 것일 테고 상대적으로 그만큼 잘 이행되지 않고 있다는 말일 테지요. 공감을 쉽게 이해하기 위해서 공감 능력이 특히 중요한 리더인 팀장의 경우를 예를 들어 설명하겠습니다.

인간은 이성 영역과 감성 영역 두 가지를 동시에 가지고 있습니다. 리더는 이성을 바탕으로 한 개념적이고 분석적인 능력을 가지고 있어야 합니다. 이 능력을 토대로 팀원들이 하고 있는 업무를 정확하게 파악하고, 지시하고, 평가할 수 있어야 합니다. 그러나 이성 하나만으로는 결코 좋은 팀장이 될 수 없습니다. 좋은 성과를 내기 위해서 팀원들에게 동기를 부여하고, 그들을 이끌고 격려하며, 귀 기울여 경청할 줄 알아야 합니다. 이때 동원되어야 하는 것이 감성입니다. 이성으로 기본을 다진다면 감성으로 그 기본에 불을 붙인다고나 할까요? 그리고 팀장의 감성과 팀원의 감성이 만나는 지점이 '공감 영역'입니다.

공감은 팀원들이 마음속에 지니고 있는 열정을 끄집어내어 불을 붙이고 그 결과로 그들이 이룰 수 있는 최상의 성과를 낼 수 있게 합니다. 따라서 팀원들과 공감하지 못하는 팀장은 팀원들의 열정을 끄집어내지 못하는 것은 물론이고 팀원들이 자신을 따르게 하지도 못합니다. 공감하지 못하는 팀장과 함께 일하는 팀원들의 가장 큰 특징은 팀장과 말을 잘 하지 않는다는 것입니다. 자신의 힘든 상황을 팀장에게 이야기했는데 팀장으로부터 공감을 얻지 못한 경험들의 결과겠지요. 이때 공감하지 못하는 팀장은 팀원들이 침묵하는 것을 자신의 말을 잘 알아듣는 것이라고 착각하며 지내기도 합니다. 불행한 일이지요. 그러한 팀장 밑에 있는 팀원들은 일하는 시늉은 하겠지만 최선을 다하지 않고 적당히 하게 됩니다. 몸은 여기에 있지만 마음과 정신은 딴 곳에 있을 것입니다. 결국에는 팀원들이 팀장과 맞닥뜨리는 것을 되도록 피하면서 책임을 회피하거나, 튀지 않으려고 방어적인 태도를 취하게 됩니다. 그리고 이러한 현상은 악순환을 불러와서 팀이 점점 잘못된 방향으로 가게 하지요.

공감하는 것이 그래서 중요하고, 공감하지 못하는 것이 그래서 위험합니다.

공감이란 것이 무엇인가요?

Q 공감하는 사람이 되어야 한다고 합니다. 특히 리더의 경우라면 더 그래야 한다고 합니다. 그러지 않으면 팀원들로부터 외면당하는 리더가 될 것이고 당연히 업무에 관한 협력을 얻어내기도 어렵다고 합니다. 만약에 그렇게 된다면 치명적인 리더가 될 수밖에 없겠지요.

물론 리더뿐만 아니라 다른 사람들과 함께 살아가는 인간으로서 사람들과 공감하며 살아가는 것은 대단히 중요합니다. 공감이 그토록 중요하다면, 가장 먼저 할 일이 공감이란 무엇인지를 아는 일이겠네요. 무엇인가를 분명하게 알아야 실천할 방법을 찾을 마음도 생기지 않겠습니까?

A 공감이라는 것이 무엇일까요? 한자로 共感이라고 적는 것을 보면 '함께 느낀다'는 의미를 담고 있는 것은 분명해 보입니다. '共'은 '함께한다'는 뜻이고, '感'은 '느낀다'는 의미니까요. 그러면 무엇을 함께 느낀다는 것일까요? 이쯤에서 떠오르는 것이 '감성'과 '감정'이라는 단어일 것입니다. 우리는 이 두 용어를 잘 구분하지 않고 사용하는 편이지요. 실제 비슷하기도 하고요. 그런데 공감을 바르게 이해하려면 이 두 용어를 정확하게 구분할 필요가 있습니다.

먼저 사전적인 정의를 보겠습니다. 감성(感性)은 '자극이나 자극의 변화를 느끼는 성질'을 말하고 감정(感情)은 '어떤 현상이나 일에 대하여 일어나는 마음이나 느끼는 기분'을 말합니다. 영어로는 감성을 sensitivity라는 단어로 표현하는데 이 단어는 어떤 사물이나 현상에 대한 감각이나 판단력을 의미하는 sense라는 단어와, 능력을 의미하는 ability가 합쳐진 단어라고 하네요. 두 단어의 의미를 합쳐놓으면 감성은 '어떤 사물이나 현상에 대한 감각이나 판단하는 능력'으로 설명이 됩니다. 생각해보면 이것은 인간이 가질 수 있는 내적 능력을 말하는 것으로 보입니다. 반면에 감정(感情)은 내적 감성이 외적으로 표현되는 것을 말하는 것으로 보입니다. 감정의 사전적 정의 중에 '일어나는'이라는 단어가 이런 해석을 하게 합니다. 미국 심리학자 폴 에크만(Paul Ekman)이 정리해놓은 인간의 기본적인 여섯 가지 감정을 보면 외적 표현이라는 것을 확실히 알 수 있습니다. 그는 인간의 기본적인 감정 여섯 가지를 사랑(love), 기쁨(joy), 놀람(surprise), 화(anger), 슬픔(sadness), 공포(fear)로 정리했습니다. 이 여섯 가지는 인간 내면에서 느낀 것을 겉으로 드러내는 것들입니다. 그래서 이렇게 구분해봅니다. 감성은 외부의 자극을 내적으로 느끼는 것이고, 감정은 그 느낌을 외적으로 표현하는 것이라고요. 물론 이런 연관성은 있을 겁니다. 감성이 풍부한 사람이 감정 표현을 더 많이 할 가능성은 있겠지요.

이쯤 되면 공감이라는 것이 무엇을 함께한다는 것인지 정리가 될 것입니다. 상대방의 감정을 함께하는 것이지요. 상대방의 속마음에 있는 느낌인 감성은 알 수가 없으니까요. 그 감성이 겉으로 표현되어야 우리는 비로소 상대방의 느낌이나 기분을 알 수 있습니다. '상대방의 느낌이나 기분을 나도 그렇게 느낀다'는 것이 공감의 의미입니다. 이 의미 구분은 매우 중요합니다. 공감을 하려면 상대방의 느낌이나 기분을 알아야 합니다. 그 방법은 상대방의 말을 들어보거나 행동을 관찰하는 것입니다. 말은 언어(verbal)로, 행동은 비언어(nonverbal)로 구분하지요. 언어에는 음성이 포함되고, 비언어에는 시선, 제스처, 표정, 음성 톤 등이 포함됩니다. 재미있는 것은 음성 자체는 언어이지만 음성 톤은 비언어로 분류한다는 것입니다. 공감과 관련해서 우리가 알아야 하는 것은 언어는 내용을 전달하고 비언어는 느낌과 감정을 전달한다는 것입니다. 상대방의 감정은 언어와 비언어 모두를 통해 표현됩니다. 그래서 말은 잘 들어야 하는 것이고, 시선이나 제스처, 표정 등은 잘 보아야 하는 것입니다. 비언어에 포함되는 요소이기는 하지만 음성의 톤도 잘 들어야 알 수 있겠지요. 그래야 어떤 사람의 감정을 잘 읽어낼 수 있습니다. 그리고 감정을 잘 읽어낼 수 있어야 공감이 가능합니다.

또 하나 중요한 구분이 있습니다. 언어는 후천적이고 비언어는 선천적이라는 사실입니다. 선천적이라는 것이 가지는 중요한 의미는 가공을 통해 변화를 주기가 힘들다는 것입니다. 쉽게 말하면 노력한다고 쉽게 변화를 줄 수 있는 것이 아니라는 것이지요. 반면에 후천적이라는 것은 노력에 의해서 변화를 주기가 쉽다는 것입니다. 예를 들어보지요. 배가 고프다는 것을 언어인 말을 사용하지 말고 비언어인 행동으로만 표현해보라고 주문하면 사람들은 어떻게 표현할까요? 아마도 대부분의 사람들이 배를 쓰다듬거나 움켜쥘 것입니다. 전 세계 사람들이 똑같지 않을까요? 이것은 행동은 선천적이기 때문에 가공을 통해 변화를 주기가 어렵다는 것을 설명해주고 있습니다. 그런데 이것을 말로 표현해보라고 하면 사람마다 달리 이야기할 수 있습니다. 어떤 사람은 "배가 고프다"라고 말할 것이고, 어떤 사람은 "먹을 때가 됐다"라고 말할 것입니다. 어떤 사람은 "배에서 꼬로록 소리가 난다"라고 말할 것입니다. 이렇게 행동으로는 한 가지밖에 표현되지 않는 내용도 말로는 여러 가지 표현으로 할 수 있습니다. 그래서 우리는 어떤 사람의 말과 행동이 다를 때 그 사람이 하는 말보다는 보여주는 행동을 중심으로 그 사람의 진의, 즉 속마음을 파악하곤 합니다. 우리가 학문적으로 언어와 비언어를 구분해본 적이 없더라도 언어인 말은 후천적이라서 변화를 주기가 쉽고, 비언어인 행동은 선천적이라서 변화를 주기가 어렵다는 것을 이미 알고 있고 잘 사용하고 있는 것이라고 보아도 좋겠습니다. 이런 점들로 볼 때 공감을 위해서는 비언어적인 부분을 잘 관찰하고 알아차리는 것이 중요합니다. 비언어를 잘 읽어내는 사람을 센스가 있는 사람이라고 말하기도 하지요.

상대방의 감정은 어떻게 알아내나요?

Q 공감이란 '상대방의 감정에 대해서 나도 그렇다고 느낀다'는 것은 잘 알겠습니다. 그렇다면 상대방의 감정을 아는 것이 공감의 첫 출발이겠네요. 문제는 상대방의 감정을 어떻게 알아내느냐 하는 것입니다. 방법이 있나요?

A 그렇습니다. 다른 사람의 감정을 알아내는 것은 쉬운 일이 아닙니다. 그 사람의 감정은 그 사람의 마음속에 있는데 내가 그 사람의 속마음에 들어가본 것이 아니기 때문에 알기가 어려울 수밖에 없지요. 그래도 방법은 있습니다. 인간의 속에 있는 감정이 표현되는 경로는 두 가지입니다. 언어와 비언어가 그것입니다. 언어라 함은 말 자체

를 일컫고, 비언어라 함은 표정, 제스처, 시선, 음성 톤과 같은 것들입니다. 이 두 가지 경로를 통해서 드러나는 인간의 감정을 잘 읽어내는 기술이 공감을 잘하는 첫 걸음입니다. 언어인 말은 잘 들어서 알 수 있는 것이고, 비언어인 표정, 제스처, 시선, 음성 톤은 잘 보기도 하고 잘 듣기도 해서 알 수 있는 것이지요. 정리하면 상대방의 말과 행동을 잘 보거나 들어서 알아야 한다는 얘기입니다. 그러기 위해서 우리가 해야 할 일이 있습니다.

우리가 어떤 사람의 말과 행동을 알려면 그 사람을 잘 관찰해야 합니다. 좋은 예를 TV 예능 프로그램에서 찾아볼 수 있습니다. 예능 프로그램 중에서 연예인 가족, 특히 자녀들이 출연하는 프로그램들이 있습니다. 기획 의도가 그 사람들의 생활 모습을 통해서 시청자들의 공감을 불러일으키기 위한 것이라고 생각합니다. 그래서 출연자의 가정 곳곳에 카메라를 설치해놓습니다. 그리고 몇 개의 카메라는 담당하는 촬영 감독들이 직접 집 안에서 촬영을 하기도 합니다. 이것이 관찰 카메라이지요. 그 관찰 카메라를 통해서 가족들이 하는 말과 보여주는 행동을 시청자들이 알게 하고 그것을 통해 공감을 얻는 프로그램들입니다. 마찬가지입니다. 공감을 하기 위해서는 누군가의 말과 행동을 관찰해야 합니다. 관찰이 공감의 첫 걸음이라고 기억하면 좋겠습니다. 그러기 위해서는 그 사람에게 지속적인 관심을 가져야 하겠지요. 관심을 가지고 있어야 관찰을 더 잘할 수 있을 테니까요. 그럼 어떤 사람에게 관심을 가져야 할까요? 나와 관계가 있는 사람이어야 하겠지요. 관계가 없는 사람이라면 굳이 에너지를 써가면서 관심을 갖거나 관찰할 필요가 없을 것입니다. 그렇다면 조직 내에서 나와 관계가 있는 사람은 어떤 사람인가요? 결론은 나와 일로 관련이 있는 사람입니다. 조직이라는 곳이 일을 중심으로 모이기도 했고, 일을 진행하기 위해서 다른 사람들과 대화를 하는 곳이기 때문입니다.

이렇게 정리가 되네요. 나와 일로 관련이 있는 사람은 지속적으로 관심을 가지고 말과 행동을 세밀하게 관찰해야 한다는 것으로요. 이것이 공감의 첫 걸음입니다.

공감은 누구나와 할 수 있는 것인가요?

Q 공감한다는 것이 다른 사람의 느낌을 같이 느껴주는 것이라고 한다면 누구나와 공감할 수 있는 것은 아니라는 생각이 드네요. 쉽게 말하자면 공감할 무엇인가가 있어야 하는 것 아닐까요? 예를 들어 자주 만나는 고객이 아니고 1년에 두 번 만나는 고객이라면 공감할 내용이 없을 것이라는 생각이 듭니다. 어떤가요? 공감은 누구나와 가능한 것인가요?

A 좋은 질문이네요. 결론 먼저 말하자면 공감은 누구나와 할 수 있는 것은 아닙니다. 공유(公有)가 공감(共感)의 전제 조건입니다. 공감은 상대의 느낌이나 감정을 자신도 그렇다고 느끼는 것입니다. 따라서

무언가 함께하는 영역이 있어야 공감이 가능합니다. '영역'이라는 말을 한자어에서 찾아보면 '帶'라는 글자인데 이것은 '띠'라는 의미를 가지고 있습니다. 공감을 하려면 무언가 공감할 만한 띠, 즉 영역이 있어야 합니다. 그것을 '공감대(共感帶)'라고 하지요. 상대와 공감대를 가지지 못하면 진정한 공감은 어렵습니다. 공감하는 모습만 있을 뿐이겠지요. 물론 그것도 좋은 것이긴 합니다. 그러나 진정한 공감을 위해서는 공감대가 있어야 합니다. 이것을 여기에서는 '공유(共有)'라고 표현하겠습니다. 사람 사이에서도 서로를 개인적으로 잘 알지 못하고 서로의 상황을 잘 알지 못한다면, 즉 공감대가 형성되어 있지 않다면 진정한 공감은 어렵겠지요. 그래서 공감은 공유가 전제라는 것입니다.

공감을 위해서는 공유가 필요한데 이 공유를 조금 더 구체적으로 설명하겠습니다. 공유에는 세 가지 종류가 있습니다.

첫째, 무(無)공유입니다.

이것은 서로 함께하는 영역이 없을 때입니다. 여기 두 사람이 있습니다. 서로를 완전히 모르는 상태입니다. 이런 경우를 두고 하는 말이지요. 이것은 같은 조직에 근무하는 경우에도 해당이 됩니다. 특히 큰 조직에서 자주 볼 수 있는 현상입니다. 구성원이 많아서 서로를 잘 모르는 경우가 많습니다. 또 조금은 알고 있더라도 서로 일로 관련이 되어 있지 않은 경우도 포함이 됩니다. 일로 관련이 없으면 서로 만날 일이 별로 없기 때문입니다. 그렇게 되면 공통의 관심사도 없을 테니까요. 이것을 무(無)공유라고 하겠습니다.

둘째, 반(半)공유입니다.

같은 회사에 다니기는 하지만 일로 전혀 관련이 없고 개인적으로도 아는 사이가 아니어서 무공유 형태로 지내고 있습니다. 그러다가 어떤 프로젝트를 수행하는 과정 중에 일로 조금 관련을 갖게 되었습니다. 그래서 한 달에 한 번쯤은 만나서 업무 협의를 하곤 합니다. 물론 업무와 관련된 대화를 하고 헤어지는 것이 전부입니다. 그래도 무언가 함께하는 영역이 있기는 하지요. 서로를 개인적으로 잘 알지는 못해도, 아직은 서로를 잘 알 필요는 없어도, 가끔 만나서 공통의 관심사를 하나둘씩 만들어가고 있습니다. 이것을 반(半)공유라고 하겠습니다.

셋째, 완(完)공유입니다.

가끔 만나서 일에 관한 의견만 나누는 반공유 상태로 지내고 있습니다. 그러다가 일과 관련된 대화 끝에 개인적인 상황에 관한 대화를 하기도 합니다. 아주 자연스럽게 상대방에 관한 내용을 더 많이 알게 되겠지요. 가정 상황은 어떤지, 일하는 중에 힘든 것은 무엇인지… 이제는 일이 아니더라도 개인적인 이유로도 가끔씩 만나는 사이가 되었습니다. 이것을 완(完)공유라고 하겠습니다.

여기에 등장하는 세 가지 공유의 종류인 무공유, 반공유, 완공유는 공식적인 단어는 아닙니다. 세 가지 공유 단계를 쉽게 구분하기 위해서 저자가 고안한 단어입니다. 이 세 가지 공유 정도에 따라 공감의 정도가 달라집니다. 무공유 단계라면 공감 자체가 불가능하겠지요. 굳이 공감할 필요도 없을 것입니다. 반공유 단계는 약간의 공감은 가능할 것입니다. 여기에서 약간이라는 말은 공감의 깊이를 말합니다. 상대방의 마음속에 닿을 수 있는 깊은 공감은 하기가 어렵다는 의미에서 약간의 공감이라고 표현하겠습니다. 진정한 공감은 완공유 단계에서 가능합니다. 공감은 누군가가 힘든 상황일 때 가장 필요한데, 서로를 잘 알아야 상대방의 힘든 상황도 이해를 할 수 있고, 그래야 공감이 가능하기 때문입니다.

이렇듯 공감(共感)은 공유(共有)를 전제로 합니다.

바쁜 삶인데 공감을 꼭 해야 하나요?

Q 공감을 하기 위해서는 시간을 내야 하는데, 바쁘게 일해야 하는 시대에 꼭 그럴 필요가 있나요? 공감을 하는 것과 하지 않는 것은 구체적으로 어떤 차이가 있길래 공감을 해야 한다고 말하는 것일까요?

A 물론 이해는 합니다. 요즘같이 바쁘게 돌아가는 세상 속에서 다른 사람을 공감해줄 필요가 있을까? 내 할 일도 바쁘고 버거운데 다른 사람을 공감하는 데 시간을 써야 하나? 이런 생각들이 있을 수

있습니다. 그런데 이렇게 생각을 해볼게요. 인생 살면서 내가 어려울 때 누군가가 나를 공감해주었던 경험이 있을 것입니다. 그때 어떤 마음이 들었나요? 특히 조직생활에서 어려움이 있었을 때 누군가로부터 공감을 받았던 경험을 떠올려볼게요. 그때 마음이 어땠나요? 위로받고 있다는 느낌도 있었을 것이고, 그 사람을 더 신뢰하는 마음도 갖게 되었을 것입니다. 그리고 이런 마음 끝에 기분이 좋아지는 느낌도 가졌을 것입니다. 그렇습니다. 공감은 좋은 기분을 만들어줍니다. 공감을 하는 사람에게도, 공감을 받는 사람에게도, 좋은 기분을 가져다줍니다. 이러한 것들이 공감을 해야 하는 이유들입니다. 특히 조직에서는 기분이 좋은 상태로 일을 해야 일하는 과정에서도 신이 나고 일의 결과도 좋잖아요. 좋아진 기분은 긍정적인 영향을 가져다준다고 합니다.

기분이 좋은 상태에서는 최선을 다해 일에 집중할 수 있고 정신 활동도 활발하게 할 수 있습니다. 다른 사람이나 사물을 긍정적인 관점에서 바라보게 하고 무엇이든지 해낼 수 있다는 자신감을 갖게 합니다. 그리고 다른 사람들에게 무언가 도움이 되고자 하는 마음이 생기게 합니다. 반면에 공감하지 못하면 상대적으로 기분이 좋지 않은 쪽으로 가겠지요. 그리고 좋지 않은 기분은 좋지 않은 영향을 줍니다. 정신 활동을 저하시키고 감성지능을 떨어뜨립니다. 다른 사람의 감정을 정확하게 읽어내지 못하게 하고 공감할 수 있는 기본 능력을 떨어뜨립니다. 그리고 결국에는 사회적 관계에 필요한 능력을 약화시키게 되겠지요.

공감은 하는 사람이나 받는 사람이나 기분을 좋게 합니다. 그리고 그 좋은 기분은 조직생활을 더 잘하게 해줍니다. 공감을 주고받는 일, 주저하지 마십시오.

공감에도 절차가 있다고요?

Q 공감은 다른 사람의 감정에 나도 그렇다고 느끼는 것이라는 것을 알았습니다. 그리고 공감의 결과는 위로받고 있다는 느낌을 통해서 서로 좋은 관계를 만들어가게 된다는 것도 알았습니다. 그렇다면, 공감이 위로를 받는 느낌을 갖게 한다면, 다른 사람이 위로받을 만한 상황일 때가 공감이 가장 필요할 때가 아닌가 싶은데 맞나요? 그리고 어떤 형태로든 공감이 필요한, 어렵고 힘든 상황이라는 것을 서로 알아야 하는 것도 중요한 과제이겠네요. 이런 여러 가지를 볼 때 공감도 쉽지만은 않은 것 같은데 쉽게 풀어가는 절차가 있나요?

A 공감을 하려면 먼저 어떤 사람이 힘들고 어려운 상황을 말이나 행동으로 표현하는 것을 듣거나 보고 그 사람의 마음을 헤아려야 합니다. 그런 다음에 그 사람의 마음에 대해서 나도 같은 느낌이나 감정이라고 말로 표현합니다. 즉 공감은 상대방의 표현과 나의 표현이 만나는 지점에서 생겨나는 것입니다. 즉 공감은 표현하지 않으면 이루

어질 수 없다는 것이지요. 그러면 어떻게 표현해야 하는 것일까요? 특히 공감이 필요한 시점은 상대방이 좋은 마음 상태일 때보다 좋지 않은 마음 상태일 때 필요한 경우가 훨씬 많습니다. 이제부터는 상대방의 마음이 좋지 않을 때 자신의 마음을 표현하는 것을 전제로 어떻게 공감을 해주어야 하는지에 대해서 설명하겠습니다. 여기에서의 공감은 마음으로만 느끼는 것이 아니라 공감하고 있다는 것을 상대방이 알도록 표현하는 것까지를 말합니다. 따라서 가장 마지막에 하게 되는 표현 방법은 공감하는 말을 하면서 상대방을 위로하는 것이 되겠지요.

첫째, 상대방의 말을 듣습니다.

상대방이 자신의 힘든 상황을 이야기할 때 고개를 끄덕여서 상대방의 말을 잘 수용하고 있다는 느낌을 전해주기도 하고, 가벼운 질문들을 통해서 상대방의 말을 적극적으로 듣고 있다는 것을 나타내주기도 합니다. 더 나아가 상대방이 얼굴로 보여주는 표정을 따라 해주고 상대방이 말하면서 행동의 변화를 줄 때 함께 행동의 변화를 주면 더 멋진 경청이 되겠지요. 이럴 때에 상대방은 자기 이야기를 잘 들어주고 있다는 생각을 하게 되고 나아가 감정이 일치되고 있다는 것을 느끼게 됩니다.

둘째, 상대방의 속마음을 헤아려봅니다.

상대방의 말을 들으면서 그런 힘든 상황에서 상대방의 마음이 어떠

했을까를 생각해봅니다. 대개는 마음이 불편하거나 속이 상한 상태였을 것입니다.

셋째, 상대방의 말을 반복하고 상대방의 속상한 마음을 언급합니다.

상대방이 속상한 마음을 다 이야기하고 나면 듣는 사람은 상대방의 말을 정리해서 다시 한 번 말해줍니다. 상대방의 말을 반복하는 이유는 내가 상대방의 말을 적극적으로 잘 들었다는 것을 표현하기 위해서입니다. 그 다음에 그때 그 상황에서 상대방이 가졌을 속상한 마음을 언급해줍니다. 상대방의 속상한 마음을 언급하는 것은 나도 상대방과 같은 마음이라는 것을 표현하는 것입니다. 이렇게 하면 상대방은 '내 마음을 나와 같이 알아준다'는 마음을 갖게 되어 마음의 위로를 받기도 하고, 자신과 같은 편이라는 생각을 하게 되기도 합니다. 이러한 것들이 모여서 더 좋은 관계가 만들어지고, 서로를 더 신뢰하게 되는 것이지요.

이상의 세 가지가 공감을 잘하는 절차입니다. 정리하면 이렇게 되네요. 첫째로는 상대방의 말을 잘 듣습니다. 그 이유는 그래야 상대방의 상황을 잘 이해하게 되기 때문입니다. 둘째로는 상대방의 이야기를 들으면서 그때 당시의 상대방의 속마음을 헤아려봅니다. 그 이유는 그래야 공감할 말을 찾아낼 수 있기 때문입니다. 셋째로는 상대방의 속상한 마음을 언급해줍니다. 그 이유는 그 말이 상대방을 위로하며 공감해주는 핵심이기 때문입니다. 이것을 간단하게 이렇게 정리하겠습니다.

공감의 절차는 '상대방의 마음을 이해하고, 상대방의 속마음을 파악하고, 상대방에게 공감의 말을 전달하는 것'입니다. 이것을 더 간단하게 정리하면 공감의 절차는 '이해하고, 파악하고, 전달하는 것'입니다. 이렇게 정리하면 머리에 담기가 쉬워집니다. '이해-파악-전달'이잖아요. 그 마저도 복잡하면 단어의 앞 글자만 따서 머릿속에 넣어두세요. '이 파전'이라고요. 마침 막걸리에 좋은 술안주 파전입니다. 그런데 다른 상에 있는 파전을 탐내면 안 되겠지요. 내 상에 있는 '이 파전'만 먹을 수 있습니다. 유치하지만 기억하기에 좋은 유치 기억법을 하나 더 동원했네요.

공감이라는 것이 회사에서도 잘 통할까요?

Q 공감이라는 것이 아무래도 감정에 관한 것이라 가정에서는 잘 통할 것 같다는 생각이 드네요. 그런데 감성보다 이성이 주를 이루는 회사라는 조직에서도 잘 통할 수 있을까요?

A 물론입니다. 공감이라는 것이 상대방이 느끼는 감정을 나도 그렇다고 느끼는 것이기 때문에 당연히 감성이 지배하는 조직이라면 훨씬 더 잘 어울리겠지요. 그리고 회사라는 조직이 일 중심으로 모인 집단이기 때문에 이성 중심인 것은 맞지만 이성 못지않게 감성이 중요

한 곳이기도 합니다. 회사라는 곳이 목적을 달성하기 위해서 사람들이 모여 활동하는 곳이잖아요. 아래의 사례를 보면 충분히 이해가 될 것입니다. 물론 비즈니스 세계에서 있을 법한 공감 대화 사례입니다.

일을 잘하고 있던 팀원이 어느 날 팀장에게 자신의 어려움을 토로합니다. "팀장님, 요즘 들어 자꾸 일하는 게 힘들어져요. 지난 분기 실적 미달이 마음에 계속 남아 있습니다. 일하기도 싫고, 고객 만나는 것도 힘이 듭니다. 4사분기에 또 실패하면 어쩌나 하는 두려움까지 생깁니다. 어떻게 해야 좋을지 모르겠어요." 팀원이 이렇게 자신의 어려움을 이야기할 때 공감하는 정도에 따라서 대화의 내용은 달라질 것입니다.

공감하지 못하는 팀장이라면 아마도 이렇게 대화를 할 것입니다.

> 팀장 : 그럴 때도 있는 거야. 직장생활이 다 그렇지 뭐. 자네만 힘드나?
> 다 똑같아.
> 팀원 : 이런 마음을 빨리 극복하고 잘해보고 싶은데 잘 안 됩니다.
> 팀장 : 야, 잊어버려. 그까짓 일로 속 끓일 거 뭐 있나? 저녁에 소주나 한
> 잔하자.

혹시 자주 하거나 익숙한 대화 내용은 아닌지요? 만약에 그렇다면 공감이 부족하지는 않은지 생각해보아야 할 것입니다.

반 정도 공감하는 팀장은 이렇게 대화하지 않을까요?

팀장 : 그럴 때도 있지. 일은 잠시 잊어버리고 월차라도 내서 좀 쉬어보지 그래.

팀원 : 저도 그러고 싶은데 월차 내고 쉬면 더 불안할 거 같습니다. 일 생각, 실적 생각만 더 할 것 같아요.

팀장 : 그럼 기분이라도 전환할 겸해서 어디 여행이나 다녀오든가.

팀원 : 이런 기분으로 여행해 봐야 제대로 된 여행이 되겠어요?

팀장 : 그럼 고객 만나는 일은 잠시 미뤄두고 실적과 관련이 크게 없는 일을 해봐. 좀 나아지지 않겠어?

공감을 하지 못하는 대화 내용보다는 훨씬 더 공감 쪽으로 많이 와 있습니다. 그러나 이보다는 더 나은 공감이 좋겠습니다.

완전한 공감을 추구하는 팀장은 이렇게 대화할 것입니다.

팀장 : 열심히 했는데도 실적이 나지 않아서 마음이 상해 있나 보군. 당연하지. 그 마음 충분히 이해하네.(상대 입장 이해)

팀원 : 요즘 제가 왜 이러는지 모르겠어요. 아무리 마음을 잡고 열심히 하려고 해도 잘 안 돼요.

팀장 : 3사분기 실적이 나지 않은 게 마음에 크게 걸렸나 보네. 그것이 4사분기 불안으로 이어지는 것 같기도 하고.(이면 정서 파악)

팀원 : 요즘은 일이고 뭐고 다 팽개치고 여행이나 훌쩍 떠나버렸으면 좋겠어요.

팀장 : 요즘 자네 마음이 오죽하겠나? 그러니까 그런 생각도 들 거야. 자

네가 이렇게 힘들어하는 걸 보니까 내 마음도 아프네.(느낀 감정
전달)

팀원 : 이러다가 시간이 좀 지나면 나아지겠지요. 그래도 팀장님이 이렇
게 위로를 해주시니까 힘이 납니다.

이렇게 대화를 하면 팀원이 지금의 힘든 마음을 털어내고 용기를 내
서 다시 뛸 것입니다. 이것이 공감입니다. 그리고 이 공감은 회사라는
조직에서도 충분히 잘 통할 수 있습니다.

강의 현장에서 공감에 관한 실습을 하면 적지 않은 학습자들이 이
런 말을 합니다. "쑥스러워서 어떻게 그렇게 합니까?" 물론 이해합니
다. 그리고 쑥스러운 이유도 알지요. 평소에 하지 않았던 대화 방법이
기 때문이겠지요. 그래서 모든 학습을 자신의 것으로 만드는 데는 용
기가 필요합니다. 쑥스럽다고 시도하지 않으면 영원히 못하잖아요. 그
렇게 되면 상대방의 마음을 사는 것도 포기를 해야 합니다. 가정에서
나 회사에서나 함께하는 사람들의 마음을 사는 것은 매우 중요합니
다. 그래야 더 좋은 관계를 만들어갈 수 있고, 그래야 더 좋은 성과를
낼 수가 있기 때문입니다. 공감 대화, 쑥스럽다고 포기하지 말고 용기
를 내서 자꾸 시도해보십시오. 언젠가는 자신의 습관이 돼 있을 것입
니다. 당연히 지금보다 더 신뢰받는 사람이 되겠지요.

공감을 위한 경청 방법이 따로 있나요?

Q 경청을 잘하는 편입니다. 다른 사람이 하는 말을 잘 듣고 잘 이해하는 편입니다. 그러니까 상대방이 무슨 말을 하는지를 잘 알고, 무슨 말인지 알겠다고 잘 이해하기도 한다는 것이지요. 그런데 나한테 차갑다고 말하는 사람들이 있습니다. 사람 냄새가 안 난다나요? 말을 잘 들어주고 이해는 하는데 자신의 마음을 알아주지는 못하는 것 같다고 말합니다. 그러면서 하는 말이 제가 공감 능력이 떨어진다고 합니다. 이상합니다. 경청을 잘하는데, 그리고 상대방의 말을 잘 이해하는데 왜 그런 소리를 듣는 거지요? 혹시 공감을 위한 경청 방법이 따로 있는 건가요?

A 그렇습니다. 공감을 하기 위한 경청 방법은 따로 있습니다. 일반적으로 우리는 경청을 몸의 기관 중에서 귀로 합니다. 그리고 귀로 들은 내용을 머리로 가져가서 이해를 합니다. 여기에서 한 단계를 더 나아가야 공감이 가능합니다. 머리로 이해한 내용을 가슴으로 가져가는 것입니다. 그래야 상대방을 공감할 수 있습니다. 공감의 의미는 상대방이 느끼고 있는 감정을 나도 그렇다고 느끼는 것인데 느끼는 주체는 머리가 아니라 가슴이기 때문입니다.

출근을 해서 자판기 커피를 한 잔 하고 있는데 팀 후배가 흥분한 얼굴로 다가옵니다. 자판기에 동전을 넣으면서 씩씩대며 하는 말이 이렇습니다. '아침에 자가용으로 출근을 하고 있었다. 안전 운전을 위해서 편도 3차선 중에 2차선으로 규정 속도를 넘지 않게 차를 몰고 있었다. 그런데 3차선으로 달리던 차가 갑자기 자신을 추월해서 앞으로 치고 들어오는 바람에 급하게 브레이크를 밟게 되었고 차는 끼익하는 브레이크 소리를 내면서 급정거를 하였다. 다행히도 뒷차가 멀찍이 오는 바람에 사고는 나지 않았지만 크게 가슴을 쓸어내려야 했다. 끼어든 차는 쏜살같이 달아나버렸다.'

팀 후배가 이렇게 하는 말을 귀로 듣고 머리로 가져가서 이해를 하게 됩니다. '아, 후배가 아침에 급하게 끼어드는 차 때문에 큰일날 뻔했구나.' 이 정도면 후배의 상황을 충분히 이해한 것이겠지요. 문제는 내가 후배의 상황을 이해한 것을 후배는 모른다는 것입니다. 이 정도의 경청이라면 후배의 말에 할 수 있는 말이 "응, 그런 일이 있었어?"라는 정도이겠지요. 그러면 후배는 이렇게 느낄 것입니다. '참 냉정한 선배구나. 진짜 사람 냄새 안 난다.' 그리고 다음에 비슷한 상황이 있을 때 말하고 싶어하지 않을 것입니다. 비록 내가 후배의 상황을 잘 이해했다고 하더라도 그 사실을 후배는 모르기 때문입니다. 이런 상태에서 진정한 공감으로 이어가기는 어렵겠지요.

공감을 위한 한 차원 높은 경청은 후배가 이야기한 상황을 자신의 입으로 정리해서 말을 해주는 것입니다. 이렇게 말이죠. "너는 제대로 차선을 지켜서 가고 있는데 갑자기 차가 앞으로 끼어들어서 놀랬단 말이지?" 이렇게 말하면 선배가 그 상황을 잘 이해하고 있다는 것을 후배가 알 수 있기 때문에 경청을 잘한 셈이 되는 것이지요. 당연히 이야기를 했던 후배도 이런 생각을 하게 되겠지요. '선배가 내 상황을 잘 이해해주는구나'라고요. 그러나 여기에서 머물면 이해의 수준에서 그치게 됩니다. 공감을 위한 경청은 여기에서 한 걸음 더 나아가야 합니다. 그 내용을 가슴으로 가져가는 것입니다. 후배가 자신의 상황을 말하는 동안에 그 당시의 마음이 어떠했을지를 생각해보는 것입니다. 아마도 무척 당황했겠지요. 그것을 입으로 표현해주는 것입니다. "야, 많이 당황했겠다." 이 한 마디를 해주면 후배가 이런 생각을 하게 될 것입니다. '선배가 내 상황을 잘 이해해서 공감해주고 있구나.' 이것이 공감 경청의 방법입니다. 여기까지 해야 사람 냄새가 나는 공감이 가능한 것이지요.

귀로 들은 내용을 머리로 가져가면 이해가 되는 것이고, 이해한 내용을 가슴까지 가져가면 공감이 되는 것입니다. 그리고 그 첫 단계가 경청을 잘하는 것입니다.

그렇게 많이 말을 했는데도 왜 안 움직이나요?

Q 영업팀을 이끌고 있는 팀장입니다. 지금은 10월 초이고 우리 팀의 실적은 목표에 훨씬 못 미치고 있는 상태입니다. 목표에 시달리고 있는 팀장으로서 팀원들을 모아놓고 영업 실적을 높이기 위해서 더욱 열심히 노력하라고 일장연설을 했습니다. 그런데 팀원들이 별로 움직이지 않습니다. 이전과 달리 더 열심히 노력하는 것 같지도 않고, 팀

장인 내가 있을 때만 열심히 하는 것 같기도 합니다. 안 되겠다 싶어서 이번에는 개인적으로 불러서 이야기를 했습니다. 그런데도 팀원들의 행동에는 별로 변화가 없습니다. 곧 연말이 다가오는데 속이 타들어갑니다. 왜 팀원들은 움직이지 않을까요? 팀장인 내가 그렇게 이야기를 많이 했는데도 왜 행동의 변화가 별로 없는 것일까요? 혹시 내가 이야기를 잘못한 건가요?

A 그럴 수 있습니다. 조직은 목표를 달성하기 위해서 사람들이 모인 집단입니다. 따라서 조직에서 하는 대화는 대부분 일과 관련된 내용들입니다. 그래서 조직에서의 대화를 비즈니스 대화라고 말하지요. 비즈니스에서 대화하는 중요한 목적은 상대방을 설득하는 것입니다. 상대방을 자신이 의도하는 대로 행동하게 하는 것이지요. 물론 행동을 하게끔 하려면 말하는 내용을 상대방이 이해하는 것이 우선이겠지요. 그런데 이해는 잘했지만 설득하고자 하는 사람의 의도대로 상대방이 행동하지 않으면 설득은 실패하고 맙니다. 결국 비즈니스에서 설득의 핵심은 두 가지, 즉 이해와 행동입니다. 설득하고자 하는 사람이 한 말을 상대방이 이해하지 못하면 설득에 성공할 수 없고, 상대방이 이해했다고 하더라도 설득하고자 하는 사람의 의도대로 행동하지 않으면 설득에 성공할 수가 없는 것이지요. 그래서 말하는 방법도 두 가지로 접근하는 것이 필요합니다. 이해를 위해서 말하는 방법, 행동을 위해서 말하는 방법을 따로 구분해서 접근하는 것이지요. 여기에서

이해를 위한 대화 방법을 '전략 언어'라고 하고, 행동을 위한 대화 방법을 '공감 언어'라고 합니다. 각각은 어떤 의미이고 어떻게 다르고 어떻게 말하는 것일까요? 그 내용을 설명하겠습니다.

앞에 언급한 사례를 중심으로 설명을 하겠습니다. 여기에 고민하는 한 영업팀장이 있습니다. 영업팀을 이끌고 있는데 4사분기가 시작이 되었는데도 금년 영업 목표를 50퍼센트 겨우 넘기는 실적만 기록하고 있습니다. 일곱 명의 팀원들을 모아놓고 남은 기간 동안 최선을 다해서 영업 목표를 달성하자고 이야기하고 있습니다. 이 경우에 전략 언어와 공감 언어는 이렇습니다.

먼저 전략 언어입니다. 이것은 전략이라는 단어의 의미 그대로 전략을 위한 목표만을 말하는 것입니다. 전략 언어는 목표만을 언급하기 때문에 무미건조한 표현을 사용하게 되고 팀원의 이성적인 부분만을 자극하게 됩니다. 이와 같은 전략 언어는 단선적이고 제한적이어서 이해하는 데에만 도움을 줍니다. 이렇게 말하는 것입니다. "지금이 4사분기 시작되는 시점인데 우리는 아직도 금년 목표의 50퍼센트 정도밖에 달성을 못하고 있습니다." 이렇게 말하면 팀원들은 '아, 우리가 지금 금년 목표의 50퍼센트 정도의 실적만 내고 있구나!' 이렇게 생각할 것입니다. 팀장이 한 말을 이해하고는 있는 것이지요. 그런데 안타깝게도 전략 언어만으로는 팀원들을 행동하게 할 수가 없습니다. '그렇다면 우리가 무엇을 어떻게 해야 하지?' 여기까지 팀원들의 생각을 끌고 가지는 못합니다. 그래서 공감 언어가 필요한 것입니다.

공감 언어는 상대방을 행동하게 하는 말입니다. 이해를 넘어 상대방을 행동하게 하는 말이지요. 사람이 행동하는 데에는 열정과 같은 감정적 요소가 필요합니다. 이것을 건드려주는 것입니다. 그래서 이름도 공감 언어입니다. 공감이라는 것은 상대방이 느끼고 있는 감정을 나도 그렇다고 느끼는 것입니다. 이 상황에서는 팀원들이 팀장의 감정을 함께 느끼는 것이 공감입니다. 그런 바탕에서 팀장이 팀원들의 감정에 호소하고 마음속에 있는 열정을 끌어내야 합니다. 이렇게 말하는 것이지요. "부족한 목표를 달성하기 위해서는 남은 기간 동안 발바닥에 불이 나도록 뛰어야 할 것입니다. 지금처럼 책상에 앉아서 전화통만 붙들고 있는다면 연말에 우리를 기다리고 있는 것은 시말서가 될지도 모릅니다. 뛰어봅시다. 팀장인 나부터 당장 뛰겠습니다. 연말까지 우리가 열심히 뛰어서 목표를 달성한다면, 아니 90퍼센트까지만이라도 달성한다면 여러분 모두에게 멋진 구두 한 켤레씩을 선물하겠습니다. 자! 자! 발바닥에 땀이 나도록 뛰어봅시다." 이렇게 말하는 것이 공감 언어입니다. 그리고 이렇게 말할 때 팀원들이 행동하게 될 것입니다.

누군가를 자신의 의도대로 행동하게 하려면, 즉 설득하려면, 먼저 자신이 한 말을 상대방이 이해하도록 해야 하고, 그 다음에 상대방이 열정을 가지고 행동하도록 해야 합니다. 따라서 이해를 위해서는 전략 언어를, 행동을 위해서는 공감 언어를 잘 사용하는 것이 중요합니다.

05 부드럽게 말하기 '기분 좋게 말해주세요'

말을 할 때 너무 사무적이라고 핀잔을 듣습니다.

성향상 감성적인 면보다는 이성적인 면이 강합니다. 그래서 그런지 말을 할 때도 논리적으로만 하려고 합니다. 그래서 주변 사람들로부터 너무 딱딱하다고, 사람 냄새가 안 난다고, 그래서 다가가기가 힘들다는 이야기를 듣습니다. 그러고 싶지 않은데 어떻게 하면 되나요?

안타까운 일이지요. 본인의 의도는 전혀 그렇지 않은데 다른 사람들이 그렇게 느끼는 것이니까요. 그래도 어쩌겠습니까? 인간관계에서는 상대방이 나를 어떻게 느끼고 보느냐가 중요한 걸요. 딱딱하다고 느끼는 이유는 대부분 만나자마자 곧바로 일 이야기를 해서 그렇게 느끼는 경우가 많습니다. 일 이야기가 아닌 좀 더 부드러운 이야기를 먼저 나누는 것이 필요합니다. 특히 상대방이 들어서 기분이 좋을 만한 이야기를 나누는 것이 중요하지요. 그런 이야기를 통해서 상대방의 기분을 부드럽게 만들어놓고 일 이야기를 하는 것입니다. 그러면 딱딱하다는 느낌을 주지 않을 수 있고 일 이야기도 더 자연스럽게 풀어갈 수 있습니다. 그렇다면 말을 할 때 상대방의 기분을 좋게 하는 것이 왜 필요할까요?

최근에 기분이 좋았던 경험을 떠올려보세요. 어떤 경우였고, 어떤 느낌이었나요? 그 후에 이어지는 다른 일에는 영향을 미치지 않았나요? 예를 들어보겠습니다. 여기 자신이 좋아하는 프로 야구팀을 적극적으로 응원하는 한 야구팬이 있습니다. 그리고 그 팀이 무려 10년 만에 한국시리즈에 진출을 했습니다. 1차전부터 치열하게 주거니 받거니 하던 경기가 7차전까지 갔습니다. 그리고 7차전에서 9회 초까지 끌려가던 경기를 9회 말에 극적으로 뒤집고 우승을 했습니다. 이 정도면 광팬으로서 눈물을 흘리지 않을 수 없습니다. 물론 기쁨의 눈물입니다. 우리가 주목할 것은 그 다음 그 광팬의 행동입니다. 그 경기를 운동장에서 보았다면 함께 간 사람들에게 크게 한턱냈을 것이고, 그 경기를 집에서 보았다면 가족들을 데리고 근사한 곳으로 외식을 하러 갔을 것입니다. 거기에서 그치는 것이 아닙니다. 이튿날 회사에 출근을 해서

축하를 해주는 사람들에게 커피라도 한 잔씩 돌렸을 것입니다. 이 모든 행동들은 자신이 응원하는 야구팀이 우승을 해서 기분이 좋아지게 되어 하는 행동들입니다. 이것이 기분의 힘입니다.

기분과 관련해서 우리가 주목할 것은 두 가지입니다. 하나는 사람은 자신을 기쁘게 해주는 사람을 호의적으로 생각하고, 자신을 불쾌하게 만드는 사람을 싫어하는 경향이 있다는 것입니다. 다른 하나는 기분이 좋은 상태가 되면 기분을 좋게 하는 원인과는 별개의 것에도 좋은 기분이 파급되는 경향이 있다는 것입니다. 그래서 내가 기분이 좋은 상태가 되면 내 기분을 좋게 해준 사람이 아님에도 불구하고 커피 한 잔을 사주게 되는 것입니다. 앞의 사례에서 보면 응원하는 프로야구팀이 우승한 것과 커피를 사주는 것은 전혀 별개입니다. 관계가 없습니다. 그런데도 야구 우승으로 기분이 좋아졌기 때문에 커피를 쏘게 되는 것입니다. 최근에 그런 경험이 있었는지를 생각해보세요. 어떤 사람이나 일 때문에 기분이 좋아졌는데 그 좋은 기분 때문에 다른 사람이나 일에도 긍정적으로 영향을 주었던 경우 말입니다. 살면서 많이 경험하고 있을 것입니다.

대화의 시작을 부드럽게 하는 방법으로는 함께 공감할 수 있는 주제를 언급하는 것이 가장 좋습니다. 그런데 중요한 것은 어떤 이야기를 하든 상대방의 기분을 좋게 해야 한다는 것입니다. 예를 들어보지요.

어느 대기업에 제품을 납품하기 위해 애를 쓰는 한 중견기업의 영업팀장이 있습니다. 지난 2년여 동안의 눈물겨운 노력을 통해 이제 거의 성사 단계에 와 있습니다. 오늘은 대기업의 구매팀장을 만나서 지금까지 진행해온 결과를 정리하고 임원 앞에서 발표할 날짜를 잡기 위해서 방문을 했습니다. 구매팀장과는 자주 대화를 나눈 상황이 아니기 때문에 아직은 서먹서먹한 상태입니다. 앞으로를 위해서는 오늘 더 친해져야 할 것 같은 생각이 들었습니다. 첫 이야기를 부드러운 내용으로 꺼내기 위해서 상대 구매팀장의 개인적인 상황을 알아보았더니 중학교 2학년 아들이 있습니다. 마침 자신도 중학교 2학년 아들을 두고 있는 터라 공통의 관심사이기에 당연히 아들 이야기로 첫 이야기를 하기로 마음먹었습니다. 실제로 자녀를 주제로 대화를 하는 것은 공통의 관심사로는 최고이지요. 자녀들은 함께 계속해서 커갈 테니까 앞으로도 오랫동안 공통 관심사의 소재거리로 삼을 수 있잖아요. 드디어 악수를 마치고 간단한 안부인사를 나눈 후에 아들 이야기를 꺼냈습니다. "중학교 2학년 아드님이 있다면서요? 저도 중학교 2학년 아들이 있습니다. 공부 잘하지요?" 이런 물음에 돌아온 대기업 구매팀장의 답변은 이것이었습니다. "아이고, 죽겠습니다. 아들놈이 컴퓨터 게임에 미쳐서 속을 이만저만 썩이는 게 아닙니다. 어제 밤에도 PC방에 가서 잡아왔습니다." 자신의 안타깝고 속상한 이야기를 하는 것입니다. 이때 그 말을 어떻게 응대해주느냐가 중요합니다. 가장 중요한 포인트는 상대방의 기분을 헤아린 말을 해주어야 한다는 것입니다. 그러지 못하고 만일 이렇게 응대했다고 생각해보세요. "아, 그래요? 제 아들은 이번에 전액 장학금 받아왔습니다." 이렇게 말하는 순간 대기업 구매팀장의 얼굴빛은 변할 것이고 지금까지 잘 진행되어왔던 계약은 무산될 것입니다. 상대방의 기분을 나쁘게 한 결과이지요. 그래서 이렇게 응대해야 합니다. 아들이 정말 모범생이라서 별로 흠 잡을 데가 없습니다. 그런데 생각해보니까 일주일 전에 엄마 말에 약간의 토를 달았던 것이 생각났습니다. 얼른 그것을 이야기하는 것입니다. "저도 아들 때문에 힘이 많이 듭니다. 며칠 전에는 머리 컸다고 엄마한테 대들기도 하고, 자식 농사 참 힘들어요." 이렇게 말하면 상대방과 같은 고민거리로 비슷한 고민을 하고 사는 아빠들이 되는 것이지요. 당연히 상대방의 기분이 나빠질 이유도 없고요. 이것이 부드럽게 이야기하는 것이고 대화의 첫 장면을 여는 좋은 방법입니다.

아무리 상대방을 설득하기 위한 비즈니스 대화라 하더라도 만남의 처음에는 부드러운 이야기를 나누세요. 그렇게 해서 상대방의 기분이 좋아지면 그 이후의 대화는 더 잘 풀릴 가능성이 높습니다.

부드럽게 말할 때는 어떻게 말해야 하나요?

Q 우리는 대화할 때 말하는 내용보다는 말하는 방법 때문에 오해하는 경우가 많습니다. 똑같은 내용을 말하더라도 어떻게 말하느냐가 그만큼 중요하다는 말이겠지요. 그래서 하고 싶은 질문이 하나 있습니다. 사람들 사이에서 감성 설득이 상대방의 기분을 좋게 해서 설득하는 것이라면 말을 할 때도 상대방의 기분을 좋게 해야 할 것 같아요. 특별한 방법이 있나요?

A 그렇습니다. 대화할 때는 목적에 따라서 말하는 방법을 달리 하는 것이 중요합니다. 조직에서 부드럽게 말해야 하는 가장 일반적인 상황은 누군가를 감성적으로 설득할 때입니다. 그래서 부드러운 말하기를 감성 설득과 관련하여 설명하겠습니다.

1. 큰소리를 내지 않습니다.

감성 설득은 상대방의 기분을 좋게 하는 내용을 가지고 이야기를 하는 것입니다. 이야기하는 목적이 상대방의 기분을 좋게 하는 것입니다. 따라서 그 목적에 맞는 방법으로 이야기를 하는 것이 좋습니다. 그 중에 하나가 큰소리를 내지 않는 것입니다. 여기에서 큰소리라는 것은 목소리 자체가 큰 것을 말하는 것이 아니라 야단치는 듯한 느낌을 주는 큰소리를 말합니다. 큰소리를 내는 것은 상대방에게 위압감을 주어서 기분을 상하게 할 수도 있기 때문입니다.

2. 너무 사무적으로 이야기하지 않습니다.

감성 설득의 다른 표현은 인간적인 설득입니다. 감성 설득은 사람의 마음을 움직이는 방법이기 때문에 일 중심적인 이야기보다는 사람 중심적인 이야기를 하는 것이 일반적입니다. 따라서 말하는 방법도 사람 냄새가 나도록 부드럽게 하는 것이 좋습니다. 너무 사무적으로 딱딱하게 말하는 것은 피하는 것이 좋습니다.

3. 진지한 표정으로 말하되 인간미를 담아내세요.

가벼운 이야기를 할 때는 물론이고 이야기하는 내용이 조금 무겁더라도 말하는 방법은 무겁지 않도록 하는 것이 좋습니다. 그러면서 인간미를 담아서 이야기하세요. 인간미를 담아내는 가장 좋은 방법은 진심을 토대로 한 진정성을 가지고 이야기하는 것입니다. 그리고 그 진심은 말투와 표정을 통해서 드러나게 됩니다. 하고 있는 이야기의 내용이나 상황에 맞는 말투와 표정을 사용하면 됩니다.

4. 시간을 길게 하지 마세요.

조직에서 비즈니스 대화를 할 때는 감성만으로 설득하는 경우는 거의 없습니다. 가장 중심적인 내용은 이성 설득입니다. 즉 논리적으로 근거와 증거를 들어서 설득하는 것이지요. 감성 설득은 이성 설득으로 들어가기 전에 좋은 분위기를 조성하기 위해서 주로 사용합니다. 따라서 이야기를 길게 하지 않는 것이 중요합니다. 감성 관련 이야기를 지나치게 길게 하다가 정작 이성 설득의 시간을 놓칠 수도 있습니다.

5. 자존심이 상하지 않게 주의하세요.

감성 설득은 대부분 개인적인 이야기를 하게 되는데 서로 개인적인 이야기를 나누다 보면 본의 아니게 상대방의 마음에 상처가 되는 말을 할 수도 있습니다. 상대방의 마음에 상처가 되는 이야기는 피해야 합니다. 상처를 준다는 말은 기분을 나쁘게 한다는 말과 같으니까요.

6. 때로는 자신의 약점도 드러내세요.

감성 설득은 서로의 인간적인 면을 이야기하며 분위기를 좋게 하는 것입니다. 자신의 위치에서 보면 좋은 이야기를 통해 상대방의 기분을 좋게 하는 것이지요. 이때 중요한 포인트 중 하나가 자신을 상대방보다 낮추는 것입니다. 그래야 상대방의 기분이 좋아지기 때문이지요. 그리고 그 방법 중에 가장 좋은 것이 자신의 약점을 드러내 보이는 것입니다. 나의 약점이 상대방을 우위에 두게 하기 때문입니다. 당연히 상대방의 기분이 좋아지겠지요.

7. 부드러운 말씨로 이야기하세요.

말하는 스타일은 말하는 내용과 합치되는 것이 좋습니다. 기쁜 이야기를 할 때는 기쁜 스타일로, 슬픈 이야기를 할 때는 슬픈 스타일로 말하는 것이 그것입니다. 감성 설득은 인간적인 내용을 이야기하는 것입니다. 따라서 말하는 스타일도 부드럽게 할 필요가 있습니다.

8. 너무 급하게 이야기하지 마세요.

이성 설득으로 넘어가기 전에 짧은 시간만 들여 이야기를 하되 그 시간에 진행하는 이야기의 흐름을 너무 급하게 하지는 말라는 말입니다. 급하게 서두르는 모습을 보이면 상대방이 조급해집니다. 편안한 분위기를 조성하는 데 방해가 되겠지요.

9. '우리'라는 용어를 자주 써주세요.

개인을 지칭할 때 '너'나 '나'와 같은 용어를 사용하면 서로 독립된 느낌을 주게 됩니다. 이것은 서로를 멀게 느끼게 해서 일체감 조성에 방해가 되지요. 일체감을 조성하기 위해 '우리'라는 용어를 사용하면 효과가 있습니다. 함께한다는 일체 의식을 갖게 되면 일이 잘 풀릴 가능성이 높으니까요.

10. 스킨십을 활용하세요.

감성 설득을 선호하는 사람은 일 중심적이기보다는 사람 중심적일 경향이 높습니다. 그러한 성향의 사람들은 다른 사람들과 스킨십하는 것을 좋아합니다. 이야기할 때 손을 잡아주면 호감을 더 많이 얻게 될 수 있습니다. 물론 손을 잡아서는 안 되는 상대방의 경우는 예외로 해야겠지요.

06 논리적으로 말하기
'이해하기 쉽게 설명해주세요'

상대방이 이해하기 쉽게 말하는 것은 어떤 방법으로 가능한가요?

Q 대화를 할 때, 특히 비즈니스 대화를 할 때 자주 경험하는 것이 있습니다. 나는 열심히 설명을 했는데 설명이 끝난 뒤에 돌아오는 말은 무슨 말인지 잘 모르겠다는 것입니다. 답답하기도 하고 화가 나기도 합니다. 나는 열심히 준비해서 최선을 다해 말했는데 말입니다. 무엇이 잘못된 것인가요?

A 그렇습니다. 나름대로 잘 준비해서 열심히 설명을 했는데 상대방이 그 내용을 이해하지 못하면 안타깝기도 하고 화가 나기도 하지요. 그런데 이때 가장 먼저 생각해야 할 것이 상대방이 이해하지 못한 잘못의 반 이상은 나에게 있다는 것입니다. 반 이상입니다. 욕심 같아서는 아예 내가 잘못 설명한 것이 이유라고 생각해도 좋겠습니다. 그리고 이런 경우의 설명은 정리가 안 된 설명일 경우가 많습니다. 듣는 사람은 자신이 머리 쓰는 것을 싫어하는 속성을 가지고 있습니다. 말하는 사람이 정리가 되지 않은 상태로 말을 하면 듣는 사람은 그 내용을 자신의 머리로 가져가서 정리해야 합니다. 이것을 싫어한다는 것입니다. 자신이 노력하고 에너지를 써야 하니까요. 그래서 아예 이해하기 쉽게 정리해서 말하자는 것입니다. 말을 듣는 사람이 정리하는 데 에너지를 쓰지 않도록, 말하는 사람이 정리해서 건네주자는 것이지요. 거기에 동원되어야 하는 것이 논리적인 표현입니다. 논리는 이치에 맞게 전개하는 것을 말하는데 여기에서는 다른 사람을 설득하기 위해서 자신이 주장하는 것을 뒷받침해주는, 즉 이치에 맞는 근거와 증거를 들어서 설명하는 것을 말합니다. 근거는 내가 주장하는 바를 뒷받침하는 이유이고, 증거는 그 사실을 증명할 수 있는 더 자세한 내용들입니다. 이것을 잘 표현하면 되는 것입니다.

조직에서 가장 많이 활용되는 것이 논리적인 표현을 해서 상대방을 잘 이해시키는 방법입니다. 조직생활은 누군가를 설득해서 자신이 추구하는 목적을 이루어가는 과정이고 그 과정에서 중요한 것이 이야기한 내용을 상대방이 이해해야 한다는 것입니다. 그렇게 해서 상대방이 납득이 되어야 자신의 행동을 바꿀 수 있기 때문입니다.

근거를 잘 만드는 방법이 있나요?

Q 상대방을 잘 설득하려면 말하는 내용을 상대방이 잘 이해하도록 해야 할 것 같아요. 이런 경험이 있습니다. 병원에 가서 진찰을 받을 때 의사선생님이 어떻게 설명해주느냐에 따라 자신의 병이 잘 이해가 되기도 하고, 이해가 되지 않기도 합니다. 그리고 이해가 잘 될 때 그 이후의 치료 과정을 열심히 따르는 데 큰 도움이 됩니다. 조직에서도 마찬가지인 것 같습니다. 설득을 위해서는 내가 하는 말을 상대방이 잘 이해하도록 하는 것이 중요합니다. 그래야 그 후에 이루어질 행동의 변화도 가능할 것입니다. 그렇다면 이해하도록 하기 위해서는 어떻게 설명을 해야 하나요?

A 그렇습니다. 자세히 설명을 해야 그 내용을 잘 이해할 수 있고 잘 이해할 수 있을 때에만 행동으로 연결시킬 수 있습니다. 그것을 위해서 근거와 증거가 필요한 것입니다. 근거와 증거를 어떻게 만드느냐에 따라 설득의 정도가 달라진다고 해도 과언이 아닐 것입니다. 설득을 위한 주장을 뒷받침하는 근거와 증거에 관하여 살펴보겠습니다.

먼저 근거를 잘 만드는 방법입니다. 부드럽게 이야기하는 방법을 감성 설득과 관련하여 설명했던 것처럼 이 부분도 설득의 한 종류인 이성 설득과 관련하여 설명하겠습니다. 특히 이성 설득은 조직에서 가장 많이 사용하는 설득 방법이기 때문에 잘 익히는 것이 중요합니다.

이성 설득은 자신의 신념이나 의견을 주장할 때 그것을 뒷받침하는 실증적이고 논리적인 자료들을 제시해줌으로써 상대방으로 하여금 주장을 쉽게 받아들이도록 하는 방법입니다. 이성 설득의 핵심은 실증적이고 논리적인 자료입니다. 이를 위해서 근거와 증거를 활용하는 것이지요. 근거와 증거가 무엇이고 어떻게 구성해서 제시해야 하는지를 서울에서 다른 도시로 이사를 하고 싶어하는 한 가정을 예로 들어서 설명하겠습니다. 이 사례를 이사 게임이라고 부르겠습니다.

연령대는 50대이고 전국의 직장인들을 대상으로 강의를 하고 있는 한 사람이 있습니다. 서울에 오랫동안 살아서 이제는 지방으로 이사를 할 계획을 가지고 있습니다. 총각 시절부터 결혼 후 아이를 둘 낳을 때까지 서울 잠실 주변에서 살고 있습니다. 나름 좋습니다. 가족들의 공동 취미인 이런저런 공연도 쉽게 볼 수 있고, 아내가 좋아하는 쇼핑도 가까이서 할 수 있고, 물론 아이 쇼핑이 주이지만… 특히 프로 야구 한화팀의 골수팬인 본인도 가끔은 야구장을 찾을 수도 있습니다. 대학에서 음악을 전공하는 두 딸도 집을 지방으로 이사할 경우, 통학이 가능하면 그렇게 하기로, 통학이 불가능하면 기숙사생활을 하기로 했습니다. 저녁식사 후 가족회의를 열었습니다. 어느 지방으로 이사를 가는 것이 우리 가족 모두를 행복하게 할 수

있을까? 이곳저곳을 놓고 고민을 하고 있습니다.

이것을 사례로 근거와 증거를 만드는 방법을 설명하겠습니다. 지방으로 이사를 하고 싶어하는 강사를 여러분이 설득하는 것으로 해보겠습니다. 근거는 여러 개가 있을 수 있습니다. 추천하고자 하는 도시의 좋은 점이 한두 가지가 아니잖아요. 그렇기 때문에 추천을 했겠지요. 고민을 해서 근거를 열 개 만들었습니다. 그리고 이 근거 열 개를 이사하고 싶어하는 강사에게 설명을 했습니다. 이러면 이사를 오게 할수 있을까요? 그렇지 않습니다. 그 이유는 근거의 개수가 너무 많기때문입니다. 근거는 많다고 무조건 좋은 것이 아니고 적당한 개수여야 합니다. 적당한 개수는 바로 세 개입니다. 네 개 이상은 너무 많아서 상대방이 기억하기 어려워할 수 있고, 두 개 이하는 너무 적어서 근거의 무게가 떨어질 수 있기 때문입니다. 정설은 아니지만 많은 학자들이 자신들의 연구 결과를 토대로 그렇게 이야기하고 있습니다.

그러면 세 개를 선택하는 기준은 무엇일까요? 그 기준은 관련성입니다. 관련성이라는 것은 근거와 상대방의 관련성을 의미하는데 근거가 상대방에게 얼마나 관련성이 있느냐, 즉 근거를 상대방이 얼마나 중요하다고 생각하느냐 하는 정도입니다. 열 개의 근거 중에서 상대방이 중요하다고 생각할 만한 것 세 개를 선택하는 것입니다. 그러기 위해서는 상대방의 정보를 미리 파악하는 것이 중요하겠지요. 상대방에게 더 중요한 근거를 알려면 상대방이 무엇을 중요하게 생각할지를 미리 알아야 하잖아요. 그리고 선택한 세 개의 근거 중에서도 상대방이 더 중요하리라고 판단할 만한 근거를 첫 번째 근거로 선택합니다. 상대방과의 관련성, 즉 상대방에게 중요한 순서대로 첫 번째, 두 번째, 세 번째 근거로 결정합니다.

앞의 이사 게임의 예로 보면 첫 번째 근거로는 아이들과 관련된 것을 선택하는 것이 바람직할 것입니다. 부모 입장에서 자녀보다 더 중요한 것은 없잖아요. 두 번째 근거로는 지금 하고 있는 일, 즉 전국을 무대로 강의를 하고 있다는 것과 관련된 근거가 좋겠지요. 그리고 세 번째 근거로 좋아하는 야구와 관련된 근거를 드는 것입니다. 야구를 좋아하기는 하지만 삶의 질 향상에 직접적으로 영향을 주는 것은 아니기 때문입니다. 또 직접 관람이 아니더라도 TV 중계를 통해서 얼마든지 볼 수 있는 대체 수단이 있기 때문에 마지막으로 넣어도 괜찮겠습니다. 이런 배경들 때문에 대전을 많이 추천하는데 대전이 좋다는 것을 근거를 들어 정리하면 이렇게 되네요.

근거1. 대전은 서울과 가까워서 자녀들이 서울로 학교 다니는 것에 무리가 없습니다.

근거2. 대전은 전국의 중심에 위치하기 때문에 전국 어디로 강의를 가더라도 이동하기에 좋습니다.

근거3. 대전은 프로 야구 한화팀의 연고지라서 야구를 직접 관람하기가 용이합니다.

아마도 이렇게 정리가 되겠지요. 물론 사람마다 관련성, 즉 중요하게 생각하는 포인트가 달라서 사람에 따라 근거의 종류와 순서는 바뀔 수 있지요. 여기에서는 이 세 가지를 근거로 선택해보았습니다.

좋은 증거는 어떤 것들인가요?

Q 근거를 만드는 방법은 잘 알겠습니다. 그러나 근거만으로는 지나치게 추상적이어서 상대방을 설득하기에 부족할 것 같아요. 그래서 조금 더 구체적인 자료나 정보들이 필요할 것 같은데 어떻게 해야 하나요?

A 그렇습니다. 근거를 잘 만들어서 정리한 다음에는 그 근거를 더 자세히 설명해주는 증거들을 잘 찾는 것이 중요합니다. 증거는 근거를 더 자세하게 풀어주는 역할을 합니다. 근거만을 들어서 이야기를 했을 때 상대방이 이런 생각을 할 수도 있습니다. '과연 그럴까?' '무언가 좀 미심쩍네.' '그런 것 같기도 하고 아닌 것 같기도 하고.' 상대방이 이런 생각을 하게 되면 설득하기는 어려워집니다. 이때 필요한 것이 증거입니다. 상대방이 이와 같은 생각을 하지 않도록 하기 위한 것입니다.

그럼 어떤 증거가 좋은 증거일까요? 세 가지를 추천합니다. 정보(Information), 통계(Data), 사실(Fact)과 같은 것들입니다. 이러한 내용들로 증거를 들어야 상대방이 인정하게 됩니다. 이사 게임의 예에서 첫 번째 근거는 대전이 서울과 가깝다는 것입니다. 이 내용만으로는 상대방을 이해시키고 설득시키기 어렵습니다. 가깝다는 것에 관한 개인의 기준이 다르기 때문입니다. 어떤 사람은 가까운 정도를 30분 이내여야 한다고 생각할 수 있을 것이고, 어떤 사람은 가까운 정도를 2시간 이내로 생각할 수 있습니다. 말로 인한 오해는 해석의 차이 때문에 생기는 경우가 많지요. 따라서 이 경우는 가까운 것에 관한 분명한 수치를 밝히는 것이 중요합니다. 예를 들면 KTX로는 1시간, 고속버스로는 2시간, 이런 식으로 소요 시간을 밝히는 것입니다. 물론 대략의 시간보다는 구체적인 시간이 바람직하지요. 예를 들어 "KTX의 정차역 구분에 따라 55분에서 1시간 5분 정도 소요된다" "고속도로 톨게이트 기준으로 1시간 45분 소요된다" 이렇게 표현하는 것이지요.

이와 같은 방법으로, 두 번째 근거인 '대전은 전국의 중심 부분에 있다'는 것에 대한 증거와 세 번째 근거인 '대전은 프로 야구 한화팀의 연고지라서 야구를 직접 관람하기가 용이하다'는 것에 관한 증거를 만들면 됩니다.

증거를 표현할 때 유의할 것이 하나 있습니다. 자신이 판단하기에 좋은 증거라고 생각해서 증거를 제시했는데 상대방으로부터 "그건 당신 생각이고"라는 말을 들을 때입니다. 상대방이 이렇게 말한다는 것은 선택한 증거가 객관성이 떨어진다는 것을 지적하는 것입니다. 그리고 이 경우에 해당되는 증거가 지혜(Wisdom)와 지식(Knowledge)입니다. 지혜나 지식은 한 사람의 생각 속에만 저장되어 있는 것입니다. 그래서 상대방이 '당신 생각'이라는 말을 하게 되는 것이지요. 물론 지식의 경우에 상대방이 함께 인정한 지식이라면 상관이 없을 수도 있지요. 이렇게 정리가 되네요. 근거를 자세하게 풀어주는 증거는 주관적인 지혜와 지식을 피하고 객관적인 정보나 통계나 사실을 사용해야 한다는 것으로요. 하나의 이야기를 더 얹자면 통계는 최근의 것이 좋고 출처와 연도를 밝혀야 한다는 것입니다. 정보, 통계, 사실 외에도 여러 가지 종류의 증거들이 더 있을 것입니다. 다만 조직생활에서는 이 정도만 알고 활용을 해도 이성 설득을 충분히 잘할 수 있어서 세 가지만 추천하는 것입니다.

앞에서 근거 선택의 기준을 상대방과의 관련성, 즉 상대방에게 중요한 정도를 토대로 한다고 했습니다. 그럼 증거의 선택 기준은 무엇일까요? 구체성입니다. 더 자세하게, 더 구체적으로 표현된 것이 좋은 증거가 됩니다. 프로 야구 중계의 예를 들어보겠습니다. 프로 야구 중계를 보면 각 방송사마다 전문 캐스터가 말하는 내용은 큰 차이가 없습니다. 그런데 해설자가 말하는 내용은 차이가 큽니다. 어떤 해설자는 캐스터가 말하는 수준에서 크게 벗어나지를 못합니다. 일반 시청자가 대부분 알고 있는 수준의 정도를 이야기하지요. 야구를 많이 좋아하는 시청자는 이런 해설자의 해설을 듣고 싶어하지 않습니다. 한국시리즈와 같이 동일한 경기를 여러 채널에서 중계하는 경우라면 아마 채널을 다른 곳으로 돌릴지도 모릅니다. 반면에 어떤 해설자는 시청자들이 지금까지 알지 못했던 내용들을 이야기합니다. 대략적으로 이야기하지 않고 구체적인 수치와 통계를 가지고 이야기합니다. 타자의 경우라면 타구 속도를 이야기하고, 홈런의 발사각도를 이야기합니다. 투수의 경우라면 초속과 종속을 이야기하고, 공의 회전속도를 이야기합니다. 시청자는 이런 해설자의 해설을 듣고 싶어합니다. 증거가 이렇게 중요한 역할을 하는 것입니다.

주장에도 약한 것과 강한 것이 있다고요?

 누군가를 설득해야 한다는 것은 그 사람이 무언가 잘못된 행동을 하고 있다는 말이기도 하다는 생각이 듭니다. 물론 여기에서 잘못된 행동이라는 것은 설득하는 사람의 입장에서 판단한 것이지요. 어쨌든 설득하는 사람은 상대방의 행동을 자신이 원하는 쪽으로 바꾸어야 합니다. 그러기 위해서는 이런 행동을 이렇게 바꾸어달라고 이야기를 해야 하는데 이것이 주장이지요. 그런데 이렇게 이야기하기가 어려운 상대방이 있습니다. 내부에서는 상사가 그렇고, 외부로는 고객이 그렇습니다. 상사나 고객을 향해서는 주장하는 것이 쉽지 않습니다. 그래서 주장하는 것이 꺼려지기도 하고 심하면 주장을 아예 하지 못하게 되는 경우가 생기기도 합니다. 이런 어려운 대상들에게도 주장을 해야 할 때가 있는데 좀 더 지혜롭게 할 수 있는 방법은 없을까요?

A 그렇습니다. 상대방에 따라서 주장을 잘 하는 것이 중요합니

다. 지혜롭게 주장하기라고 할까요? 특히 주장은 이성 설득과 관련이 되어 있습니다. 감성 설득의 주장은 부드럽고 약하게 하면 되지요. 위협 설득의 주장은 세고 강하게 하면 되고요. 그러나 이성 설득에서의 주장은 강하고 약한 것을 따로따로 구사해야 합니다. 이제는 근거나 증거와 함께 이성 설득의 세 가지 구성 요소 중에 하나인 주장에 관해 살펴보겠습니다.

설득의 최종 목표는 상대방을 자신이 원하는 대로 행동 변화를 하게 하는 것입니다. 따라서 주장은 상대방에게 자신이 기대하는 행동을 말로 표현하는 것입니다. 그런데 주장을 할 때, 때로는 약하게 해야 할 때가 있고, 때로는 강하게 해야 할 때가 있습니다. 주장을 약하게 할지 강하게 할지는 상대방과 자신의 파워에 따라 결정되는 것이 일반적입니다. 자신보다 파워를 많이 가지고 있는 상대방에게는 약하게 주장을 하게 되고, 자신보다 파워를 적게 가지고 있는 상대방에게는 강하게 주장을 하게 되기도 합니다.

주장하는 말을 약하게 표현해야 하는 경우가 있는데, 상사와 고객을 향해서 주장할 때가 그렇습니다. 상사에게 보고를 하는 중인데 "팀장님, 이번 세미나 장소는 호텔보다는 연수원으로 해야 합니다"라고 강하게 주장을 한다면 상사의 답변은 이럴 것입니다. "당신이 팀장이야?" 심할 경우 팀장은 자기 권위에 도전을 받는다는 느낌을 갖게 될 수도 있습니다. 그래서 상사에게 주장을 할 때는 약하게 표현해야 합니다. "팀장님, 이번 세미나 장소는 호텔보다는 연수원으로 하는 것이 더 바람직하지 않을까 생각합니다." 이렇게 말하는 것입니다. 그러면 상사는 "그래? 어떤 이유 때문에 호텔보다 연수원이 더 바람직하다고 생각하나?" 아마도 이렇게 부드럽게 반응할 것입니다. 이것이 약하게 주장하는 것인데 이것을 '가치적 주장'이라고 말합니다. 표현 방법이 가치를 말할 때 해당되는 용어를 사용하기 때문입니다. 가치를 말할 때는 '옳다, 옳지 않다' '바람직하다, 바람직하지 않다' 이렇게 표현하잖아요. 그래서 가치적 주장이라고 합니다.

주장하는 말을 강하게 표현해야 하는 대상은 주로 자신보다 하위 직급에 있는 사람들입니다. 지각을 자주 하는 팀원이 있습니다. 그 팀원의 행동 변화, 즉 지각을 하지 않도록 하기 위해 말하는데 "김팀원, 지각은 하지 않는 것이 바람직하다고 생각하네" 이렇게 약하게 말하면 그 팀원의 행동은 변화되지 않을 뿐만 아니라 팀장을 가벼이 볼 수도 있습니다. 그런 팀원에게는 강하게 이야기해야 합니다. "김팀원, 지각하지 마!" 이렇게 강하게 말을 해야 합니다. 이런 표현 방법을 '정책적 주장'이라고 합니다. '할 용의가 있다, 해야 한다' 이렇게 말하는 것입니다. 그중에 비즈니스 대화에서는 '해야 한다, 해서는 안 된다' 이런 표현을 주로 사용하지요.

주장을 약하게 할지, 강하게 할지를 결정하는 것은 일반적으로는 파워의 크기이지만 주장하는 상황도 일부 영향을 줍니다. 잘못된 행동이 이번이 처음이라면 약하게, 잘못된 행동이 자주 반복된 경우라면 강하게 할 필요가 있습니다.

논리적으로 말할 때는 어떻게 해야 하나요?

Q 논리적으로 내용을 잘 구성하는 편입니다. 그런데 그 내용을 말로 표현하는 것이 어렵습니다. 소위 문서 능력은 있는데 말의 능력이 부족한 쪽이거든요. 어떻게 해야 하나요? 좋은 방법이 있나요?

A 그렇습니다. 설득의 방법에 따라 말하는 방법도 달라야 합니다. 그래야 설득하고자 하는 자신의 의도가 상대방에게 분명하게 전달되니까요. 논리적으로 말하는 것은 조직에서 이성 설득과 관련이 있기 때문에 여기에서도 이성 설득을 중심으로 말하는 방법을 설명하겠습니다.

1. 차분하고 진지하게 말합니다.

이성 설득은 비즈니스 대화에서 가장 많이 사용하는 대화 방법이지요. 일과 관련한 내용으로 대화를 하기 때문에 매우 사무적이고 건조합니다. 따라서 대화하는 방법도 분위기에 맞게 사무적으로 하는 것이 좋습니다. 그중에 가장 기본적인 것이 차분하고 진지하게 말하는 것입니다. 이때는 농담은 물론 가벼운 이야기조차 하지 않는 것이 바람직합니다. 차분하고 진지하게 말하면 사람 냄새가 나지 않는 딱딱한 분위기가 될 수밖에 없는데 이성 설득에서는 그게 효과적입니다.

2. 자료나 데이터를 가지고 말합니다.

이성 설득은 근거와 증거를 가지고 말해야 합니다. 거기에 알맞은 자료나 데이터를 미리 준비하는 것이 중요하지요. 그래야 상대방을 잘 이해시킬 수 있으니까요.

3. 단계적으로 이야기합니다.

근거로는 세 개가 적당하다는 것을 이야기했습니다. 그 다음 중요한 것이 잘 정리한 세 개의 근거를 상대방이 잘 받아들일 수 있도록 전달하는 것입니다. 먼저 생각해볼 것은 우리가 일반적으로 자주 쓰는 방법입니다. 근거를 이야기할 때 수필식으로 뭉뚱그려 말하는 방법이지요. 그러나 이 방법은 상대방이 그 내용을 제대로 받아들이는 데 불리합니다. 세 개의 근거를 묶어서 한꺼번에 받아들이기가 어렵기 때문입니다. 이렇게 생각하면 되겠습니다. 말을 듣는 사람은 자신이 정리하는 것을 귀찮아합니다. 머리를 써야 하기 때문입니다. 따라서 이 세 개의 근거를 한꺼번에 섞어서 전달하는 방법은 바람직하지 않습니다. 바람직한 방법은 근거를 한 가지씩 차례대로 말하는 것입니다. 그 방법은 세 개의 근거 각각을 설명할 때 첫 번째, 두 번째, 세 번째를 붙이는 것입니다. 그러면 상대방이 근거를 하나씩 전달 받기 때문에 잘 받아들이게 됩니다. 이때 첫 번째 근거를 설명하고 두 번째 근거를 말하기 전에 2초 정도의 사이를 두는 것이 좋습니다. 그래야 하는 이유는 이렇습니다. 사람은 외부로부터 들어오는 청각적인 자극을 1초에서 3초 사이에 받아들인다고 합니다. 그래서 평균인 2초를 쉬어주라는 것입니다. 그러면 상대방이 그 시간 동안에 자신이 들었던 말을 머릿속으로 가져갑니다. 당연히 두 번째를 말하고 나서 세 번째를 말하기 전에도 2초쯤 쉬어주는 것이 좋겠지요. 이것이 단계적으로 이야기하는 방법입니다.

4. 필요하면 문어체나 전문용어를 사용합니다.

근거와 증거를 들어서 자세하게 풀어서 이야기해야 하는 이유는 그래야 상대방이 내용을 잘 이해할 수 있기 때문입니다. 이성 설득에서는 이해가 핵심입니다. 그러면 이야기를 쉽게 하는 것이 좋겠지요. 틀린 말은 아닙니다. 여기에서 하나 생각해볼 것은 쉬운 말의 기준입니다. 이해하는 것은 상대방입니다. 따라서 무조건 쉬운 말이 아니라 상대방이 이해할 수 있는 쉬운 말을 사용하는 것이 중요합니다.

예를 들어보겠습니다. 흡연을 하는 사람이 있습니다. 오랫동안 '에세'라는 담배를 피워왔습니다. 이제 피우던 담배가 다 떨어졌습니다. 담배를 사기 위해 편의점에 들어갑니다. 무슨 담배를 사겠습니까? 너무도 자연스럽게 에세를 사겠지요. 수십 가지 담배 중에서 에세를 사는 이유는 가장 오랫동안 그 담배만 피워왔기 때문입니다. 가장 오랫동안 입에 물어왔던 담배가 가장 입에 잘 맞기 때문이겠지요. 한 가지 예를 더 들어보지요. 회사를 마친 후에 술 한잔이 생각나서 입사 동기에게 전화를 합니다. 이때 어떻게 말하나요? "동기야, 오늘 삼겹살에 소주 한잔하자." 대개는 이렇게 말합니다. "치즈에 소주 한잔하자" "사과에 소주 한잔하자" 이렇게는 말하지 않습니다. 그렇다면 왜 소주에는 늘 삼겹살일까요? 가장 오랫동안 조합해서 먹었던 것이기 때문일 것입니다. 정리하면 내 입에 가장 오랫동안 오르내렸던 것이 내 입에 가장 잘 맞는 것이라는 말이지요. 이것을 그대로 귀로 가져가봅니다. 내 귀에 가장 자주 오르내렸던 말이 내 귀에 가장 잘 맞는 말이지요. 그렇기 때문에 상대방에게 가장 잘 맞는 말이 상대방에게 가장 쉬운 말이 되는 것이고요. 그렇다면 전문가에게는 어떤 말이 쉽겠습니까? 전문용어입니다. 물론 상대방이 일반인이면 평이한 쉬운 말이 좋겠지요. 그리고 가끔 문어체를 사용하는 것도 좋습니다. 어차피 사무적인 이야기이기 때문에 사무적인 분위기를 풍기는 말이 어울릴 테니까요.

5. 본 내용 외에 다른 내용은 말하지 않습니다.

이성적으로 이야기할 때는 건조하게 이야기하는 것이 좋습니다. 이야기를 흥미롭게 이끌어본다고 본 주제 이외의 이야기를 하는 것은 바람직하지 않습니다. 대화의 주제가 흐트러질 가능성이 있기 때문입니다. 아울러 농담을 하는 것도 바람직하지 않습니다. 농담도 역시 본 내용을 흐트러뜨릴 가능성이 있기 때문입니다.

6. 흥분하는 일이 발생할 때도 차분한 톤을 유지합니다.

비즈니스 대화를 하다 보면 상대방과 의견이 다른 경우가 종종 발생합니다. 이때 이야기의 톤을 높이면 안 됩니다. 흔히 '화내면 진다'는 말을 하는데 이 경우가 그런 경우입니다. 이성적으로 대화를 하다가 흥분된다고 톤을 높이면 이성적인 자세를 유지하기가 어렵습니다. 결국 비즈니스 대화에서 실패하게 될 가능성이 높지요.

7. 진지한 표정으로 말합니다.

말은 언어, 표정은 비언어입니다. 비언어는 언어를 보조하는 기능을 합니다. 따라서 비언어인 표정은 언어인 말의 내용에 도움을 주기 위해서 사용하는 것입니다. 그래서 비언어 사용에서 가장 중요한 원칙이 언어, 즉 말하고 있는 내용과 같은 내용으로 사용해야 한다는 것입니다. 슬픈 말을 할 때는 슬픈 표정을 지어야 하고, 화가 나는 내용을 말할 때는 화난 표정으로 이야기를 해야 합니다. 따라서 이성적으로 진지한 내용을 이야기할 때는 표정도 진지하게 하는 것이 좋습니다.

07 강하게 말하기
'화끈하게 말해주세요'

가끔은 강하게 말할 필요가 있을 때가 있어요. 어떻게 말해야 하나요?

 인간적으로 부드럽게 이야기를 해도, 논리적으로 차분하게 이야기를 해도 안 통하는 사람들이 있습니다. 그런 사람들일지라도 설득은 해야 한다는 이유 때문에 도리 없이 강하게 말을 해야 할 때가 있는데 그때는 어떻게 말해야 하나요?

 그렇습니다. 인간적으로 설득을 해도, 논리적으로 설득을 해도 안 되는 경우가 있습니다. 그런데 비즈니스 목적상 반드시 설득은 해야 합니다. 이때는 어쩔 수 없이 강하게 위협을 해서라도 설득을 해야 하겠지요. 강하게 설득하는 방법은 메시지에서 위기감을 줄 수 있는 사실 등을 들어 상대방의 정서적 긴장감을 야기시켜 상대방으로 하여금 자신의 주장이나 권고를 받아들이도록 하는 방법으로, 불안으로부터 해방되고 싶어하는 인간의 심리적 동기를 이용한 것입니다. 그래서 이런 설득 방법을 위협 설득이라고 합니다. 위협 설득의 핵심은 불안입니다. 사람은 심리적으로 불안해지면 그 불안한 상태를 피하기 위해 자신의 태도와 행동을 바꾸게 됩니다. 이를 이용한 것입니다. 최근에 누군가에게 겁을 주어 자신이 원하는 뜻을 관철시킨 경험이 있는지요. 그것을 위협 설득이라고 생각하면 될 것입니다.

많이 알려진 인지균형이론이라는 것이 있습니다. 인간은 자신이 지니고 있는 인지 요소들 간의 조화 상태를 유지하려는 강한 성향 내지는 동기를 가지고 있다고 합니다. 그런데 만약 그 조화 상태가 어떤 외부적 자극(예컨대 커뮤니케이션 메시지 등)에 의해 깨져서 부조화 상태가 야기되면, 심리적 불안감을 느끼게 된다고 하네요. 이때 불안에 대처하는 인간의 행동은 두 가지로 나타납니다. 그 불안감을 미리 예방하기 위해 부조화 상태를 야기하는 외부적 자극을 되도록 회피하거나, 외부적 자극에 의해 일단 불안감이 생긴 경우에는 그것을 해소시켜서 다시 조화 상태를 이루려고 하는데 그 방법의 하나로 자신들의 태도를 바꾸게 됩니다. 전자는 불안 예방이고, 후자는 불안 대응이지요. 이때 후자의 경우를 위협 설득이라고 하는 것입니다.

방법은 간단합니다. 상대방에게 내가 원하는 바를 강하게 이야기합니다. 이어서 내가 원하는 대로 행동하지 않으면 압력을 행사할 것이고, 내가 원하는 대로 행동하면 보상을 줄 것이라고 이야기하면 됩니다.

예를 들어보겠습니다. 습관적으로 지각을 하는 후배가 있습니다. 지각을 하면 안 된다고 인간적으로 불러서 다독여보기도 하고, 지각하면 안 되는 이유를 들어 설명을 하기도 했습니다. 그런데 후배의 지각하는 습관은 고쳐지지가 않습니다.

이제는 위협 설득만 남았습니다. 후배가 또 지각을 한 어느 날 회의실로 불러서 이렇게 말합니다. "김지각 후배, 앞으로는 절대 지각하지 말아요. 한 번만 더 지각하면 인사위원회에 회부하겠습니다. 대신 한 달 동안 지각하지 않으면 지금까지 있었던 지각은 없었던 것으로 내 선에서 마무리해주겠습니다." 이렇게 말하는 것이 위협 설득입니다. 물론 지각한 사실을 내 선에서 마무리하는 것이 바람직한 것은 아니지요. 그런데 옳고 그름과는 상관없이 여기에서는 위협 설득을 이해하기 위해서 들어본 사례라고 생각하면 좋겠습니다. 쉬운 예이니까요.

그런데 사람은 자신을 위협하는 사람을 좋아하지 않게 됩니다. 오히려 위협을 자주 하는 사람 옆에는 가기 싫어할 만큼 멀리하고 싶어지겠지요. 따라서 위협 설득은 자주 사용해서는 안 됩니다. 위협을 당한 상대방을 잃게 될 수도 있으니까요. 자신의 비즈니스 목적을 달성하기 위한 좋은 방법이기는 하지만 관계가 손상될 수도 있다는 것을 염두에 두고 사용해야 할 것입니다. 이런저런 설득 방법을 사용하다가 안 될 때 최후의 수단으로 사용하는 방법 정도로 알고 있으면 좋겠네요.

압력과 보상은 어떻게 주어야 하나요?

Q 강하게 말하는 위협 설득은 압력과 보상을 통해 상대방에게 위기감을 느끼게 하고, 그 위기감을 극복하는 방법으로 자신의 행동을 바꾸게 하는 것이라는 것을 잘 알겠습니다. 그러면 압력과 보상은 구체적으로 어떤 상황에서 어떻게 구사해야 하는지를 알아야 할 것 같습니다. 그래야 효과적인 위협이 될 것 같기 때문입니다. 위협 설득에서 실패하면 관계가 손상될 가능성이 있어서 정말 조심스럽게 구사해야 하잖아요. 압력과 보상을 효과적으로 구사하려면 어떻게 해야 하나요?

A 그렇습니다. 강하게 말하는 위협 설득은 실패하든 성공하든 관계가 손상될 가능성이 있기 때문에 조심스럽게 사용해야 합니다. 이런 점에서 보면 위협 설득은 여러 가지 설득 방법 중에서 가장 마지막에 사용하는 것이 바람직하겠지요. 어쨌든 위협 설득을 위해서는 압력이든 보상이든 제대로 잘 구사하는 것이 중요합니다. 한 번에 제대로 성공해야 하니까요.

먼저 생각해볼 것은 압력과 보상의 강도입니다. 위협을 강하게 할 것이냐, 약하게 할 것이냐의 문제입니다. 쉽게 이해할 수 있도록 예를 들어 설명하겠습니다. 술을 많이 먹고 늦게 들어오는 남편을 상대로 아내가 설득하는 경우입니다. 강도를 강, 중, 약, 세 가지 차원으로 나누어보겠습니다. 이 경우에 위협 설득을 한다는 것은 지금까지 인간적인 감성 설득도 해보았고, 논리적인 이성 설득도 해보았는데 아직도 남편의 행동이 바뀌지 않았다는 것이 전제가 되겠지요. 드디어 겁을 주어야 하는 위협 설득의 단계까지 온 것입니다.

이 경우 압력은 '계속 이런 식으로 술을 먹는다면 이렇게 하겠다'는 내용입니다. 약한 수준의 압력으로는 아침밥 안 해준다는 정도가 될 수 있겠고, 중간 수준의 압력으로는 카드를 압수한다는 정도가 될 수 있겠고, 강한 수준의 압력으로는 애들 데리고 친정에 가겠다는 정도가 될 수 있을 것입니다. 그리고 이 경우 보상은 '그 좋아하는 술 한 달만 참아주면 이렇게 해주겠다'는 내용이 되는 것이지요. 이때 중요한 것은 압력의 수준과 보상의 수준이 비슷해야 한다는 것입니다. 압력이 아침밥을 안 해준다는 것이면 보상은 원하는 반찬을 다 해준다는 정도로 해야 할 것이고, 압력이 카드를 압수하는 것이라면 보상은 용돈을 20만 원 올려준다는 정도로 해야 할 것입니다. 그리고 압력이 애들 데리고 친정 간다는 것이라면 보상은 자동차 바꿔준다는 정도는 되어야할 것입니다. 그래야 압력과 보상의 수준이 비슷해지는 것입니다. 만약에 압력은 아침밥을 안 해준다는 것인데 보상은 자동차를 바꿔준다고 한다면 남편의 뇌리에는 자동차만 기억될 것입니다. 이런 경우는 구걸이라고 해야 되겠지요. 반대로 압력은 애들 데리고 친정에 가겠다는 것인데 보상은 원하는 반찬 다 해준다는 것이면 남편의 뇌리에는 아이들을 못 볼 수도 있다는 것만 기억될 것입니다. 이런 경우는 협박이 되겠지요. 그래서 압력과 보상의 균형을 맞추는 것이 중요합니다.

순서는 어떨까요? 압력과 보상 중에서 어느 것을 먼저 말하는 것이 효과적일까요? 압력과 보상, 둘 중 하나만 말하면 안 되는 것일까요? 일단 압력과 보상은 어느 하나만 사용하는 것보다는 두 가지를 동시에 사용하는 것이 효과적입니다. 채찍과 당근을 모두 사용하는 것이 좋다는 것이지요. 순서는 압력을 앞세우는 것이 좋습니다. 무언가 문제가 되는 행동을 바로잡기 위해서 하는 것이기 때문에 그렇습니다. 이렇게 압력을 말한 뒤에 보상을 말하면 됩니다. 보상은 상대방에게 행동을 변화시킬 동기를 부여하기 위한 방법이기도 합니다.

또 하나 생각해보아야 할 문제는 압력이든 보상이든 자신이 직접 행사할 수 있어야 한다는 것입니다. 누구한테 말해서 어찌어찌 해주겠다는 간접 압력이나 간접 보상은 상대가 믿어주지 않는다는 문제가 있기 때문입니다.

위협 설득의 경우 위협의 강도를 미리 생각해보고 그에 맞는 압력과 보상을 미리 준비해야 합니다. 조심해야 할 것은 위협 설득은 관계가 손상될 가능성이 있기 때문에 자주 사용해서는 안 된다는 것입니다. 어떤 행동을 변화시키기 위한 최후의 수단이라고 생각해두는 것이 좋겠습니다.

강하게 말할 때는 어떻게 말해야 하나요?

Q 강하게 위협하면 자칫 관계가 손상될 수 있다는 것을 생각해 볼 때 위협을 하는 말도 잘해야 할 것 같습니다. 너무 강하게 말하면 상대방이 겁을 심하게 먹어서 마음을 닫고 아예 행동 변화를 포기할 수도 있겠고, 너무 부드럽게 말하면 상대방이 가볍게 보고 행동을 바꾸지 않을 수도 있겠다는 생각이 듭니다. 감성 설득이나 이성 설득보다 더 까다로울 것 같습니다. 위협 설득을 할 때는 어떻게 말하는 것이 좋은가요?

A 그렇습니다. 그래서 위협 설득을 할 때는 더욱 주의해서 말해야 합니다. 자신의 목적을 달성하면서도 상대방의 마음을 상하지 않게 해야 하니까요. 위협 설득을 할 때는 이렇게 말하는 것이 바람직합니다.

1. 간결하고 짧게 말합니다.

위협 설득은 상대방의 문제 행동에 대해 지금까지 몇 차례 설득을 했는데도 바람직한 행동으로 바꾸지 않는 대상에게 하는 것입니다. 따라서 구구절절 말하지 말고 간결하게, 짧게 말하는 것이 바람직합니다. 다른 설득 방법을 통해서 지금까지 자세한 이야기는 했을 것이기 때문입니다. 그래야 위협하는 효과가 강하게 나타날 수 있습니다.

2. 단문으로 말합니다.

간결하게 말하는 좋은 방법은 문장을 짧게 구사하는 것입니다. 한 문장에 주어와 서술어가 하나씩만 들어가는 이른바 단문으로 말하라는 것입니다. 문장이 장문이나 복문으로 길어지면 위협의 느낌이 희석됩니다.

3. 하고 싶은 말을 먼저 말합니다.

'이렇게 하라' 또는 '이렇게는 하지 마라'는 말을 가장 앞에 이야기합니다. 이렇게 상대방에게 요구하는 바를 먼저 말하고 나서 곧바로 압력과 보상을 차례로 이야기하면 됩니다. 상대방에게 요구하는 바를 가장 먼저 말해야 임팩트가 강합니다.

4. 단호한 어조로 말합니다.

음성 톤에 힘을 주어 단호하게 말해야 합니다. 그래야 상대방에게 위협하는 느낌을 줄 수 있기 때문입니다.

5. 말하고자 하는 바를 분명하고도 확고하게 밝힙니다.

상대방에게 원하는 행동을 분명하게 말하고 그 말을 수용하지 않을 때는 이렇게 하겠다, 수용할 때는 이렇게 하겠다는 본인의 의지를 확고하게 밝힙니다. 이것은 압력과 보상을 분명하게 시행하겠다는 자신의 의지를 드러내 보이는 효과가 있습니다.

6. 엄한 표정으로 말합니다.

비언어의 한 요소인 표정은 언어의 요소인 말의 내용과 일치해야 합니다. 따라서 위협을 할 때는 얼굴 표정도 위협에 걸맞게 엄해야 합니다.

7. 위협의 강도에 따라 수위를 조절합니다.

위협하는 방법은 강, 중, 약의 세 가지 강도가 있습니다. 상대방이 문제 행동을 처음 했다면 약하게 위협하고, 문제 행동을 여러 번 했고 그 문제 행동을 수정하라고 몇 번이나 말했는데도 개선되지 않는다면 강하게 위협하면 됩니다. 그리고 그 수준에 맞게 언어와 비언어를 조절하는 것이 좋습니다.

8. 상대방이 말을 끼어들 틈을 주지 않습니다.

누군가가 자신의 문제 행동을 지적할 때 방어하고 싶은 마음이 드는 것은 우리 모두의 마음입니다. 그리고 방어한다는 것은 나름대로의 이유를 드는 것을 말합니다. 이것을 막아야 합니다. 막지 못하고 상대방에게 이유를 말할 기회를 주면 자신도 그에 대한 이유를 들어주어야 합니다. 이렇게 되면 위협은 이미 끝난 것입니다. 아마도 이성 설득으로 옮겨가게 될 것입니다. 따라서 상대방이 말을 치고 들어올 때 단호하게 막아야 합니다. '됐고' '지금 그 얘기가 아니고' '그건 나중에 이야기하고' 정도의 방어용 멘트면 좋겠지요.

9. 말이 끝나면 바로 헤어집니다.

위협하는 말을 마치면 바로 헤어지는 것이 좋습니다. 위협하는 말을 다 하고 바로 헤어지지 않으면 상대방이 자기 합리화를 위한 변명을 하기 쉽고, 이렇게 되면 말이 길어져서 위협의 효과가 떨어집니다. 이렇게 말하는 것이지요. "앞으로 잘해요. 지켜보겠어요. 가봐요"라고 하면서 상대방을 보내든지, 아니면 "앞으로 알아서 잘하세요. 지켜보겠어요"라고 하면서 자리를 떠나든지, 바로 헤어지는 것이 효과적입니다.

08 싫은 소리 잘 하기
'상처는 받지 않게 말해주세요'

싫은 소리를 해야 하는데 마음이 상할까 봐 걱정이 돼요.

Q 입사한 지 2년이 되는 후배가 있습니다. 근무하는 모습이 나쁘지는 않습니다. 평균 수준 정도라고 할까요? 본인에게 주어지는 일 중에서 혼자 해도 되는 일은 대부분 잘 해냅니다. 그런데 문제는 다른 사람, 특히 다른 팀과 협업하는 일은 잘하지 못한다는 데 있습니다. 다른 사람과의 협업을 위해 여기저기 돌아다니기도 해야 하고, 다른 사람과 편안하게 이야기도 나누어야 하는데 그 부분을 잘 못하고 있습니다. 걱정이 됩니다. 협업 당사자들이 보아도 바람직하지 않고, 더 중요한 것은 협업을 하지 못하는 행동이 지속적으로 반복되고 있다는

것입니다. 여러 가지 방법을 동원해서 그 행동을 개선하라고 이야기를 하면 며칠간은 잘하는 듯하다가 다시 예전의 모습으로 돌아가곤 합니다. 곰곰이 생각하고 주변 사람들과도 이야기를 나누어보았습니다. 그리고 내린 결론이 성격적으로 문제가 있다는 것입니다. 한 개인의 행동은 그 개인의 성격에서 나온다는 아주 단순한 진리에서 답을 찾았습니다. 그리고 그 후배의 바람직하지 못한 행동도 그 후배의 성격에서 나온다는 것을 알게 되었습니다. 아마도 다른 사람들과 어울리는 것을 힘들어하는 성격을 가지고 있겠지요. 그런데 문제는 그 다음이네요. 성격적인 부분을 지적해서 개선하도록 이야기를 해야 하는데 어떻게 말을 해야 하는지 고민입니다. 성격적인 부분을 지적하면 당연히 기분 나빠할 테니까요. 마음 상할까 봐 걱정도 되고, 반감 가질까 봐 걱정도 되고, 말을 하기는 해야겠는데 어떻게 말해야 하나요?

A 잘 분석했네요. 한 사람의 행동은 그의 내적 특성에서 비롯된다고 합니다. 성격이 급한 사람은 대개 행동이 급하고 말도 빠른 편입니다. 차분하지 않은 성격을 가지고 있는 사람은 덜렁대는 행동으로 일의 실수가 더 있을 수 있지요. 특히 같은 실수를 반복하는 경우가 그렇습니다. 일의 방법을 몰라서 실수하는 경우는 한 번만 이야기를 해도 알아듣고 그 다음부터는 실수를 하지 않습니다. 그러나 개인의 특성 때문에 하게 되는 실수는 반복이 될 가능성이 높지요. 그래서 반복되는 실수를 줄이기 위해서는 반복해서 실수하게 하는 그 사람의 개인

적인 특성을 개선해야 합니다. 그런데 이것을 말하기가 쉽지 않습니다. 그 사람의 성격적인 특성이거나 그 사람의 단점이기 때문입니다. 성격이나 단점을 지적당하면, 즉 싫은 소리를 들으면 누구나 기분 나쁘잖아요. 그러나 싫은 소리도 필요하면 해야 합니다. 그것이 그 사람을 위해서도 바람직하니까요. 그래서 싫은 소리를 하되 상대방의 기분이 나쁘지 않게 하는 방법을 알 필요가 있습니다. 그 방법을 설명하겠습니다.

먼저 생각해보아야 할 것은 '강한 말'과 '싫은 소리'의 구별입니다. 이렇게 정리하면 쉽습니다. 강한 말은 사실과 관련된 것을 지적할 때 사용하는 것이고, 싫은 소리는 성격적인 특성과 관련된 것을 지적할 때 사용하는 것입니다. 보고서에 오타를 자주 내는 행동을 지적할 때는 강한 말을 하는 것이고, 그 오타가 자주 생기게 하는 그 사람의 꼼꼼하지 못한 성격을 지적할 때는 싫은 소리를 하는 것입니다. 강한 말을 들은 상대방은 자신이 실수했다고 받아들이겠지만 싫은 소리를 들은 상대방은 기분이 나빠질 수도 있습니다. 보고서에 오타가 많으니 앞으로는 오타를 내지 말라고 하면 자신의 실수를 인정하고 개선할 것이고, 성격이 왜 그렇게 꼼꼼하지 못하냐고 하면 반감을 가지게 될 것입니다. 이것이 문제입니다. 싫은 소리를 하지 않을 수가 없는데 상대방의 마음을 상하게 하거나 반감을 갖게 할 수도 있다는 것이지요. 그래도 필요하면 싫은 소리는 해야 합니다. 상대방을 지나치게 배려해서, 아니면 상대방의 눈치를 보느라고 성격적인 특성이나 단점을 지적하지 않으면 그것 때문에 생겨나는 잘못된 행동이나 잘못된 일의 결과는 계속 반복될 것이기 때문입니다. 그러면 어떻게 말해야, 싫은 소리를 어떻게 해야 상대방이 마음도 상하지 않고 반감도 갖지 않을 수 있을까요?

예를 들어 설명하겠습니다. 중학생 아들과 초등학교 고학년 딸을 둔 엄마가 있습니다. 살림을 정말 악착같이 합니다. 얼마나 살림을 악착같이 하는가 하면 결혼한 지 15년이 다 되어가는데도 외식 한 번 하지 않고 아이들 학원도 보내지 않는 엄마입니다. 이유는 단 하나, 돈을 모아야 하기 때문입니다. 물론 그 덕분에 다른 사람들보다 집을 일찍 샀습니다. 무일푼으로 시작해서 그 어렵다는 서울에 집을 마련한 것이 결혼한 지 8년 만이니까요. 그런데 남편이 생각할 때 이것은 지나친 것 같습니다. 돈은 쓰려고 버는 것인데 외식도 하지 않고 아이들 학원도 보내지 않는 것은 아무리 생각해도 지나칩니다. 남편 생각에는 외식도 가끔 하고 아이들 학원도 보냈으면 좋겠습니다. 더 이상 기다릴 수가 없기에 어느 날 저녁에 저녁식사를 마친 후 남편이 아내에게 이야기를 합니다. "여보, 당신은 돈을 너무 안 쓰는 것 같아. 돈을 쓸 때는 좀 쓰자." 전혀 이상한 말이 아닙니다. 돈을 너무 아끼는 아내에게 앞으로는 좀 쓰면서 살자고 자연스럽게 이야기한 것입니다. 그런데 남편이 이렇게 말하면 아내의 반응은 어떨까요? "그래, 알았어. 앞으로는 쓸 때는 좀 쓸게." 이렇게 나올까요? 아닐 겁니다. 아마 이렇게 말할 것 같습니다. "당신이 돈을 많이 벌어 오면 내가 이렇게 사냐?" 아마 이런 반응을 보일 것입니다. 남편이 기대했던, 돈을 쓸 때는 쓰자는 답을 얻어내지도 못했고 아내의 기분만 상하게 했을 뿐이지요.

이렇게 정리해볼게요. 여기에서 아내의 단점은 지나치게 돈을 쓰지 않는 것입니다. 물론 남편의 판단입니다. 아내는 그렇게 생각하지 않을 수도 있겠지요. 그러나 일반적으로 결혼 15년 동안 외식도 하지 않고 아이들 학원을 하나도 보내지 않는 것은 지나친 구두쇠라는 것을 인정하지 않을 수가 없겠지요. 그리고 남편이 아내에게 기대하는 바가 있습니다. 그것은 돈을 쓸 때는 쓰자는 것입니다. 두 가지 중심 단어가 나왔습니다. '단점'과 '기대하는 바'입니다. 이 두 가지 중심 단어를 가지고 앞에서 남편이 한 말을 살펴보면 남편은 이렇게 말했습니다. 아내의 단점을 이야기하고 이어서 아내에게 기대하는 바를 말했습니다. 그때의 아내의 반응은 부정적이었습니다. 남편의 입장에서는 원하는 결과도 얻지 못했고 아내의 기분만 상하게 한 것이지요. 그 말 하나 때문에 이후의 부부 관계도 편치만은 않을 것 같네요. 그러면 어떻게 말을 해야 할까요?

싫은 소리를 잘 하려면 어떻게 해야 하나요?

Q 싫은 소리를 할 때 상대방의 마음에 상처를 주지 않도록 하는 것이 중요하다는 말이네요. 상대방의 단점을 이야기하고 나서 그 단점을 바꾸어달라고 바로 말하는 방법이 상대방의 마음을 상하게 하는 것이라는 점은 이해가 됩니다. 그럼 어떻게 말해야 상대방의 마음에 상처를 주지 않고 상대방의 반성과 행동 변화를 이끌어낼 수 있나요?

소통을 위한 대화, 이렇게 하면 돼요

A 　그렇습니다. 싫은 소리를 잘 한다는 것은 싫은 소리를 자주 한다는 의미가 아니라 상대방의 마음에 상처를 주지 않고 상대방의 단점을 지적하는 것을 말합니다. 우리는 살면서 이런 경우를 자주 만날 수 있습니다. 그래서 이 부분을 잘 익혀놓는 것이 필요하겠지요. 싫은 소리를 잘 하는 방법을 알기 위해서 먼저 이해해야 할 것이 있습니다. 인간은 하나의 장점을 가지고 있으면 그와 관련되는 단점도 같이 가지게 된다고 합니다.

　예를 들어 어떤 사람이 추진력을 가지고 있습니다. 추진력이라는 특성은 사람이, 특히 조직생활에서 리더가 가져야 할 대단히 중요한 장점입니다. 그런데 추진력이라는 것은 독단적이라는 특성과 쌍을 이루고 있습니다. 추진력이 강하다는 말을 듣는 어떤 사람은 독단적이기도 한 것입니다. 또 독단적이라는 말을 듣는 어떤 사람은 나름대로 추진력이 있는 것입니다. 그런데 어떤 사람은 추진력이라는 특성을 9만큼 가지고 있고, 독단적이라는 특성을 1만큼 가질 수 있습니다. 또 어떤 사람은 추진력이라는 특성을 2만큼 가지고 있고, 독단적이라는 특성을 8만큼 가지고 있을 수 있습니다. 그럴 때 전자는 추진력이 있는 사람이라는 긍정적인 평가를 받게 될 것이고, 후자는 독단적이라는 부정적인 평가를 받게 되겠지요. 그래서 이렇게 표현하기도 합니다. 장점이 영어로는 'strength'이고, 단점이 영어로는 'weakness'입니다. 그런데 단점을 영어로 weakness라고 표현하지 않고 'overdone-strength'라고 표현하기도 합니다. 장점이 적정한 수준에 있으면 자신과 타인의 삶에 도움을 주는 좋은 결과를 가져오기도 하지만 그 장점이 지나치게 많이 나타나면 단점이 된다는 것이지요. 지나치게 나타난다는 말은 빈도가 잦고, 강도가 강하다는 말입니다. 맞는 말인 것 같습니다. 어쨌든 사람들은 장점과 단점의 특성을 동시에 가지고 있다는 이런 특성을 먼저 이해해야 싫은 소리를 잘 할 수 있습니다.

그럼 어떻게 해야 싫은 소리를 잘 하는 것일까요? 앞에서 예로 들었던 돈을 너무 안 쓰는 아내의 경우로 정리해보겠습니다. 아내가 돈을 잘 쓰지 않는 것이 남편이 볼 때는 단점입니다. 그런데 그 단점도 생각해보면 관련이 있는 장점이 있습니다. 아내가 돈을 잘 쓰지 않는 15년 동안 어떤 좋은 일이 있었나요? 같은 또래의 다른 사람들에 비해서 집을 일찍 샀습니다. 그럴 만큼 아내가 노력을 한 덕분이지요. 이것이 장점입니다. 이렇게 정리가 되네요. 아내의 단점은 돈을 너무 안 쓰는 것이고 아내의 장점은 그 덕분에 집을 일찍 샀다는 것으로요. 이것을 싫은 소리를 할 때의 대화로 사용하는 것입니다. 상대방의 마음을 상하게 하는 대화는 단점만 이야기하고 바로 기대하는 바를 이야기했는데 그렇게 하지 말고 단점을 이야기한 뒤에 곧바로 아내가 가지고 있는 장점을 이야기하는 것입니다. "여보, 당신은 돈을 너무 안 쓰는 것 같아"라고 말한 뒤에 "물론 당신이 그렇게 알뜰하게 살아주었기 때문에 다른 사람들보다 집을 일찍 살 수 있어서 그 점은 당신에게 항상 감사해" 이런 말을 하는 것입니다. 이 흐름이 단점을 이야기하고 이어서 장점을 이야기한 것인데 이렇게 했을 때 아내의 반응은 단점만 이야기했을 때와는 다를 것입니다. 단점만 이야기를 했을 때는 "당신이 돈을 많이 벌어 오면 내가 이렇게 사냐?"라고 반응했지만 장점까지 이야기한 뒤에는 그렇게 말하는 아내가 아마 없을 것입니다. 혹시 있더라도 말투는 다르겠지요.

이것이 장점을 말하는 것이 주는 효과입니다. 자신을 칭찬해주니까 아무래도 마음이 부드러워지겠지요. 그 다음에 남편이 기대하는 바를 이야기합니다. "그래도 돈을 쓸 때는 좀 썼으면 좋겠어. 아이들 학원도 좀 보내고, 가끔씩 외식도 좀 하고." 이렇게 이야기를 해야 아내로부터의 반응이 긍정적일 수 있습니다. 당장 그렇게 하겠다는 답변은 아니더라도 한번쯤 생각해보겠다는 정도의 답변은 나오지 않을까요? 여기에다 하나 더 얹으면 금상첨화이지요. 기대하는 바를 이야기한 뒤에 그렇게 했을 때 생겨날 수 있는 좋은 점, 즉 이점을 이야기하는 것입니다. 이점이라는 것은 아내가 돈을 썼을 때, 즉 아이들 학원도 보내고 가끔씩 외식도 할 때 얻게 되는 이점을 말합니다. 이렇게 말하면 되겠지요. "그래야 아이들 성적도 오르고 우리 가족도 좋은 추억을 많이 만들 수 있지 않을까?" 이러면 아마 다음 달부터 아내의 씀씀이는 달라질 것입니다. 여기에서 중요한 것은 이점을 말할 때는 나에게 돌아오는 이점이 아니라 상대방이나 우리가 함께 좋아지는 이점을 말해야 한다는 것입니다.

이렇게 말하면 상대방의 마음을 상하지 않게 하면서 상대방의 단점을 지적할 수 있습니다. 물론 상대방의 행동 변화도 함께 기대할 수 있지요. 이것이 싫은 소리를 잘 하는 방법입니다.

09 말하기 스킬
음성, 시선, 표정, 제스처

말할 때에도 중요한 스킬들이 있다면서요?

Q 국가 관련 기관 연구소에서 근무하고 있는 30대 중반의 연구 원입니다. 박사 학위까지 마치고 오는 바람에 입사한 지는 2년째입니 다. 평소 들어오고 싶었던 연구소인지라 합격자 발표가 났을 때 떨 듯 이 기뻤습니다. 나도 기뻤지만 나보다 더 기뻐한 것은 아내였습니다. 공부하는 나와 결혼해서 혼자 직장생활을 하면서 내가 합격하기 전 까지 3년이란 기간 동안 집안 살림을 책임져야 했기 때문이지요. 그런 데 부푼 꿈을 안고 입사한 지 한 달 만에 나에게 문제가 찾아왔습니 다. 다른 사람과 대화를 할 때 힘들어하는 나를 발견한 순간이었습니

소통을 위한 대화, 이렇게 하면 돼요

다. 다른 사람의 이야기를 들을 때는 괜찮은데 내 이야기를 할 때는 무언가 부자연스럽고 힘들어하는 나의 모습에 내가 놀라버린 것입니다. 학교에서 공부할 때도 느끼지 못했던 것을 직장생활 하면서 알게 되었습니다. 걱정이 돼서 입사 동기 두세 명한테 물어보았습니다. 내가 말할 때 문제가 있느냐고. 그랬더니 이구동성으로 하는 말이 말을 하는 모습이 자연스럽지 않다는 것이었습니다. 그래서 말하고 있는 좋은 내용도 상대방에게 좋은 평가를 못 받고 있는 것 같다고 말해주더군요. 동기들의 그 말을 부정할 수가 없습니다. 나도 그렇게 느끼고 있기 때문입니다. 고민입니다. 내가 원하던 연구소이고 어렵게 공부해서 힘들게 들어온 직장이어서 더 잘하고 싶고 인정도 받고 싶은데…. 어떻게 하면 될까요?

A 이런 고민을 하는 사람들이 꽤 많습니다. 그런데 다행스러운 것은 스스로 자신의 문제점을 알고 있다는 것이네요. 이런 문제를 안고 있으면서도 대부분의 사람들은 자신에게 무슨 문제가 있는지 알지 못하며 살아갑니다. 너무 오랫동안 자신이 하고 싶은 말을 편안하게 하면서 살아왔기 때문이겠지요. 인간은 태어나서 가장 먼저 울음으로 자기 표현을 합니다. 이 첫 울음을 시작으로 형태는 조금씩 달라지지만 살아온 지금까지도 말을 하면서 살고 있지요. 특히 목적을 가지고 대화할 때는 어떻게 표현하느냐가 대단히 중요합니다. 대화를 할 때 중요한 용어 하나가 있는데 '동일시'라는 용어입니다. 듣는 사람은

말하는 사람과 말하는 내용을 동일시한다는 것입니다. 말하는 사람이 나약한 모습으로 말하면 듣는 사람은 그 사람이 말하는 내용도 나약한 것으로 생각한다는 것입니다. 반면에 말하는 사람이 당당하게 말하면 듣는 사람은 그 사람이 말하는 내용도 당당한 것으로 여기게 됩니다. 이것이 동일시라는 것이고 대화에서는 매우 중요한 핵심 요소입니다.

말을 통해서 전달할 내용을 잘 준비했어도 대화할 때 제대로 풀어내지 못한다면 상대방으로부터 좋은 평가를 받기가 어렵습니다. 특히 목적을 가지고 하는 대화에서는 더욱 그렇습니다. 그렇다면 비즈니스 대화는 대부분 목적을 가지고 있기 때문에 표현 방법에 더 신경을 써야겠지요. 그래서 말하는 방법, 즉 말하는 스킬이 중요합니다. 말을 할 때의 스킬은 대표적으로 네 가지가 있습니다. 음성, 시선, 표정, 제스처입니다. 물론 이 외에도 세세한 것들이 더 있겠지만 이 네 가지만이라도 잘 연구해서 좋은 스킬로 가지고 있으면 어디에서도 자신이 표현하고자 하는 것을 잘 표현할 수 있습니다. 이렇게 기억할게요. 말의 내용이 음식의 재료라면 말의 스킬은 그 음식에 들어가는 양념이라고요. 모든 음식은 양념이 제대로 들어가지 않으면 맛이 없잖아요. 말에도 좋은 재료인 내용과 함께 좋은 양념인 스킬이 더해져야 맛있는 말이 되는 것이지요. 그래야 자신의 표현을 더 멋지게 해낼 수 있습니다.

그런데 여기에서 짚고 넘어가야 할 것이 하나 있습니다. 말하는 스킬을 이야기할 때 생길 수 있는 오해에 관한 이야기입니다. 이 이야기는 말을 잘해야 하는 직업이 어떤 직업이 있을까 하는 것을 생각해보면 쉽게 이해가 될 수 있는 부분입니다. 말을 잘해야 하는 직업에는 어떤 직업들이 있을까요? 얼른 생각나는 긍정적인 직업들이 변호사, 선생님, 영업직원, 이런 것들이겠지요. 반면에 말을 잘해야 하는 부정적인 직업들도 있습니다. 사기꾼, 제비족, 이런 직업들일 것입니다. 그중에서 부정적인 직업을 가진 사람들을 생각해보면 말을 정말 잘할 것입니다. 자기 나름대로 훈련도 많이 했을 것이고요. 그 훈련 중에 대부분을 차지하는 것이 스킬 훈련이었을 것입니다. 사기꾼의 경우에 어차피 사기를 치고자 하는 내용은 이미 정해져 있을 것이고, 그 내용을 사기를 쳐야 하는 대상에게 어떻게 설명할까 하는 문제를 고민하겠지요. 자신이 이루고자 하는 목적을 위해서는 그들도 최선을 다할 테니까요. 물론 대화 목적의 방향은 대단히 잘못된 것이지만요.

이 이야기를 하는 이유는 이렇듯 말을 잘한다는 것이 모든 사람들에게 항상 좋은 이미지로만 남는 것은 아니기 때문입니다. 그런데 이런 것 같아요. 말을 잘하기 위해 스킬을 발휘하려 노력하는 것은 앞에서 이야기했던 것처럼 좋은 음식 재료에 좋은 양념을 넣는 경우입니다. 사기꾼의 음식 재료는 이미 좋은 것이 아닙니다. 나쁜 것이지요. 음식 재료가 이미 나쁘기 때문에 아무리 좋은 양념을 넣어도 결코 좋은 음식이 될 수 없습니다. 이것을 이렇게 정리하고 싶네요. '말만' 잘하는 것은 바람직하지 않고 '말도' 잘하는 것이 중요하다고요. 말을 할 때 가장 중요한 것은 말하는 내용입니다. 당연히 진실한 내용이어야 하겠지요.

앞에서 폴 그라이스가 이야기한 대화의 원리 네 가지를 설명한 적이 있습니다. 양의 원리, 질의 원리, 적절성의 원리, 방식의 원리가 그것인데 그중에서 질의 원리에 해당되는 이야기가 음식의 좋은 재료, 진실한 말의 내용을 의미합니다. 어떤 말도 그 내용이 진실해야 한다는 것이 질의 원리니까요.

'말만' 잘하면 안 됩니다. '말도' 잘해야 합니다. 한 사람의 말은 그 사람의 속에 담겨져 있는 인격을 겉으로 드러내는 작업입니다. 그러니 그 좋은 인격을 좋은 말을 통해서 잘 드러내는 것이 중요한 것이지요. 지금부터 좋은 말의 내용을 잘 표현하는 스킬 네 가지, 음성, 시선, 표정, 제스처를 차례로 설명하겠습니다.

말이 빨라서 걱정이에요.

Q 오늘 오후에 임원들을 모시고 중요한 회의를 했습니다. 중요한 회의인지라 자료도 많이 조사하고 정리도 열심히 했습니다. 그리고 회의시간에 발표도 잘했습니다. 열심히 나의 주장을 펼쳤습니다. 그것도 고민하고 연구한 결과를 중심으로 논리를 갖추어서 잘 설명을 했습니다. 그리고 이야기를 마쳤습니다. 마음속으로 후련하기까지 했습니다. 준비한 내용을 잘 설명했으니까요. 그런데 참석한 사람들의 표정이 좋지 않습니다. 무슨 말인지 못 알아듣겠다는 표정들입니다. 그제야 깨닫습니다. 아차, 내가 말을 또 빨리 했구나. 후회가 밀려오지만 이미 때늦은 후회입니다. 말이 빨라서 잘 못 알아듣겠다는 주변 사람

들의 충고를 오랫동안 들어왔던 터라 늘 조심하려고 노력하는데 오늘도 말의 속도 조절에 실패하고 말았습니다. 말이 빨라서 참석자들이 이해를 못했다면 내 의견은 받아들여지지 않을 것이 뻔한데…. 반복되는 이 고민을 어떻게 해야 하나요? 방법이 없을까요?

A 말을 빨리 하는 사람들의 일반적인 고민이네요. 참 힘들고 어려운 문제입니다. 성인이 돼서 말을 빨리 하는 경우는 대부분 어릴 때부터 말을 빨리 해온 습관 탓입니다. 오랫동안의 습관이기 때문에 고치는 것이 쉽지 않습니다. 이것이 문제입니다. 그러나 방법은 있습니다. 대신에 더 많이 노력을 해야겠지요.

가장 먼저 고민해보아야 할 것은 말이 왜 빠른지에 대한 문제입니다. 인간의 모든 언행심사는 두뇌의 명령을 받아 이루어진다는 것은 모두가 알고 있는 사실입니다. 두뇌가 가라고 하니까 가는 것이고 두뇌가 자라고 하니까 자는 것이라는 이야기지요. 그렇다면 말도 우리의 두뇌와 연결이 되어 있지 않을까요? 두뇌의 회전 속도가 빠르면 말의 속도도 빠르고, 두뇌의 회전 속도가 느리면 말의 속도도 느린 것이 아닐까요? 이 통계를 보면 잘 이해가 될 것입니다. 인간의 표준적인 말의 속도는 분당 100단어라고 합니다. 이 속도를 짐작해보자면 아나운서들이 뉴스를 전달할 때보다 조금 천천히 말하는 속도라고 생각하면 될 것입니다. 그리고 빨리 말하는 사람은 분당 200단어를 말한다고 합니다. 보통 사람의 두 배 속도이지요. 그 다음이 중요한데 생각의 속도입니다. 인간은 빨리 생각할 때 분당 800단어를 생각한다고 합니다. 여기에서의 수치는 연구한 학자마다 조금씩 다른데 비교를 쉽게 하기 위해서 평균적인 수치로 이야기하고 있습니다. 비교해보면 생각하는 속도가 말하는 속도보다 4배가 빠릅니다. 여기서 우리가 챙겨보아야 하는 포인트는 말의 속도는 생각의 속도와 연결이 되어 있다는 것입니다. 생각이 빠른 사람은 말도 빠르다고 합니다. 이 말에 한 단어씩만 더 넣으면 이렇게 됩니다. 생각의 속도가 빠른 사람은 말의 속도도 빠르다고요.

　한 개인이 가지고 있는 말의 속도는 그 사람이 가지고 있는 생각의 속도와 연결되어 있습니다. 그래서 말이 빠른 사람들은 대부분 생각이 빠른 사람들이고 이런 사람들을 우리는 성격이 급하다고 말합니다. 따라서 말의 속도가 빠른 사람들은 자신의 생각의 속도를 한번쯤 점검해볼 필요가 있습니다. 여기에서 이야기하는 속도는 말을 할 때 주어진 상황 때문에 빨리 하는 경우를 말하는 게 아닙니다. 편안한 상황인데 말이 빠른 경우를 말하는 것입니다. 말이 빠르다고 생각된다면 자신의 생각을 천천히 하는 훈련을 하면 효과가 있습니다. 그런데 이것이 쉽지는 않을 것입니다. 오랫동안 가지고 있는 습관이기 때문이지요. 그래서 이런 훈련 방법을 추천합니다. 말을 천천히 할 때 자신의 느낌은 말이 느려서 답답할 정도라야 합니다. 자신이 답답하다고 느낄 정도가 되어야 다른 사람들에게는 약간 천천히 했다고 느끼게 할 수 있습니다. 참고로 어느 학자가 한 이야기를 하지요. 성격이 급한 것을 수정하는 훈련 방법을 이렇게 주문합니다. 말을 천천히 하라고요.

생각의 속도 때문에 말의 속도가 빨라진다는 것을 역으로 이용하라는 주문인 듯합니다. 쉽지는 않겠지만 자신의 급함이 자신에게나 다른 사람에게 가끔씩이라도 불편함을 주는 경우라면 훈련할 만한 가치는 있다는 생각이 드네요.

오랫동안 가지고 있는 습관이라서 수정하기 어려운 경우에 할 수 있는 다른 방법이 하나 있습니다. 말을 하는 중간중간에 쉼(pause)을 두는 것입니다. 사람은 말을 할 때 호흡이 필요하고 호흡을 하기 위해서 중간중간에 쉬게 마련입니다. 그때 쉬는 시간을 더 길게 가지라는 것입니다. 2초 정도 쉬는 것을 추천합니다. 이것은 인간이 가지고 있는 감각과 관련이 있는데, 인간은 보이는 것은 0.25초 만에, 들리는 것은 1-3초 만에 받아들인다고 합니다. 우리는 지금 말과 관련된 이야기를 하고 있으니 1-3초의 평균인 2초를 쉬어주라는 것입니다. 그러면 말을 듣는 상대방은 그 시간에 내가 한 말을 자신의 뇌리로 가지고 가게 됩니다. 이 시간을 충분히 해주면서 말을 하면 상대방은 말이 빠르다는 느낌을 갖지 않을 수 있습니다. 비록 음절 속도 자체는 빠르더라도 쉼을 주는 시간에 내용 이해가 되기 때문에 빠르다고 느끼지는 않을 수 있다는 말이지요.

이렇듯 음성의 속도 조절은 상대방이 말하는 내용을 이해하는 것과 관련이 있습니다. 그래서 한 가지 또 중요한 것이 있습니다. 자신의 말의 속도를 상대방의 말의 속도에 맞춰주는 것입니다. 이를 위해서는 상대방의 말의 속도를 먼저 관찰해야 합니다. 관찰을 했는데 상대방의 말하는 속도가 빠르다고 판단되면 그 사람이 생각하는 속도는 어떻겠습니까? 역시 빠르겠지요. 그러면 그 속도에 내 말의 속도를 맞추라는 것입니다. 상대방의 생각의 속도가 빠르다고 판단되면 말을 빠르게 하는 것이 좋고, 상대방의 생각의 속도가 느리다고 판단되면 말을 느리게 하는 것이 좋습니다. 상대방의 생각의 속도가 느린데 내가 빠른 속도로 말하면 상대방은 못 알아들을 것이고, 상대방의 생각의 속도가 빠른데 내가 느린 속도로 말하면 상대방은 답답해할 것입니다. 내가 말하는 속도는 상대방이 생각하는 속도에 맞추는 것이 좋습니다. 그래야 상대방이 내가 하는 말을 잘 이해할 수 있기 때문입니다. 그리고 그 생각의 속도를 판단하는 기준이 그 사람이 말하는 속도인 것이지요.

지금 말의 속도를 이야기하면서 말이 빠른 경우만 이야기를 하고 있는데 반대로 말이 느려서 걱정인 사람들도 있습니다. 그런데 그런 경우는 많지 않습니다. 혹시 있다면 지금까지 설명했던 내용과는 반대로 생각하고 노력하면 되겠지요.

말의 속도와 관련해서는 이렇게 정리가 되네요. 말의 속도 때문에 고민하는 경우는 대부분 말이 빠른 경우인데 음절 속도 자체를 천천히 하고, 호흡을 위해서 쉴 때 충분히 쉬어주고, 상대방의 말의 속도에 맞추어주자는 것으로요.

소통을 위한 대화, 이렇게 하면 돼요

말을 하면 다른 사람들이 정리가 잘 안 된다고 해요.

Q 한참 이야기를 합니다. 열심히 준비하고 나름대로 잘했다고 생각합니다. 그런데 말이 끝나면 꽤 많은 사람들이 이런 질문을 합니다. "무슨 얘기를 한 겁니까? 장황해서 정리가 안 됩니다. 무슨 말인지 모르겠어요." 이 말을 듣는 순간 맥이 빠집니다. 한두 번도 아니고 꽤나 자주 그렇습니다. 중요한 이야기는 사전에 무슨 말을 해야 할지 나름대로 준비를 해서 말을 하는데도 그런 말을 듣습니다. 답답합니다.

A 안타까운 경우이지요. 나름대로 준비도 하고 잘 이야기한 것 같은데 다른 사람들의 반응이 본인이 생각했던 것과는 많이 다르니까요. 내가 한 말을 상대방이 잘 이해하지 못하는 이유는 몇 가지가 있는데 그중에 한 가지가 장황하게 말할 때입니다. 말을 할 때 장황해지는 경우는 사전에 준비를 하지 않거나 긴 문장을 사용하는 경우입니다. 그런데 위의 질문의 경우에는 사전에 준비를 했다고 하니 아마 표현할 때 긴 문장을 자주 사용하는 것으로 보이네요. 말을 할 때는 문장을 짧게 하는 것이 좋습니다. 소위 단문을 사용하는 것이지요. 단문이 한 문장에 주어와 서술어가 하나씩 들어가는 것이라는 것은 이미 알고 있을 것입니다. 그런데 실제로 그렇게 하려면 어렵기도 하지요. 그래서 자꾸 문장을 길게 하는 장문이나 복문을 사용하게 됩니다. 이런 현상은 특히 자신이 이야기하는 내용에 확신이 없을 때 더 두드러

집니다. 단문을 사용해야 하는 이유는 이렇습니다. 사람은 누구나 자기 머리를 써서 정리하는 것을 싫어하는 경향이 있습니다. 이는 곧 누군가가 정리를 해서 주기를 바란다는 말과 다름이 없지요. 말을 할 때 듣는 사람이 머리를 쓰게 하는 말이, 긴 글인 장문과 절과 절을 접속사로 이어가는 글인 복문입니다. 장문이나 복문 형태로 말을 하면 듣는 사람은 그 문장을 자신의 머리로 가져가서 정리를 해야 합니다. 자신의 머릿속에서 단문으로 자르는 작업을 해야 한다는 것이지요. 그런데 말을 할 때 단문을 사용하면 상대방이 한 번 더 하는 수고를 덜어주게 됩니다. 당연히 이해도 잘 되는 것이고요.

그래서 말을 할 때는 문장을 짧게 구사하는 단문을 즐겨 사용하는 것이 효과적입니다.

강조하고 싶은 내용은 어떤 방법으로 강조하나요?

Q 누군가와 짧지 않은 시간 동안 이야기를 나누다 보면 내가 하는 말도, 상대방이 하는 말도 모두 다 중요한 것은 아니라는 것을 알 수 있습니다. 대화 중 나누는 여러 가지 내용 중에서 정말로 중요한 것은 한두 가지일 경우가 많습니다. 그렇다면 중요한 한두 가지를 상대방에게 잘 강조해서 어필하는 것이 중요할 텐데 그 내용을 어떻게 강조하나요?

A   그렇습니다. 5분 동안 말을 한다고 해도 5분 동안 하는 말이 모두 상대방에게 중요한 것은 아닙니다. 그중에서 상대방에게 기억시키고 싶은 내용은 한두 가지일 것입니다. 그 한두 가지를 강조하는 방법이 몇 가지 있습니다.

1. 강조하고 싶은 단어나 문장을 반복합니다.

반복의 원리를 활용하는 것인데 자주 만나는 사람에게 친근감을 느끼는 것과 같은 원리입니다. 반복 원리의 예를 들어보겠습니다. 여기 가수가 한 명 있습니다. 데뷔한 지는 5년이나 지났는데 아직도 잘 알려지지 않은 소위 무명 가수입니다. 그런데 어느 날 그에게 일주일에 한 번씩 방영되는 예능 프로그램에 출연하는 행운의 기회가 왔습니다. 쉽지 않은 기회를 잡은 터라 그 무명 가수는 정말 열심히 했습니다. 그래서 중도하차 없이 그 프로그램에 6개월째 출연하고 있습니다. 이제 시청자들이 서서히 그의 이름을 알게 됩니다. 매주 한 번씩 보는 얼굴이다 보니 그 사람에 대한 관심이 생겼고 그가 하는 노래도 찾아 듣게 되었습니다. 드디어 그 가수가 무명에서 벗어나는 순간입니다.

이런 일이 TV에서 가끔 벌어집니다. 이것이 반복의 힘입니다. 일주일에 한 번씩 반복적으로 얼굴을 접하다 보니까 관심을 갖게 되는 것이지요. 이 원리를 강조하고 싶을 때 활용하는 것입니다. 이야기하는 중간에 강조하고 싶은 단어와 내용을 반복하면 그 단어나 내용이 상대방에게 더 잘 각인되게 됩니다. 이 내용을 잘 이해할 수 있는 부분이 이런 경우입니다. 대통령이 연두 가지회견을 비롯한 스피치를 하면 기자들이 항상 그 후에 하는 작업이 있습니다. 무슨 단어가 가장 많이 나왔느냐 하는 것을 찾아서 분석합니다. 그래서 가장 많은 빈도수를 차지한 단어를 그 스피치에서 가장 중요한 이슈로 선택을 합니다. 이것도 반복의 원리와 관계가 있습니다.

2. 강조하고 싶은 단어 앞에서 쉼(pause)을 길게 합니다.

말을 할 때 쉼을 활용하는 것은 상대방에게 말하는 내용을 이해시키기 위한 좋은 방법입니다. 호흡을 위해서 쉴 때 2초 정도를 쉬어주는 것이 좋습니다. 그러면 듣는 사람은 그 2초 동안에 말하는 사람이 말한 내용을 자신의 머릿속으로 가져갈 수 있습니다. 그런데 강조를 하기 위해서는 2초보다 조금 더 쉬어주는 것이 좋습니다. 3초나 4초를 쉬어주는 것입니다. 사람은 쉬었다가 나오는 첫 단어를 잘 기억한다고 합니다. 따라서 강조하고 싶은 단어 앞에서는 3, 4초를 쉬어주는 것이 좋습니다.

3. 말의 톤에 변화를 줍니다.

이 방법도 변화와 관련이 있습니다. 일정한 톤을 유지하다가 톤에 변화를 주면 상대방의 주의를 집중시키는 효과가 있습니다. 일반적으로 강조를 하기 위해서는 톤을 높여야 하는데 항상 그렇게 해야 하는 것은 아닙니다. 톤을 높이는 경우는 지금까지 말하는 동안 톤이 낮은 경우에만 해당합니다. 이야기해오던 톤이 높은 경우에는 오히려 톤을

소통을 위한 대화, 이렇게 하면 돼요

낮추는 것이 강조를 살리는 방법입니다. 변화와 관련이 있다는 말은 자신이 평소에 가지고 있는 톤에서 변화를 주는 것을 말하는 것입니다. 평소의 톤이 낮으면 높여서 강조를 하고, 평소의 톤이 높으면 낮추어서 강조를 하는 것입니다.

4. 강조하고자 하는 단어를 길게 발음합니다.

이 방법도 역시 변화와 관련이 있습니다. 강조하고 싶은 단어를 길게 발음하면 지금까지와는 다른 발음이기 때문에 상대방의 귀에 잘 들어갈 수 있습니다. 강조가 된다는 말이지요. 길게 발음을 한다고 해서 장음 처리를 한다고 말하기도 합니다.

지금까지 말을 할 때 강조하는 방법을 설명했습니다. 모두 네 가지 방법입니다. 강조하고 싶은 단어나 문장을 반복하는 것, 강조하고 싶은 단어 앞에서 쉼을 길게 주는 것, 말의 톤에 변화를 주는 것, 강조하고자 하는 단어를 길게 발음하는 것, 이 네 가지를 잘 활용하면 자신이 강조하고자 하는 내용을 더 부각시킬 수 있습니다.

말을 할 때 시선은 어디에 두어야 하나요?

Q 말을 할 때 시선 처리가 불안정해서 힘들 때가 많습니다. 상대방의 눈을 직접 보기도 힘들고, 그렇다고 다른 곳을 보고 말하자니 상

대방이 성의가 없다고 생각할 것 같기도 하고, 도대체 시선을 어디에 두고 말해야 하는지를 모르겠습니다.

A 말을 할 때 시선 처리는 정말 중요합니다. 이것을 이해하기 위해서 시선이 가지고 있는 일반적인 기능을 먼저 알아보겠습니다. 시선의 대표적인 기능은 네 가지입니다. 첫째는 대화를 하고 싶다는 의사를 나타내는 기능입니다. 우리는 누군가와 대화를 하고 싶을 때 그 사람을 먼저 쳐다보게 됩니다. 그러고 나서 말을 하게 되지요. 이것을 말하는 것입니다. 둘째는 감정을 주고받고 싶어하는 기능입니다. 누군가에게 시선을 주는 경우는 그 사람과 감정을 더 나누고 싶은 마음을 표현하는 경우입니다. 팔짱을 끼고 걸어가고 있는 연인들을 보면 추측이 가능한 사실이 하나 있습니다. 누가 누구를 더 사랑하고 있을까 하는 것을 짐작할 수 있기도 합니다. 대개의 경우는 연인들끼리도 상대방을 더 많이 보는 사람이 더 사랑하는 쪽이라고 합니다. 사랑의 감정을 더 많이 주고 싶어하기 때문이라고 하네요. 셋째는 대인관계의 성격을 규정해주는 기능입니다. 일반적으로 지위의 높이가 다른 사람들 간의 대화에서는 지위가 높은 사람이 낮은 사람을 보는 시간이 더 많다고 합니다. 아마도 지위라는 것이 이야기하기를 더 편하게 만들어주기 때문인 것 같습니다. 넷째는 상호작용의 정도를 의미하는 기능입니다. 시선을 더 많이 주고받으면 그만큼 서로 상호작용을 더 많이 하고 있다는 것을 의미한다는 말입니다. 이런 기능들을 참고할 때 말을

할 때 상대방을 보는 것이 중요하다는 것을 알 수 있습니다.

시선의 기능 중에서 상호작용의 기능을 조금 더 구체적으로 설명하겠습니다. 우리는 대화라는 수단을 통해서 서로 소통을 합니다. 각자가 가지고 있는 뜻과 생각을 나누어서 오해가 없도록 하는 것이지요. 이 상호작용 중에 직접적인 상호작용의 역할을 하는 것은 오고가는 말입니다. 시선은 간접적인 상호작용의 역할을 하는데, 대화하는 내용을 상대방에게 더 강하게 인식시키는 역할을 하는 것이지요. 서로 대화를 할 때 시선을 주고받지 않는다고 생각해보세요. 말을 하는 사람도, 말을 듣는 사람도 더 이상 대화를 하고 싶은 생각이 들지 않을 것입니다. 그 순간 상호작용은 단절되고 말겠지요. 이렇듯 시선을 주고받으면서 대화하는 것은 중요합니다.

말할 때 시선을 주는 이유는 두 가지 때문입니다. 하나는 수용 정도이고 다른 하나는 동의 정도입니다. 먼저 수용 정도는 말을 하면서 상대방의 시선을 통해서 내 말이 어느 정도 받아들여지고 있는지를 읽어내는 것을 말합니다. 동의 정도는 상대방이 내 말에 수긍하고 동의를 하는지를 읽어내는 것을 말합니다. 수용 정도와 동의 정도는 대화에서, 특히 비즈니스 대화에서는 매우 중요한 핵심 포인트들이지요.

그런데 눈을 보면서 말을 하는 것이 어려울 때가 있습니다. 자신보다 나이가 많거나, 직급이 높거나, 이성일 경우에는 눈을 보면서 말하는 것이 쉽지가 않습니다. 그렇다고 눈을 보지 않고 말을 해서는 안 됩니다. 상호작용이 안 되니까요. 이럴 때에는 눈 주위를 보는 것이 좋습니다. 눈을 보기 어려울 때는 상대방의 미간이나 콧등을 보고 이야기하면 훨씬 더 편해집니다. 이 부분은 경청 스킬에서 한 번 이야기했던 내용인데 말할 때나 들을 때의 시선 처리가 같다는 의미이지요. 반복해서라도 꼭 전하고 싶은 말은 눈맞춤을 영어로 Eye contact라고 했는데 이제부터는 Eye communication이라고 해야 한다는 것입니다. 상호작용의 수단이기 때문이지요.

말을 할 때 표정과 제스처는 어떻게 해야 하나요?

Q 말을 할 때 표정은 어떻게 해야 할지, 손을 어디에 두어야 할지, 자세는 어떻게 해야 할지 고민입니다. 바람직한 방법이 있나요?

A 표정과 제스처를 잘 활용하기 위해서는 언어와 비언어를 먼저 구분해서 이해하는 것이 중요합니다. 이것을 영어로 설명하면 쉽게 이해가 될 것입니다. 언어는 영어로 verbal이고, 비언어는 영어로 nonverbal입니다. 두 단어 중에서 먼저 생긴 것은 verbal일 것입니다. 그리고 verbal이라는 단어를 사용하다가 무언가 부족해서 접두어 non을 붙여서 nonverbal을 만든 것이겠지요. 언어학적인 연구는 어떻게 되는지 모르겠지만 단어의 모양으로 보아서 틀리지는 않을 것입니다. 이렇게 정리하면 되겠지요. nonverbal인 비언어는 verbal인 언어를 도와주기 위해서 만들어졌다고요. 그렇습니다. 비언어의 기능은 언어를 도와주는

역할, 보충해주는 역할, 강조해주는 역할을 합니다. 언어에 포함되는 것이 말 그 자체이고, 비언어에 포함되는 것이 시선, 표정, 제스처, 말투입니다. 이 내용을 이해하면 비언어인 표정과 제스처를 왜 사용하는지를 알 수 있습니다. 지금 하고 있는 말의 내용을 도와주고 강조해주기 위해서 사용하는 것이지요. 그래서 가장 중요한 것이 표정이든 제스처든 하고 있는 말의 내용과 같은 내용으로 해야 한다는 것입니다.

먼저 표정을 보겠습니다. 말을 할 때의 표정은 기본적으로는 잔잔한 미소가 좋습니다. 상대방에게 호감을 줄 수 있기 때문이지요. 그러다가 진지한 이야기를 할 때는 진지한 표정으로 바꿉니다. 그리고 표정은 말하는 내용에 맞는 것이 바람직합니다. 지금 하고 있는 말의 내용이 슬픈 이야기면 슬픈 표정을, 기쁜 이야기면 기쁜 표정을 짓는 것이 좋습니다. 그래야 하고 있는 말이 더 슬픈 느낌을, 더 기쁜 느낌을 갖게 됩니다.

제스처도 마찬가지입니다. 지금 하고 있는 말의 내용과 같은 의미의 제스처를 사용해야 합니다. 강하게 말할 때는 제스처를 강하게 하고, 부드럽게 말할 때는 제스처를 부드럽게 하는 것입니다. 말을 할 때 가장 많이 활용하는 제스처는 손동작인데 그 손동작이 하고 있는 말의 내용과 관련이 있어야 합니다. 내용과 관련이 있을 때는 제스처가 되지만 내용과 관련이 없는 손동작은 그냥 손짓에 불과합니다. 손동작이 제스처가 되면 하고 있는 말을 강조해주는 효과가 있지만, 손동작이 손짓이 돼버리면 하고 있는 말의 내용을 흐트러뜨리는 역효과를 내게 됩니다.

셋째 마당

—

실전편

01 설득하기
이럴 땐 이런 설득 방법을!

설득이 무엇인가요?

Q 우리는 인생을 살면서 설득을 하기도 하고, 설득을 당하기도 합니다. 그리고 그 사실은 가정생활과 직장생활을 비롯한 모든 삶에서 예외가 없습니다. 특히 주어진 목표를 달성하기 위해서 누군가와 협업을 해야 하는 조직생활에서는 설득이 필연입니다. 매일매일을 설득을 하며 살아가고 있다고 해도 과언이 아닐 거예요. 그리고 누구나 설득을 잘하고 싶어합니다. 자신이 누군가를 설득할 때는 잘하고 싶고, 누군가로부터 설득을 당할 때는 잘 방어하고 싶습니다. 그러기 위해서는 설득이 무엇인지를 아는 것이 중요할 것 같습니다. 설득이 무

엇인지를 정확하게 이해하면 설득을 더 잘할 수도, 설득을 덜 당할 수도 있을 것 같아요. 설득이 무엇인가요?

A 그렇습니다. 설득이 무엇인지를 먼저 정확하게 이해한다면 설득에 관한 방법들을 찾아가는 길이 쉽게 보일 거예요. 도대체 설득이란 게 무엇일까요? 자주 하기도 하고 듣기도 하는 말인데 말로 설명하기는 쉽지가 않습니다. 그래서 예를 들어 설명하겠습니다.

여기 미혼의 총각이 있습니다. 괜찮은 직장에 다니고 있는, 나름 괜찮은 총각입니다. 총각은 오랫동안 마음에 두고 있는 아가씨가 있습니다. 3년 동안 같은 직장에 근무하면서 점점 좋아지기 시작했고, 지금은 결혼까지 하고 싶은 아가씨입니다. 그러나 아직은 직장 동료 이상은 아닌 상태입니다. 좋아한다는 말을 하지 못하고 가슴에만 담고 있습니다. 다행스러운 것은 그동안 지켜본 바로는 아직은 남자 친구가 없는 것으로 확인되었다는 사실입니다.

그러던 어느 날, 큰맘 먹고 그 아가씨에게 프러포즈를 했습니다. 분위기 좋은 이탈리안 레스토랑으로 초대를 해서 맛있는 스파게티와 함께 부드럽고 향기 나는 와인을 마시고 난 후, 정성스럽게 준비한 장미꽃 다발을 건네주며 좋아한다고 고백을 했습니다. 그리고 정식으로 사귀자고 말했습니다. 정말이지 큰 용기를 낸 고백이었습니다. 그러나 그녀로부터 돌아온 말은 '노'라는 답변이었습니다. 아가씨는 총각을 직장 동료 이상으로 생각해본 적이 없다는 것입니다. 결국 프러포즈는 실패로 돌아갔습니다.

다시 혼자가 된 총각. 그 아가씨를 포기하려고, 잊으려고 노력했습니다. 그러나 헛일. 잊으려고 하면 할수록 아가씨는 총각의 마음을 더 깊이 파고들었습니다. 총각은 결심을 했습니다. '예스'라는 답을 얻어내기 위해 최선을 다하기로 마음을 먹었습니다. 그로부터 6개월 동안 총각의 노력은 정말로 대단했습니다. 자신의 일이 먼저 끝나도 남아서 기다리다가 아가씨를 집에까지 데려다주기도 하고, 자신이 응원하는 프로 야구팀을 아가씨가 좋아하는 팀으로 바꾸기까지 했습니다. 아가씨 친구들의 모임에 나가 모두에게 한턱 쏘기도 하고, 아가씨가 좋아한다는 뮤지컬을 졸면서까지 보기도 했습니다. 눈물겹게 노력하기를 6개월, 드디어 아가씨로부터 '예스'라는 대답을 들을 수 있었습니다. 드디어 자신의 뜻을 이룬 것입니다.

이것이 설득입니다. 처음 시도한 프러포즈에서 아가씨는 '노'라고 자신의 행동을 결정하고 답변을 했습니다. 그런데 총각의 6개월간의 엄청난 노력 끝에 드디어 아가씨가 '예스'라고 결정을 하고 그렇게 말했습니다. 자신의 마음을 바꾸고 이어서 행동을 바꾼 것입니다. 이것이 설득입니다. 정리하면 설득은 상대방의 행동을 자신이 원하는 대로 변화시키는 것입니다.

이번에는 직장의 예를 들어보겠습니다. 이대리는 지시 받은 프로젝트 계획서를 일주일 동안 밤을 새워가며 멋지게 준비했습니다. 이 정도면 충분하다는 생각으로 김팀장에게 보고를 했습니다. 그런데 김팀장은 사인을 하지 않습니다. 그러면 일주일 동안 고생하면서 만든 보고서의 다음 갈 장소는 어디입니까? 한 군데밖에 없습니다. 쓰레기통입니다. 왜냐고요? 김팀장이 이대리가 원하는 대로 결재를 하지 않았기 때문입니다. 즉 설득에 실패했기 때문입니다. 김팀장으로부터 큰 줄기를 다시 설명 들은 이대리는 이틀 동안 수정한 계획서를 가지고 다시 김팀장 앞에 섰습니다. 보고서를 자세히 훑어본 김팀장이 드디어 사인을 했습니다. 설득에 성공한 것입니다.

앞의 두 가지 경우에서 보는 것처럼 설득이란 자신이 의도하는 대로 상대방이 행동을 바꾸도록 하는 것입니다.

설득을 정의한 학자들이 여럿 있는데 대부분의 학자들도 상대방의 행동 변화에 초점을 두고 있습니다. 대표적인 몇 학자의 정의를 들어 보겠습니다.

수사학의 시조라 불리는 코락스(Corax)는 '설득은 청중으로부터 화자가 바라는 반응을 불러일으키기 위한 기술'로 정의했습니다. 100여 년이 지난 후에 아리스토텔레스는 '설득은 공신력에 대한 평판인 에토스(인격)에 토대를 두며, 논리적인 논증 기술인 로고스(논리)와 청자의 감정을 이끌어낼 수 있는 파토스(감정)를 사용한다'고 정의했습니다. 칼 호브란드는 '설득이란 언어적 자극을 통해 화자가 바라는 목표를 달성하고자 청자의 행동을 유발하는 과정'이라고 정의하였고, 베이컨은 '설득이란 다른 사람의 의지를 유발하기 위하여 감성에다가 이성을 결부시키는 수단'이라고 정의했습니다.

모두 네 사람의 정의를 살펴보았습니다. 고대 학자인 코락스와 아리스토텔레스는 다수의 청중을 앞에 두고 하는 스피치를 염두에 두고 설득을 정의하였고, 중세 이후의 학자인 칼 호브란드와 베이컨은 서로 마주 보고 하는 대화를 염두에 두고 정의하였다는 점이 다릅니다. 고대에는 스피치가, 중세 이후에는 대화가 연구 대상이었음을 알 수 있는 대목이기도 합니다. 그럼에도 설득의 최종 목표가 한 사람이든 여러 사람이든 상대방을 자신이 의도한 대로 행동하도록 하는 것이라는 점은 동일합니다.

설득을 잘하기 위한 연구는 언제부터 시작되었나요?

Q 직장인의 삶이란 것이 끊임없이 다른 사람들을 설득하면서 살아야 하는 운명인 것 같습니다. 결재를 안 해주려고 하는 상사를 설득해서 결재를 받아내야 하고, 우리 상품을 선택하지 않으려는 고객을 설득해서 상품을 사도록 만들어야 하고, 업무 협조를 하지 않으려는 다른 팀 동료를 설득해서 협조하도록 해야 하고, 매일매일이 설득의 연속인 것 같습니다. 어디 직장에서뿐이겠습니까? 가정생활에서도 마찬가지이지요. 공부를 해야 하는 중학교 2학년 아들이 하루에 다섯 시간이나 게임을 한다면 어떻게든 설득을 해서 게임 시간을 줄이게 해야 하고, 연예인이 좋아서 지나칠 만큼 보이 그룹을 따라다니는 초등학교 5학년 딸 역시 설득해서 따라다니는 시간을 줄이게 해야 하고…. 사는 게 설득의 연속인 것 같습니다. 도대체 언제부터 우리 인간이 설득에 신경을 쓰게 되었나요? 아마도 설득을 잘하는 방법이 있을 텐데

언제, 누가 그 방법을 처음 고민했나요? 우선 그것을 알고 싶습니다.

A 맞습니다. 직장인이라면 누구나 다른 사람들을 설득하면서 살아갈 수밖에 없습니다. 자신이 하는 일을 통해서 성과를 내야 하고 그 성과를 만들어가는 과정에서 누군가를 설득해야 하는 것은 피할 수 없는 직장인의 운명이지요. 그러니 설득이 무엇인지를 아는 것이 매우 중요한데 우선 설득의 출발부터 알아보겠습니다. 도대체 언제, 누가, 처음으로 설득을 고민했을까요?

B.C. 476년 그리스 남부에 있는 시실리 지방에 트라시발루스(Thrasybalus)라는 독재자가 있었다고 합니다. 독재를 하는 동안 많은 사람들의 재산과 시민권을 빼앗았다네요. 그러다가 어느 날 독재자의 자리에서 쫓겨났습니다. 그러자 많은 시민들이 그에게 빼앗겼던 재산과 시민권을 되찾으려고 법정에서 재판을 하게 되었습니다. 아마도 이런 형태였을 것 같습니다. 재산과 시민권을 되찾고자 하는 한 명의 시민이 여러 명의 심판관들과 청중들 앞에서 자신의 주장을 펼치는 스피치를 했을 것이고, 그 스피치가 끝나고 나면 심판관들이 판결을 했을 것입니다. 이때 그 판결에 영향을 주었던 것은 근거나 증거의 자료들과 스피치 능력이었을 것으로 짐작됩니다. 따라서 일반 시민들은 자신이 주장하고자 하는 바를 잘 정리해서 효과적으로 표현하는 것이 중요했겠지요. 그런데 많은 시민들이 법정에서 심판관들을 설득하는 데 실패를 하는 것입니다. 자신의 재산과 시민권을 다시 찾아오지 못하

는 억울한 일이 발생한 것입니다.

이때 등장하는 인물이 있습니다. 코락스라는 사람입니다. 일반 시민들이 법정에서 심판관들을 설득하는 데 실패하자, '어떻게 하면 이들이 자신의 의견이나 주장을 잘 정리해서 다른 사람들 앞에서 제대로 표현하게 할 수 있을까?' 하는 참 좋은 마음으로 시민들을 가르치기 시작했습니다. 그때 사용했던 교재가 B.C. 470년에 발간된 《수사술(Rhetorike Teche)》이라는 것입니다. 이것이 수사학의 출발입니다. 코락스는 이 책에서 수사학이란 '청중으로부터 화자가 바라는 반응을 불러일으키기 위한 설득술(art of persuasion)'이라고 정의했습니다.

이 이야기를 하는 이유는 사람 이름이나 연대를 알고자 함이 아닙니다. 인간이 말을 조금이라도 더 잘해보고자 했던 이유를 알아보기 위해서입니다. 말을 조금이라도 더 잘해보고자 했던 이유는 다른 사람을 설득하기 위해서라는 것을 알 수 있습니다. 그리고 지금은 설득이라는 것이 한 사람이 다른 한 사람을 대상으로 하는 것으로 일반적으로 인식되고 있는데, 위의 역사적인 사실에서 보는 것처럼 설득의 첫 출발은 한 사람을 상대로 하기보다는 많은 사람들, 즉 청중을 대상으로 한 것이었습니다. 설득의 시작은 대화를 중심으로 한 것이 아니라 스피치를 중심으로 했다는 사실도 알 수 있지요. 그리고 그 시도를 처음 한 사람이 코락스인 것입니다. 수사학의 시조인 셈이지요.

인간이 조금이라도 말을 더 잘하기 위해 노력한 것은 그 목적이 설득에 있었다는 것, 그리고 대화보다는 스피치 분야에 있었다는 것을 알 수 있었네요.

알겠다고 해놓고 행동을 바꾸지 않는 이유는 무엇인가요?

Q 설득의 목적이 상대방의 행동을 변화시키는 데 있다고 하는데 이런 경우는 어떻게 설명할 수 있나요? 대화하는 현장에서는 알겠다고, 그렇게 하겠다고 해놓고 실제로는 자신의 행동을 바꾸지 않는 사람들은 왜 그럴까요? 설득하는 과정에서 무엇이 잘못돼서 그런 걸까요?

A 그렇습니다. 그런 사람들이 있지요. 간혹 설득하기 어려운 사람이 있습니다. 이런 사람을 두고 우리는 고집이 센 사람이라고 합니다. 이 말을 품위 있는 말로 정리하면 신념이 강한 사람이라고 하거나 가치관이 확실한 사람이라고 합니다. 이 말이 무슨 뜻인지 정리해보겠습니다. 그러면 설득의 대상이 분명해지기 때문입니다. 여기에서 대상이라고 하는 것은 어떤 사람을 지칭하는 것이 아니라 그 사람의 내면 중에 어떤 부분을 대상으로 설득을 할 것인가를 의미합니다.

예를 들어서 설명해보겠습니다. 여기에서의 예는 주 52시간제의 예외에 해당하는, 그래서 바쁠 때는 가끔 야근을 해야 하는 조직의 경우입니다. 설득의 과정을 이해하기에 가장 좋은 예이기 때문입니다. 신세대 사고방식이 투철해서 퇴근시간을 철저하게 지키는 한 젊은 사원이 있습니다. 퇴근시간인 여섯 시가 되기가 무섭게 가방을 들고 사무실을 나가버립니다. 물론 법적으로는 아무런 문제가 없습니다. 그런데 다른 선배 사원 다섯 명은 월말까지 반드시 해내야 하는 프로젝트 때문에 여섯 시를 넘겨서 보통 두세 시간 정도는 더 일하고 퇴근하는 생활을 한 달째 하고 있습니다. 이럴 때는 함께 남아서 이런저런 일을 도와주어야 하는 것이 조직의 일이라는 것을 그 젊은 사원은 전혀 모르는 것 같습니다. 이런 후배를 그냥 두어서는 안 된다고 생각했습니다. 그의 태도가 지금 당장도 문제가 되지만 앞으로 함께 일해나가는 데 문제가 될 것이 뻔하기 때문입니다. 설령 지금의 부서가 아니라 다른 부서에 가더라도 마음가짐을 바꾸어야 한다고 생각했습니다.

설득은 상대방의 행동을 변화시키는 것이라고 했습니다. 현재 젊은 사원의 행동은 팀은 바쁜데 정시에 칼같이 퇴근하는 것입니다. 이것이 문제 행동이라면 변화시키려는 방향은 바쁠 때는 퇴근 후에도 남아서 선배들은 돕게 하는 것입니다. 이러한 설득을 할 때 상대방이 행동으로 변화를 주기까지 그의 내면에는 어떤 변화가 일어나는지를 보겠습니다.

팀장이 젊은 사원과 마주 앉았습니다. 지금의 팀 상황이 얼마나 바쁘고 젊은 사원에게 바라는 바는 무엇이라는 것을 이야기했습니다. 그러자 그 사원은 팀장에게 자기는 그런 줄 몰랐다고 죄송하다고 하며 앞으로는 함께 남아서 선배들을 돕겠다고 했습니다. 그리고 그날 저녁부터 여섯 시 이후에도 남아서 선배들을 돕기 시작했습니다. 팀장의 입장에서 보면 설득에 성공한 것입니다. 이 과정에서 보면 최종적으로는 행동의 변화를 주었습니다. 여섯 시 이후에도 남아서 선배들을 돕는 행동입니다. 그런데 그 전에 팀장과의 면담 자리에서는 알겠다고, 앞으로는 남아서 선배들을 돕겠다고 말을 했습니다. 즉 행동을 하겠다고 입으로 고백을 한 것입니다. 달리 표현하면 의견을 냈다는 것이지요. 그리고 그 의견을 말하기 전에 아마도 내면에 이런 변화가 있었을 것입니다. '맞다. 팀장님 말씀을 들어보니까 내가 잘못했구나.' 아마 이런 마음이 생기지 않았을까요? 이것을 태도 변용이라고 말합니다. 의견을 말하기 전에 태도의 변화가 먼저 생기는 것이지요. 쉽게 말하면 말하기 전에 마음이 먼저 바뀐다는 말입니다. 정리하면 행동을 바꾸기 전에 말을 하고, 말을 하기 전에 마음을 바꿉니다. 마음을 바꾸는 것이 가장 먼저입니다. 그리고 그 바꾼 마음의 상태를 겉으로 표현하는 의견을 내고, 그 의견대로 자신의 행동을 바꾸게 됩니다. 이것이 설득에 이르기까지의 과정입니다. 그래서 설득의 대상은 상대방의 마음이 되어야 합니다. 그 사람의 마음을 잘 공략하는 것이 설득에 이르는 지름길입니다.

그런데 그 마음을 바꾸지 않으려는 사람이 있습니다. 설득하기가 어려운 사람이지요. 그런 사람을 두고 우리는 고집이 센 사람이라고 말합니다. 그 사람의 신념은 강하고 가치관은 확실합니다. 설득할 때 상대방의 신념이나 가치관을 자신이 원하는 대로 바꾸어놓는 것은 매우 어렵습니다. 오히려 자신이 확신하고 있는 신념이나 가치관에 반하는 이야기를 들으면 더 반감을 가지게 될 수도 있습니다. 따라서 특별한 목적이 없는 한 신념이나 가치관을 상대로는 설득을 시도하지 않는 것이 나을 것입니다. 설득을 위해서는 상대방의 마음을 바꾸는 것에 초점을 맞추어야 합니다.

설득하는 데도 방법이 있겠지요?

Q 조직생활 자체가 다른 사람을 늘 설득해야 하는 삶이라는 것을 잘 알겠습니다. 그리고 그 설득에 성공하는 것이 조직생활에서 성공하는 것이라는 생각도 드네요. 그런데 설득이 필요한 때가 늘 같은 상황은 아닌 것 같아요. 가장 기본적으로는 자신의 목표를 달성하기 위해서 설득을 하지만 때로는 설득 대상자와의 인간적인 관계를 고려해야 하는 상황도 있을 것이고, 그 반대로 너무나 당연한 이야기인데도 설득을 거부하는 사람도 있을 테고, 이러한 다양한 상황들이 있을 것 같아요. 이렇게 다양한 상황 속에서 설득을 잘하려면 설득의 방법도 다양해야 할 것이라고 생각되는데 어떤가요? 그것이 궁금합니다.

A 그렇습니다. 설득을 해야 하는 상황은 그야말로 다양합니다. 목적 달성을 해야 하는 상황, 인간관계를 고려해야 하는 상황, 반복적인 설득에도 행동하지 않는 상황 등 여러 가지 다양한 상황들이 있지요. 따라서 설득하는 방법도 다양하게 해야 합니다. 상황에 맞는 설득을 하기 위해 상황에 따라 다른 방법으로 시도해야 합니다. 그래야 성공 가능성이 높기 때문입니다. 그렇다면 상황에 따라 어떤 방법으로 설득을 해야 할까요? 전통적인 설득 방법 세 가지를 소개하겠습니다. 감성 설득, 이성 설득, 위협 설득입니다. 이 세 가지 방법이 설득의 기본이자 기준입니다. 설득을 위한 다른 여러 가지 방법들은 이 세 가지로

부터 생겨 나온 가지들이라고 보면 될 것입니다. 이 세 가지 방법은 다음과 같습니다.

1. 감성 설득입니다.

이것은 상대방의 감성이나 감정 또는 가치관 등에 메시지를 전달하여 설득하는 방법으로 상대방에게 좋은 기분을 만들어주어 자신이 하는 주장을 잘 받아들이도록 하는 것입니다.

2. 이성 설득입니다.

이것은 자신의 신념이나 의견을 주장할 때 그것을 뒷받침해주는 실증적이고 논리적인 자료들을 제시해서 상대방으로 하여금 주장을 쉽게 받아들이도록 하는 방법으로 상대방이 메시지의 내용을 잘 이해하게 함으로써 메시지의 주장을 잘 받아들이도록 하는 것입니다.

3. 위협 설득입니다.

이것은 메시지에서 위기감을 줄 수 있는 사실 등을 들어 상대방의 정서적 긴장감을 야기시켜서, 상대방으로 하여금 자신의 주장이나 권고를 받아들이도록 하는 방법으로 불안으로부터 해방되고 싶어하는 인간의 심리적 동기를 이용한 것입니다.

이 세 가지 설득 방법은 각각 독립적으로 사용되는 것이 일반적입니다. 꼭 그런 것은 아니지만 일반적인 순서는 감성 설득, 이성 설득,

위협 설득입니다. 먼저 인간적으로 부드럽게 이야기를 해보고 안 되면 논리를 들어 이성적으로 설득합니다. 그래도 안 되면 마지막 수단으로 위협적으로 설득합니다. 이 세 가지 방법을 잘 기억하고 있으면 자신에게 주어지는 다양한 상황에서 다양한 방법으로 다른 사람들을 잘 설득할 수 있습니다.

이 세 가지 방법이 각각 어떻게 설득하는 것인지 하나씩 설명하겠습니다. 설득의 방법과 절차를 쉽게 이해하기 위해서는 사례를 들어서 설명하는 것이 좋은 방법이기에 여기에서도 한 가지 사례를 가지고 이해를 위한 설명에 도움이 되도록 하겠습니다. 감성, 이성, 위협의 세 가지 설득 방법 중에 어느 방법을 사용하는 것이 좋은가 하는 것은 그 상황이 어떠한가에 따라 다릅니다. 그런데 여기에서는 세 가지 설득 방법을 익히는 것이 중요하기 때문에 한 가지 사례로 세 가지 설득 방법을 설명하겠습니다. 그래야 세 가지 설득 방법이 분명하게 이해될 수 있기 때문입니다.

사례는 직장에서 흔히 볼 수 있어서 누구나 공감할 수 있는 상황을 선택했습니다. 요즘 팀장들이 많이 고민하는 문제이기도 합니다. 팀장이 새로운 업무를 지시했는데 자신의 일이 아니라고 하지 않겠다고 하는 팀원을 설득하는 경우입니다. 물론 팀장의 입장에서는 여러 가지를 검토해볼 때 이 일은 그 팀원이 하는 것이 맞다고 판단한 것입니다. 요즘 들어 젊은 세대의 직장인들 사이에서 가끔 볼 수 있는 모습이기도 해서 선택을 해보았습니다. 신입사원은 아니고 입사해서 함께 근무한 지 2년쯤 되는 젊은 사원입니다. 각각의 설득 방법을 설명할 때 이 사례를 가끔 동원해서 이해하기 쉽도록 하겠습니다.

1) 감성 설득 _인간적으로 부드럽게 설득하기

감성 설득은 어떻게 하는 것인가요?

Q 감성 설득은 상대방의 감성이나 감정 또는 가치관 등에 메시지를 전달하여 설득하는 방법으로 상대방에게 좋은 기분을 만들어주어 자신의 주장을 잘 받아들이도록 하는 것으로 알고 있습니다. 여기에서 감성이라는 용어를 보면 사람의 마음을 움직이는 것과 관련이 있는 것 같은데 맞나요? 감성을 통해서 설득을 한다는 것은 무엇을 어떻게 하는 것이고, 상대방의 어떤 감성을 자극하는 것인가요?

A 그렇습니다. 감성 설득에서의 감성은 상대방의 감성을 말하는 것입니다. 감성 설득은 상대방의 감성이나 감정 또는 가치관 등에 메시지를 전달하여 설득하는 방법으로 상대방에게 좋은 기분을 만들어주어 자신이 하는 주장을 잘 받아들이도록 하는 것입니다. 감성 설득은 상대방의 기분을 좋게 한다는 이유 때문에 앞에서 말한 방법편의

'부드럽게 말하기'와 관련이 있습니다. 그렇다면 먼저 감성, 감정, 가치관이 무엇인지를 알아야 하겠지요. 문자적인 정의는 이렇습니다. 감성은 '자극이나 자극의 변화를 느끼는 성질', 감정은 '어떤 현상이나 일에 대하여 일어나는 마음이나 느끼는 기분', 가치관은 '가치에 대한 관점, 즉 자기를 포함한 세계나 그 속의 사상(事象)에 대하여 가지는 평가의 근본적 태도'입니다. 무슨 말인지 쉽게 이해가 되지 않지요? 특히 감성과 감정의 구분이 어렵습니다. 두 용어의 구분은 방법편 '공감하며 말하기'에서 언급을 했습니다. 여기에서는 그 내용을 더 쉽게 이해하기 위해 예를 들어 설명하겠습니다.

들에 피어 있는 예쁜 꽃을 본 적이 있지요? 그때의 느낌은 어땠나요? 아마도 '꽃 참 예쁘다'라고 속으로 생각했을 것입니다. 어느 날 사랑하는 사람으로부터 예쁜 꽃을 선물 받았습니다. 그때는 마음속으로만 예쁘다고 느끼는 것이 아니라 그 마음을 어떤 형태로든 표현했을 것입니다. "어머, 꽃 참 예쁘다. 갖고 싶었는데 고마워요." 아마 이러지 않았을까요? 이 두 가지 경우에 어떤 차이가 있나요? 전자는 마음속으로만 생각했고 후자는 마음속으로 느낀 것을 겉으로 표현했습니다. 감성과 감정을 이렇게 구분하면 될 것 같습니다. 전자, 즉 마음속으로만 느끼는 것이 감성이고, 후자, 즉 겉으로 표현하는 느낌을 감정이라고 생각하면 큰 잘못됨은 없을 것입니다. 물론 둘 사이에 관련성은 높을 것입니다. 감성 지수가 높은 사람이 감정 표현을 많이 할 가능성은 높겠지요. 그러니 문자적으로 꼭 구분을 하지 않아도 될 것입니다. 핵심은 감성 설득은 상대방의 기분을 좋게 하는 데 목적이 있다는 것만 알고 있으면 되겠습니다.

감성 설득은 평소의 관계가 중요하다고요?

Q 설득은 그 설득을 하는 사람이 누구냐에 따라 설득의 정도도 달라지는 것 같아요. 이 사람이 나를 설득하면 들어주고 싶지만, 저 사람이 나를 설득하면 들어주고 싶지가 않습니다. 왜 그런가요? 분명히 똑같은 내용으로 동일한 대상인 나 한 사람을 설득하고 있는데 왜 설득하는 사람에 따라 결과가 달라지는 것인가요? 무엇이 다르길래 그런 결과가 나오는 것일까요?

A 그렇습니다. 누구나 한번쯤 가지고 있는 경험을 보겠습니다. 내가 믿는 사람이 이야기를 하면 잘 들어주게 되는데, 내가 믿지 않는 사람이 이야기를 하면 안 들어주고 싶거나 안 들어주는 경험 말입니다. 사람에 대한 믿음의 정도에 따라서 설득의 정도도 달라진다는 것이지요. 그러니 우리가 누군가를 설득하려면 그 사람으로부터 믿음을 얻고 있어야 합니다. 그런데 이 믿음은 어느 한 순간에 생기는 것이 아닙니다. 오랜 시간 그 사람과 함께하면서 쌓여가는 것입니다. 그래서 평소의 관계가 중요하다는 말을 하는 것입니다. 평소의 관계가 좋게 형성되어 있으면 상호 신뢰의 정도가 클 것입니다. 그리고 이 신뢰

의 정도가 설득에 영향을 주는 것이지요. 일반적으로는 평소에 함께하는 시간이 많을수록 신뢰가 좋아질 가능성이 높습니다. 물론 만나기만 하면 싸우는 관계도 있기는 하지만 아주 드문 경우이고, 평소에 무언가를 함께하는 것이 중요하고 그것이 신뢰를 더 좋게 만들어줄 가능성이 높은 것이지요. 특히 나와 관계가 있는 사람과는 평소에 함께 생활하면서 물리적으로나 심리적으로 함께하는 부분, 즉 공유(共有)하는 부분이 많아야 합니다.

여기에서 물리적으로 공유한다는 것과 심리적으로 공유한다는 것은 이런 것입니다. 한 집안의 부부를 예를 들어보겠습니다. 부부가 함께 거실에 앉아서 TV 드라마를 시청하고 있습니다. 이것은 물리적으로는 공유를 하고 있는 것이지요. 그런데 TV 드라마를 보는 동안 한마디 말도 하지 않고, 드라마가 끝나자마자 각자의 방으로 들어갑니다. 이런 경우는 물리적 공유는 되고 있지만 심리적 공유는 되지 않는 경우입니다. 정리하자면 싫은 사람과 한 공간에 있는 경우이지요. 참힘든 상황입니다. 관계에서 이 이상의 고통은 없을 만큼 힘들 것입니다. 조직에서도 똑같습니다. 같은 팀에 근무하고 같은 사무실에 있는데 서로 싫어하고 있는 상황입니다. 이런 경우에는 하루에 딱 두 마디만 할 것입니다. 아침에 출근해서 "안녕하십니까?" 한 마디 하고, 저녁에 퇴근할 때 "내일 뵙겠습니다" 한 마디 합니다. 고통스러운 일입니다. 물론 바람직하지도 않고요. 그래서 다른 사람과 함께할 때, 즉 공유를 할 때는 물리적으로도 심리적으로도 모두 공유할 수 있어야 합니다. 그리고 심리적 공유란 마음이 통한다는 뜻이라는 것은 굳이 설명을 하지 않아도 알 수 있겠지요.

　사람 사이에는 공유가 중요하다는 이야기를 하고 있는데 공유에도 세 가지 종류가 있습니다. 이 내용은 방법편 '공감하며 말하기'에서 자세하게 설명을 했습니다. 그 내용을 요약해서 다시 한 번 보겠습니다. 직장인의 경우에 비유해서 설명하겠습니다.

　첫 번째는 두 사람이 한 직장에 들어오지 않은 경우입니다. 서로 모르는 사이라는 것이지요. 물리적인 공유조차도 되지 않는 상태이지요. 이 경우를 무(無)공유라고 하겠습니다. 이런 경우에는 상대와 전혀 모르는 사이이기 때문에 어떻게 잘 지낼까라는 고민을 아예 할 필요가 없는 것이지요. 두 번째는 두 사람이 한 직장에 들어와서 일로 가끔 만나는 사이입니다. 한 달에 몇 번씩 만나서 일과 관련된 이야기만 합니다. 그러나 아직 개인적인 이야기를 주고받지는 않습니다. 이제는 물리적으로는 공유가 된 것이지요. 이 경우를 반(半)공유라고 하겠습니다. 이제는 상대와 어떻게 잘 지낼까를 어느 정도는 고민해야 하는 단계입니다. 세 번째는 두 사람이 오랫동안 일을 함께 하면서 사이가 좋아지고 서로 뜻이 통하는 경우입니다. 물리적인 공유는 물론 심리적인 공유까지 되고 있는 상태이지요. 이 경우를 완(完)공유라고 하겠습니다. 일로 시작했지만 마음도 나누고 개인적으로도 만나는 사이가 된 단계입니다. 그리고 이 단계에 이르면 상대방이 말하는 것은 가능하면 들어주게 되는 단계가 되는 것이지요.

　여기에서 언급하고 있는 무공유, 반공유, 완공유라는 단어는 사전에는 나오지 않는 것들입니다. 내용 설명을 위해, 이해를 돕기 위해 저자가 만들어본 용어입니다. 중요한 것은 관계에서는 완공유가 되어야 한다는 것입니다. 그래야 두 사람 사이에 상호 설득이 잘 될 것이고, 이런 것들이 모여서 좋은 팀워크가 만들어지는 것입니다. 같은 팀에서 일하는 팀원들끼리 반공유 상태로 일을 하면 협력이 잘 이루어지지 않습니다. 완공유가 되어야 모든 일을 협력해서 순조롭게 진행할 수 있습니다. 이제부터는 완공유 상태를 우리에게 익숙한 용어인 '공유'라는 단어로 표현하겠습니다. 공유라고 표현하는 말들은 완공유를 뜻한다고 생각하면 되겠습니다. 무공유, 반공유는 언급할 일이 많지 않으니까요.

그렇다면 조직에서 왜 공유가 필요할까요?

여기에 같은 조직 안에서 근무하는 A, B 두 개의 팀이 있습니다. 두 팀은 각각 한 명의 팀장과 다섯 명의 팀원들로 구성되어 있고, 이 여섯 명 모두는 함께 근무한 지 최소 3년 이상은 됩니다. 두 팀을 비교하기 위한 조건은 똑같습니다. 그런데 근무하는 모습은 다릅니다. A팀은 이렇습니다. 무슨 일을 할 때 서로 협의하고 최선의 방법을 찾은 후에 그 일을 함께 해갑니다. 간혹 밤늦게까지 일할 때에도 특별한 일이 없는 한 함께 남아서 서로 도와가면서 일을 합니다. 반면에 B팀은 어떤 일을 할 때 각자 다른 방법으로 추진하고 옆 팀원이 어려운 일을 당해도 나 몰라라 할 때가 대부분입니다. 이런 경우 A팀은 공유가 잘 되는 팀이고, B팀은 공유가 안 되는 팀이겠지요. 그렇다면 어느 팀의 팀워크가 좋겠습니까? 당연히 공유가 잘 되고 있는 A팀입니다. 그리고 어느 팀이 성과를 잘 내겠지요? 당연히 팀워크가 좋은 A팀입니다. 이렇듯 공유가 잘 되는 팀이 팀워크가 좋고 팀워크가 좋은 팀이 성과를 잘 냅니다. 공유가 이렇게 중요합니다. 그래서 우리는 팀원 간에 공유가 잘될 수 있도록 끊임없이 노력해야 하는데 이것은 어느 한 순간에 되지 않고 평소에 지속적으로 노력을 해야 가능한 일입니다.

감성 설득은 마음으로 설득하는 것을 말합니다. 따라서 평소에 상대방의 마음을 잘 헤아려주는 사람이 감성 설득을 잘할 가능성이 매우 높습니다.

어떻게 하면 공유를 잘할 수 있는 팀이 되나요?

Q 같은 팀에 여러 명이 함께 일을 하고 있습니다. 5년 동안 함께한 동료도 있고, 이제 막 새로 들어온 신입사원도 있습니다. 나하고 취미가 같아서 주말에 같이 사회인 야구를 하는 동료도 있고, 서로 사는 방식이 달라서 일 이외의 내용은 이야기를 나누지 않는 동료도 있습니다. 그런데 참 희한하게도 5년 동안 함께한 동료와 사회인 야구를 같이하는 동료와는 대하기가 편해서 일에 관련된 힘든 이야기도 편하게 할 수 있는데, 신입사원이나 사는 방식이 다른 동료와는 가능하면 서로 불편한 이야기는 하고 싶지가 않습니다. 이런 이유로 점점 더 대화가 줄어들기도 하고요. 사는 데 불편함이 없으면 상관이 없겠지만 같은 팀에서 얼굴 맞대며 함께 일을 해야 하는 동료들이기에 더 친해지고 싶습니다. 그래서 다른 동료들과 똑같이 편하게 이야기를 나누고 싶습니다. 그래야 함께 일할 때도 편하게 이야기를 나눌 수 있을 것 같

아서요. 방법이 없을까요?

A 그렇습니다. 하루 8시간 이상 같은 공간에서 있어야 하는 사람들인데 마음의 불편함이 있으면 힘들지요. 그래서 서로를 더 잘 알고 더 잘 이해하려는 노력이 필요한 것입니다. 이것을 위해서는 서로 공유하는 부분을 넓혀가야 합니다. 이런 공유가 팀의 목표인 성과에도 영향을 주기 때문입니다. 그럼 어떻게 하면 공유를 잘하는 팀이 될 수 있을까요? 특히 이를 위해서 평소에 어떤 노력을 해야 할까요? 여기에 알렉스 탄(Alex Tan)이 이야기한 세 가지 해야 할 일을 소개하겠습니다. 친밀성, 유사성, 애호성이 그것입니다. 이것을 심리적 매력이라고 이야기하기도 합니다. 사람을 끄는 힘이라는 말이겠지요. 하나씩 설명하겠습니다.

1. 친밀성입니다.

친밀성은 상대방에게 친밀감을 주거나 자신을 친밀하게 느끼는 상대방의 속성을 말합니다. 친밀성은 상대방으로 하여금 자신을 좋아하게 만들 뿐 아니라, 상대방과 자신의 인간관계나 의사소통을 촉진하여, 결과적으로 공유하는 데 긍정적으로 영향을 줍니다. 상대방이 그렇게 생각하는 이유는 친밀한 사람은 의사소통의 위험부담이 없으면서 자신에게 더 많은 보상을 가져다준다고 생각하기 때문입니다. 친밀성을 위한 방법 중 대표적인 것은 팀워크를 다지기 위해서 하는 회식입니다. 그런데 여기에서 생각해야 할 것이 하나 있습니다. 우리는 흔히 회식자리, 특히 술자리가 사람 사이를 친하게 만든다고 이야기합니다. 그러나 중요한 것은 술자리가 아닙니다. 술자리에서 오가는 대화입니다.

예를 들어보지요. 여기 같은 팀에서 근무하고 있는 다섯 명의 팀원들이 회식을 위한 술자리를 가지고 있습니다. 그런데 술자리에서 서로 한 마디 말도 없이 각자의 주량껏 술만 마시고 돌아갑니다. 이런 경우라면 회식을 하나 마나인 셈이지요. 각자 자기 집에서 마시고 싶은 만큼 술을 마시면 되는 것이잖아요. 술자리가 중요한 것이 아니라 술자리에서 오가는 대화가 중요한 것입니다. 가끔씩 회식자리에서 언성을 높이며 대화하는 것을 보게 됩니다. 그 결과는 어떻습니까? 이튿날에는 오히려 사이가 서먹서먹하게 됩니다. 친밀성을 높이러 갔다가 친밀성을 낮추게 되는 자리가 되고 마는 것이지요. 이제부터는 회식을 한 번 하더라도 어떤 대화를 어떻게 할지 미리 생각해볼 것을 권합니다. 물론 아주 편안하게, 아무런 목적 없이 편안하게 한잔하는 자리라면 그럴 필요까지는 없겠지요.

2. 유사성입니다.

유사성은 상대방이 자신과 어느 정도 유사한가를 지각하는 상대방의 속성입니다. 인간은 자신과 비슷한 사람에게 호감을 느끼며, 그 호감은 그 사람과의 의사소통에도 영향을 주게 되는데, 호감을 느끼는 사람이 말하는 내용은 그렇지 않은 사람이 말하는 것보다 더 잘 받아

소통을 위한 대화, 이렇게 하면 돼요

들이게 돼서 공유에 긍정적으로 영향을 줍니다.

유사성에는 두 가지가 있는데 하나는 인구학적 유사성이고 다른 하나는 이념적 유사성입니다. 인구학적 유사성에 포함되는 것은 연령, 교육 정도, 경제적 수준, 인종, 고향, 거주지 등입니다. 이러한 것들이 유사하면 호감의 정도가 높아질 가능성이 높습니다. 이념적 유사성에 포함되는 것은 태도나 의견 등입니다. 정치적 성향이 대표적인 것이 될 수 있습니다. 지지하는 정당이 같으면 서로 쉽게 이야기가 통하잖아요. 종교도 마찬가지입니다. 자신과 다른 종교를 가지고 있는 사람보다는 같은 종교를 가지고 있는 사람과 더 잘 통할 가능성이 매우 높습니다. 유사성이 공유에 영향을 주는 이유는 상대방과 유사한 점이 있으면 의사소통 과정에서 상대방과 비슷한 태도나 행동양식을 많이 나타내게 되어 서로에게 호감을 더 갖게 되기 때문입니다. 그리고 일반적으로는 자신과 비슷한 사람에게서 더 많은 심리적 보상을 받은 경험들을 가지고 있기 때문이기도 합니다.

3. 애호성입니다.

애호성은 상대방이 자신을 개인적으로 좋아하는 정도를 말합니다. 여기서 좋아한다는 것은 매력을 느껴서 좋아하는 경우를 말합니다. 이것이 유사성과 구별됩니다. 유사성은 같은 무엇인가를 말하는 것이고, 애호성은 다른 무엇인가를 말하는 것입니다. 그렇다면 매력은 어떤 사람에게서 느낄 수 있는 것일까요? 노래를 잘하는 사람이 노래를 잘하는 다른 사람에게서 매력을 느끼나요? 아닙니다. 매력을 느끼지 못합니다. 자신도 노래를 잘하기 때문에 매력을 느끼지 못합니다. 노래를 못하는 사람이라야 노래를 잘하는 사람에게 매력을 느낄 수 있습니다. 매력이라는 것은 자신이 가지고 있지 못한 좋은 점을 상대방이 가지고 있을 때 느끼는 것입니다. 그래서 애호성을 매력성이라고 하기도 합니다.

애호성을 높이기 위한 방법은 무엇일까요? 애호성은 매력성이라고 했습니다. 상대방이 가지고 있지 못한 자신만의 강점이 있다면 감추지 말고 드러내 보여야 합니다. 그래야 상대방이 그 강점을 통해서 나에게 매력을 느낄 수 있습니다. 이미 겸손이 미덕인 시대는 아니잖아요. 교만하지 않은 수준에서 자신의 강점이나 장기를 드러내 보이세요. 애호성이 공유에 도움이 되는 이유는 무엇일까요? 어떤 사람이 매력적이어서 상대방이 그 사람에게 호감을 가지고 좋아하게 되면 자신이 가지고 있는 불안감, 긴장감, 고독감 등을 감소시켜줄 것이라고 생각하기 때문입니다. 또 자신이 좋아하는 상대방은 자신을 사회적으로 인정해줄 것이라는 기대를 가지게 되기 때문이기도 하고요.

심리적 매력 요소 세 가지인 친밀성, 유사성, 애호성을 잘 활용하면 그 사람과 공유하는 영역이 넓어지고, 서로를 더 좋아하게 될 가능성이 높습니다. 그리고 이러한 것들이 모여서 단단한 팀이 만들어지는 것이지요.

감성이나 감정에 어필한다는 것은 무엇인가요?

Q 감성 설득은 상대방의 기분을 좋게 해주어서 설득하는 방법이라고 했습니다. 그렇다면 상대방의 기분을 좋게 해주는 방법을 알아야 하는데 어떻게 말하는 것이 상대방의 기분을 좋게 하는 것일까요? 감성이나 감정에 어필해서 상대방의 기분을 좋게 해주는 방법을 구체적으로 알고 싶습니다.

A 그렇습니다. 감성 설득은 감성이나 감정, 가치관에 어필하여 상대방의 기분을 좋게 해서 설득하는 것입니다. 그런데 가치관에 어필하는 방법은 쉽지 않습니다. 가치관에 어필하려면 상대방의 가치관을 알아야 하는데 가치관은 인간 내면 깊은 곳에 자리하고 있기 때문에 알기가 쉽지 않습니다. 그리고 일반적으로 사람 사이의 대화에서 개인의 가치관을 이야기하는 경우는 흔치 않습니다. 가치관이 다르면 아예 대화가 안 될 가능성이 높기 때문입니다. 가치관을 쉽게 알 수 있는 대표적인 주제가 정치와 종교입니다. 이런 주제는 아무리 토론을 해도 의견의 일치를 보기가 어렵습니다. 따라서 감성 설득은 상대방의 감성과 감정에 어필하는 방법을 선택하는 것이 좋습니다. 감성과 감정에 어필하는 방법을 다섯 가지 정도 추천합니다. 이 다섯 가지 방법 외에도 여러 가지가 있겠지만 가장 일반적으로 활용할 수 있는 방법이 소개하는 다섯 가지입니다. 그 다섯 가지는 안부인사, 칭찬하기, 공감하

기, 환심 사기, 유머 사용 등입니다. 각각의 방법과 중요한 핵심 포인트를 설명하겠습니다.

1. 안부인사

안부인사는 만났을 때 그동안의 안부를 물어주는 것입니다. 중요한 포인트는 상대방의 근황을 미리 알아내어 힘들고 어려운 상황은 언급하지 말고 밝고 즐거운 상황을 언급하며 안부를 물어야 한다는 것입니다. 감성 설득의 핵심이 상대방의 기분을 좋게 해주는 것이기 때문입니다. 우리는 흔히 이런 말로 상대방의 안부를 묻는 경우가 있습니다. "얼굴색이 안 좋아 보이네. 요즘 무슨 일 있어?" 상대방에게 좋지 않은 일이 있을 수 있음을 전제하고 그것이 염려가 되어 이렇게 말할 수 있습니다. 그런데 생각해봐야 할 것은 이렇게 말했을 때의 상대방의 기분입니다. 이런 말을 듣는 순간 최근에 있었던 안 좋은 일이 뇌리에 떠올라 감성 설득에서 추구하는 바와는 반대로 기분이 안 좋아질 수도 있습니다. 그렇게 되면 그 다음에 상대방이 설득해 들어오는 말에 쉽게 마음을 내어주지 않을 수도 있겠지요.

2. 칭찬하기

이 방법은 우리가 다 아는 이야기이고 자주 사용하는 방법이기도 합니다. 상대방의 좋은 점을 칭찬해주는 것입니다. 여기에서의 핵심은 구체적으로 칭찬하라는 것입니다. 이런 예를 들어보겠습니다. 부부가 함께 외출을 위해 몸단장을 합니다. 아내의 모습이 좋아 보여서 남편

소통을 위한 대화, 이렇게 하면 돼요

이 오랜만에 아내를 칭찬하는데 두 가지 방법으로 칭찬합니다. 한 가지 방법은 "당신 오늘 맵시가 있어 보이네" 이런 말로 칭찬을 하고, 다른 방법은 "당신 오늘 아이라인 기가 막히게 예쁘게 그려졌네. 평소보다 세 배는 예뻐" 이런 말로 칭찬을 합니다. 앞의 칭찬은 전체적인 면을 칭찬한 것인데 좀 두루뭉술하지요. 뒤의 칭찬은 한 가지만 칭찬했지만 구체적입니다. 이 두 가지 칭찬의 말 중에서 아내의 기분이 더 좋아지는 칭찬은 어느 쪽일까요? 당연히 후자의 칭찬일 것입니다. 전자의 칭찬 내용보다 구체적이기 때문이지요. 그렇게 해서 아내의 기분이 좋아지면 그 다음에 남편이 아내를 설득하기 위해서 필요한 말을 할 때 아내의 반응이 훨씬 더 긍정적으로 나오게 될 것입니다.

3. 공감하기

공감은 상대방의 감정에 나도 그렇다고 느끼는 것을 말합니다. 그리고 공감은 상대방의 감정이 좋을 때보다는 좋지 않을 때 느끼게 되는 것이 일반적입니다. 여기에서의 핵심은 상대방의 좋지 않은 감정을 함께 느껴주되 동등한 느낌을 갖게 하거나 상대방보다 낮게 해야 한다는 것입니다. 이 부분은 앞의 방법편 '부드럽게 말하기'에서 언급한 사례를 다시 한 번 정리하면서 이해를 하도록 하겠습니다. 어느 대기업에 제품을 납품하기 위해 애를 쓰는 한 중견기업의 영업팀장이 대기업의 구매팀장을 만나서 공감하는 이야기입니다. 공감을 위해서 대기업 구매팀장의 중학교 2학년 아들과 자신의 중학교 2학년 아들을 소재로 공감을 시도합니다. 공감을 위해서 이렇게 이야기를 했지요. "중학교 2학년 아드님이 있다면서요? 저도 중학교 2학년 아들이 있습니다. 공부 잘하지요?" 이런 물음에 돌아온 대기업 구매팀장의 답변은 이것이었습니다. "아이고, 죽겠습니다. 아들놈이 컴퓨터 게임에 미쳐서 속을 이만저만 썩이는 게 아닙니다. 어제 밤에도 PC방에 가서 잡아왔습니다." 자신의 안타깝고 속상한 이야기를 하는 것입니다. 이때 이렇게 응대하면 안 됩니다. "아, 그래요? 제 아들은 이번에 전액 장학금 받아왔습니다." 이렇게 말하면 계약은 무산될 것입니다. 상대방의 기분을 나쁘게 한 결과이지요. 그래서 이렇게 응대해야 합니다. "저도 아들 때문에 힘이 많이 듭니다. 며칠 전에는 머리 컸다고 엄마한테 대들기도 하고, 자식 농사 참 힘들어요." 이렇게 말하면 계약은 가능합니다. 이것이 감성 설득의 한 종류인 공감하기입니다.

4. 환심 사기

환심의 사전적 의미는 '기뻐하고 즐거워하는 마음'입니다. 따라서 환심을 산다는 것은 상대가 기뻐하고 즐거워하는 마음을 가질 만한 말이나 행동을 하는 것을 말합니다. 이를 위한 가장 좋은 방법은 상대방이 호감을 가지고 있는 이야기거리를 끄집어내서 대화를 하는 것입니다. 상대방이 최근에 골프를 시작했고, 지금이 한참 골프에 재미를 느끼는 때라면 골프 이야기를 같이 나누는 것입니다. 물론 이때 자신도 골프를 하고 있으면 더욱 좋겠지요. 이러한 이야기를 통해서 서로 함께 생각할 수 있는 공유의 영역을 넓혀가는 것이 좋습니다.

5. 유머 사용

사람은 자신을 기쁘고 재미있게 해주는 사람에게는 호감을 갖게 된다고 합니다. 그런 점에서 보면 유머를 사용하는 것은 서로의 마음을 풀어놓게 하는 좋은 방법이지요. 특히 대화의 본론을 시작하기 전에, 즉 대화의 초반에 유머를 사용하면 상대방의 마음을 무장해제시킬 수 있습니다. 주의할 것은 유머는 자칫하면 유머를 사용하는 사람의 품격을 낮추게 되는 부작용을 낳을 수도 있다는 것입니다. 따라서 유머의 소재가 지나치게 가볍거나 천박하면 안 되겠지요. 또 하나 주의해야 할 것은 유머의 소재를 통해서 다른 무엇인가가 연상이 되어서는 안 된다는 것입니다. 성 차별이나 어떤 개인을 비하하는 내용 등이 여기에 포함됩니다. 유머는 때와 상황에 맞게 잘 사용하면 서로의 마음을 열고 하나로 묶을 수 있는 좋은 효과가 있습니다.

이야기한 것처럼 감성 설득을 위한 방법은 여러 가지가 있을 것입니다. 그중 대표적인 다섯 가지 방법을 설명했습니다. 안부인사, 칭찬하기, 공감하기, 환심 사기, 유머 사용, 이 다섯 가지 방법을 상황이나 상대방에 따라 잘 활용해서 감성 설득 능력을 높일 것을 권합니다.

선택한 사례에서 감성 설득은 어떻게 하면 되나요?

 앞에서 설득의 방법과 절차를 위해서 선택한 사례가 있습니다. 팀장이 새로운 업무를 지시했는데 자신의 일이 아니라고 하지 않겠다고 하는 팀원의 경우입니다. 이때 감성 설득을 한다면 어떻게 하면 되는 것인가요?

A 세 가지 설득 방법 중에서 감성 설득으로 팀원을 설득하는 방법을 이야기하겠습니다. 감성 설득에서의 핵심은 상대방의 기분을 좋게 해주어야 한다는 것입니다. 물론 진심으로요. 그러기 위해서 할 수 있는 방법을 다섯 가지 제시했습니다. 안부인사, 칭찬하기, 공감하기, 환심 사기, 유머 사용, 이 다섯 가지 방법을 소개했는데 그중에서 상황이나 상대방에게 가장 효과적일 것 같은 방법 한두 가지를 선택해서 사용하면 됩니다. 여기에서는 그중에서 가장 쉽고 많이 사용하는 안부인사와 칭찬하기를 선택해보겠습니다.

먼저 안부인사를 사용하는 경우입니다. 안부인사도 상대 팀원의 기분을 고려한 소재를 가지고 할 필요가 있습니다. 안부인사라 하더라도 상대 팀원의 기분이 나빠질 것 같은 안부인사는 바람직하지 않습니다. 예를 들면 이런 경우이지요. "지난번에 여자 친구하고 안 좋은 일이 있어서 힘들었다면서?" 이런 안부인사를 하면 팀원의 기분이 어떻게 될까요? 지금은 여자 친구와 화해를 하고 좋게 잘 지내고 있다고 할지라도 지난번에 여자 친구와 다투어서 힘들었던 경험이 떠올라서 기분이 안 좋아질 것이 뻔합니다. 이런 안부인사는 하지 않는 것이 좋습니다. 같은 내용의 안부인사라도 팀원이 들어서 기분 좋을 말을 해주는 것이 중요합니다. "여자 친구하고 결혼 계획도 가지고 있다면서? 좋겠다. 나는 결혼 준비 과정 중에 약간 의견이 달라서 다투기도 했었는데 그거 별거 아니더라고. 자네는 잘 진행하고 있지?" 이렇게 말하는 것입니다. 그렇게 말하면 팀원은 지금 진행하고 있는 여자 친구와의 결혼에 대한 생각으로 행복한 기분이 될 것입니다. 이것이 감성 설득입니다. 상대방의 기분을 좋게 하는 설득 방법이지요.

다음은 칭찬하기를 사용하는 경우입니다. 어쩌면 가장 손쉽고 가장 많이 사용하는 방법일 것입니다. 상대방의 기분이 좋아질 만한 무엇인가를 칭찬하는 것입니다. 옷차림에 관한 칭찬도 좋고, 최근에 잘했던 일에 대한 칭찬도 좋습니다. 여기에서도 중요한 것은 그 칭찬으로 상대방의 기분이 좋아져야 한다는 것입니다. 우리는 간혹 실수하는 경우가 있습니다. 오랜만에 만난 친구에게 이렇게 말하는 것입니다. "요즘 무슨 일 있어? 얼굴이 안 좋아 보이네." 이런 말을 하면 상대방은 최근에 있었던 걱정스러운 일이 머리에 떠오를 수 있습니다. 그리고 그 걱정거리가 기분을 좋지 않게 할 수도 있습니다. 물론 얼굴이 전에 비해 안돼 보여서 염려하는 마음에 그런 말을 할 수는 있지요. 그런데 그 말을 이렇게 돌려서 말하면 어떨까요. "요즘 무척 열심히 사나 봐. 열심히 사는 게 얼굴에 보여." 이렇게 말하면 상대방 마음에 본인이 열심히 살고 있다는 생각을 떠올리게 할 수 있고 그런 자신의 모습에 자부심을 갖게 할 수 있습니다. 이것이 감성 설득 방법 중에 칭찬하기를 사용하는 것입니다.

그런데 안부를 물어주거나 칭찬을 해준다고 해서 설득으로 바로 연결되지는 않습니다. 커피 한 잔을 사게 하는 정도의 설득은 가능하겠지요. 그러나 자신이 의도하는 대로 상대방의 행동을 변화시키기는 어렵습니다. 특히 일과 관련이 되어 있는 비즈니스 설득에서는 불가능하다고 보는 게 맞습니다. 비즈니스 설득에서는 가장 많이 사용하는 설득 방법이 이성 설득입니다. 근거와 증거로 내용을 잘 구성해서 상대방에게 체계적으로 전달하는 방법이지요. 그런데 이성 설득으로 바로 시작하면 분위기가 딱딱한 상태에서 시작하는 것이기 때문에 그리 효과적이지는 않습니다. 분위기를 좋게 하고 설득을 위한 본론 이야기를 하는 것이 바람직한데 그 분위기를 만드는 데 감성 설득 방법을 사용하는 것입니다. 설득까지의 일반적인 흐름은 먼저 좋은 분위기를 조성하고, 그 분위기 속에서 설득하고자 하는 내용을 이해시키고, 그중에서 핵심적인 내용을 기억시켜서, 최종적으로 행동으로 옮기게 하는 것입니다. 그중에 가장 앞자리에 있는 분위기 조성을 위해서 감성 설득을 사용하는 것이지요. 좋은 분위기를 만들기 위한 감성 설득 단계를 건너뛰고 바로 이성 설득으로 들어가는 사람들에게 흔히 하는 말이 있습니다. "그 사람 참 사람 냄새 안 나는 사람이야." 이런 말입니다. 결코 좋은 반응은 아니지요. 감성 설득을 잘 사용하면 사람 냄새나는 사람이 되는 것입니다. 상대방으로부터 인간적인 호감을 얻을 수가 있지요. 그리고 이 호감이 그 사람을 좋아하는 감정으로 연결되어 설득의 확률을 더 높일 수 있는 것입니다.

소통을 위한 대화, 이렇게 하면 돼요

2) 이성 설득 _논리를 가지고 체계적으로 설득하기

이성 설득은 어떻게 하는 것인가요?

Q 직장이라는 조직에서는 설득의 세 가지 방법 중에서 이성 설득을 가장 많이 사용하는 것 같아요. 아마도 조직은 비즈니스를 하는 곳이기 때문이겠지요? 그렇다면 이성 설득이 조직에서는 그만큼 중요하다는 것인데 어떻게 하는 것인가요?

A 이성 설득은 자신의 신념이나 의견을 주장할 때 그것을 뒷받침하는 실증적이고 논리적인 자료들을 제시해줌으로써 상대방으로 하여금 주장을 쉽게 받아들이도록 하는 방법입니다. 이성 설득은 상대방이 전달되는 메시지의 내용을 잘 이해하게 함으로써 메시지의 주장을 잘 받아들이도록 하는 것이지요. 이성 설득의 핵심은 '이해'입니다. 따라서 상대방으로 하여금 자신이 이야기하는 내용을 잘 이해하도록 하는 것이 중요한데 그것을 위한 가장 좋은 방법은 실증적이고 논리적인 자료들을 제시하는 것입니다. 따라서 어떤 자료들을 어떻게 선택해야 하는지, 선택된 자료들을 어떤 논리를 갖추어 구성해야 하는지, 그리고 그것을 말로 표현할 때는 어떤 방식으로 해야 하는지, 이러한 것들이 연구가 되어야 합니다. 이제부터 하나씩 살펴보겠습니다.

이 설득 방법은 앞에서 설명한 방법편의 '논리적으로 말하기'와 직접 관련이 되어 있습니다. 논리적으로 말하기에서 설명한 내용을 요약해서 다시 한 번 살펴보고 선택한 사례를 가지고 논리를 구성하고 체계적으로 말하는 방법까지를 연결해보겠습니다. 먼저 앞에서 들었던 사례를 떠올려보지요.

연령대는 50대이고 전국의 직장인들을 대상으로 강의를 하고 있는 한 사람이 있습니다. 서울에 오랫동안 살아서 이제는 지방으로 이사를 할 계획을 가지고 있습니다. 총각 시절부터 결혼 후 아이를 둘 낳을 때까지 서울 잠실 주변에서 살고 있습니다. 나름 좋습니다. 가족들의 공동 취미인 이런저런 공연도 쉽게 볼 수 있고, 아내가 좋아하는 쇼핑도 가까이서 할 수 있고, 물론 아이 쇼핑이 주이지만… 특히 프로 야구 한화팀의 골수팬인 본인도 가끔은 야구장을 찾을 수도 있습니다. 대학에서 음악을 전공하는 두 딸도 집을 지방으로 이사할 경우, 통학이 가능하면 그렇게 하기로, 통학이 불가능하면 기숙사생활을 하기로 했습니다. 저녁식사 후 가족회의를 열었습니다. 어느 지방으로 이사를 가는 것이 우리 가족 모두를 행복하게 할 수 있을까? 이곳저곳을 놓고 고민을 하고 있습니다.

이런 사례였습니다. 이 사례를 가지고 주장을 결정하고, 주장을 뒷받침할 수 있는 근거, 근거를 자세하게 풀어주는 증거를 결정했습니다. 주장, 근거, 증거에 관한 핵심 포인트를 다시 요약해서 설명하겠습니다. 물론 논리적으로 말하기에서 설명한 내용들입니다. 이성 설득을 위해서 그 내용을 다시 한 번 정리하겠습니다.

주장은 강한 주장과 약한 주장이 있습니다. 강한 주장은 '해야 한다' '하지 말아야 한다'와 같이 표현하는 것인데 자신보다 파워를 덜 가지고 있는 대상에게 사용할 수 있습니다. 약한 주장은 '하는 것이 바람직하다' '하는 것은 바람직하지 않다'와 같이 표현하는 것인데 자신보다 파워를 더 많이 가지고 있는 대상에게 사용할 수 있습니다. 앞의 이사 사례에서 선택한 주장은 이것입니다.

주장 : 대전으로 이사하는 것이 바람직할 것 같습니다.

근거는 세 개가 이상적입니다. 네 개 이상은 너무 많아서 상대방이 귀찮다는 이유로 기억하려는 노력을 하지 않을 수 있고, 두 개 이하이면 너무 적어서 상대방이 소홀히 생각할 수 있기 때문입니다. 그리고 여러 개의 근거 중에 중요한 세 개를 선택하는 방법은 '관련성'을 가지고 판단합니다. 여기에서 관련성이라는 것은 그 근거가 상대방과 얼마나 관련성이 있는가? 다시 말하면 상대방에게 얼마나 중요한가? 이런 내용입니다. 근거가 가지고 있는 상대방과의 관련성을 검토해서, 상대방에게 중요하다고 판단되는 순서대로 첫 번째, 두 번째, 세 번째 근거를 결정하면 됩니다. 앞의 이사 사례에서 선택한 근거는 이것입니다.

근거1. 대전은 서울과 가까워서 자녀들이 서울로 학교 다니는 것도 무리가 없습니다.

근거2. 대전은 전국의 중심 부분에 있기 때문에 전국 어디에 강의를 가더라도 이동하기에 좋습니다.

근거3. 대전은 프로 야구 한화팀의 연고지라서 야구를 직접 관람하기가 용이합니다.

그 다음 증거입니다. 증거는 근거를 더 자세하게 풀어주는 역할을 하는데 좋은 증거에는 세 가지가 있습니다. 정보(Information), 통계(Data), 사실(Fact)이 그것입니다. 선택한 근거 세 개에 대한 증거를 각각 한 개씩만 들어보겠습니다.

근거1. 대전은 서울과 가까워서 자녀들이 서울로 학교 다니는 것도 무리가 없습니다.

증거 : 대전에서 서울까지 KTX는 정차역 구분에 따라 55분에서 1시간 5분 정도 소요되고, 고속버스는 톨게이트 기준으로 1시간 45분 소요됩니다.

근거2. 대전은 전국의 중심 부분에 있기 때문에 전국 어디에 강의를 가더라도 이동하기에 좋습니다.

증거 : 대전의 위도는 북위 약 36도 22분이고, 경도는 동경 약 127도 22분인데 우리나라의 중앙에 위치하고 있습니다.

근거3. 대전은 프로 야구 한화팀의 연고지라서 야구를 직접 관람하기가 용이합니다.

증거 : 대전은 한화 이글스의 연고지여서 전체 경기 중 절반을 청주를 포
함한 대전에서 경기를 갖습니다.

이사 사례를 정리하면 근거와 증거는 이렇게 정리가 될 것입니다. 이 내용을 잘 구성해서 말하는 순서는 이렇게 되겠지요. 주장을 먼저 말하고, 근거와 증거들을 나열한 후에 근거만 다시 한 번 요약해서 말하고, 주장을 다시 한 번 언급합니다. 이렇게 말하는 것이 체계적으로 말하는 것인데, 이런 순서로 말해야 상대방이 그 내용을 잘 이해하고 기억할 수 있습니다.

이야기했던 것처럼 이성 설득은 설득하고자 하는 내용을 논리적으로 구성해서 체계적으로 말하는 것입니다. 따라서 앞에서 설명한 논리적으로 말하기를 다시 한 번 살펴보기를 권합니다.

선택한 사례에서 이성 설득은 어떻게 하면 되나요?

Q 앞에서 설득의 방법과 절차를 위해서 선택한 사례가 있습니다. 팀장이 새로운 업무를 지시했는데 자신의 일이 아니라고 하지 않겠다고 하는 팀원의 경우입니다. 이때 이성 설득을 한다면 어떻게 하면 되는 것인가요?

A 　세 가지 설득 방법 중에서 이성 설득으로 팀원을 설득하는 방법을 이야기하겠습니다. 이성 설득의 방법에는 중요한 키워드가 세 개있습니다. 주장과 근거와 증거입니다. 이 세 가지를 잘 만들면 이성 설득은 완성입니다. 세 개의 키워드를 차례로 만들어보겠습니다.

먼저 주장입니다.

주장은 상대방에게 기대하는 행동입니다. 주장에는 강하게 말하는 정책적 주장과 약하게 말하는 가치적 주장이 있는데 여기에서는 약하게 말하는 가치적 주장을 선택해보겠습니다. 팀장의 입장에서는 분명히 그 팀원이 하는 게 맞는 일이기 때문에 강제로 밀어붙일 수도 있지만 요즘은 팀원들에게 강요하는 것 자체가 힘든 때인 만큼 일단은 부드럽게 주장을 하려고 합니다. 그러면 이렇게 표현이 되겠지요. "김팀원, 이번 일은 자네가 하는 것이 좋을 것 같네." 아마 이런 수준으로 주장을 하게 될 것입니다.

다음은 근거입니다.

근거는 주장을 뒷받침하는 이유입니다. 그 일을 그 팀원이 해야 한다면 왜 해야 하는지에 관한 이유를 밝히는 것입니다. 특히 요즘 젊은 세대들은 자신이 무언가를 해야 한다면 그 일을 해야 하는 이유를 분명히 알아야 열심히 합니다. 옛날처럼 하라고 한다고 무조건 하지는 않으려고 합니다. 따라서 이유를 이야기하는 것, 즉 근거를 밝히는 것은 매우 중요합니다. 좋은 근거를 만드는 데는 두 가지 중요한 포인트가 있었지요. 세 개가 이상적이라는 것, 상대방과 관련성이 있어야 한다는 것입니다. 근거를 만드는 좋은 방법은 근거가 될 만한 내용들을 모두 나열해놓고 그중에서 상대방과의 관련성을 고려해서 세 개를 선택합니다. 여기에서 관련성이라고 하는 것은 상대방에게 더 중요한 것을 의미합니다. 따라서 근거 중에서 상대방에게 더 중요하다고 판단되는 것을 첫 번째 근거로, 그 다음 중요하다고 판단되는 것을 두 번째 근거로, 그리고 나머지 하나는 세 번째 근거로 결정합니다. 이런 방법으로 결정한 근거 세 개를 다음과 같이 정리해보겠습니다.

근거 1. 이번 일은 자네의 직무 경력을 쌓아가는 데 큰 도움이 된다.
근거 2. 이 일은 자네의 전공과 관련된 일이다.
근거 3. 다른 팀원들이 모두 업무가 과중하다.

이렇게 세 개를 결정했습니다. 첫 번째 근거를 결정하게 된 판단 기준은, 팀장이 바라볼 때 그 팀원은 조직에서 성장하고자 하는 욕구를 강하게 가지고 있다고 판단했기 때문입니다. 그런 팀원의 욕구를 이번 일이 충족시켜줄 수 있을 것이라는 생각에서 선택한 근거입니다. 두 번째 근거를 결정하게 된 판단 기준은, 그 팀원이 학교에서 전공한 과목을 일을 통해서 적용해보고 싶은 욕구를 가지고 있다는 것을 알기 때문입니다. 세 번째 근거는 팀원에게는 그다지 중요한 것은 아닙니다. 다른 팀원들이 바쁘거나 바쁘지 않은 것은 그 팀원에게는 관심 밖일 수도 있습니다. 그래서 세 번째로 선택한 것입니다.

어느 젊은 팀원에게 "이번 일은 자네가 했으면 좋겠네"라고 말하면 대부분의 젊은 팀원들은 이렇게 물을 것입니다. "왜 제가 해야 되는데요?" 이런 질문은 그 일을 해야 하는 이유를 말해달라는 요청입니다. 이때 근거를 들어서 이야기를 해주면 되는 것이지요.

그 다음은 증거입니다.

증거는 각각의 근거를 자세하게 설명해주는 내용입니다. 좋은 증거의 조건은 세 가지입니다. 정보(Information), 통계(Data), 사실(Fact)입니다. 이 조건에 맞는 증거가 힘을 갖게 되는 것이지요. 힘을 갖는다는 것은 그만큼 설득력이 높다는 말이기도 하고요. 그럼 각각의 근거에 대한 증거를 만들어보겠습니다. 하나의 근거에 대하여 증거는 여러 개일 수 있지만 여기에서는 하나씩만 만들어보도록 하겠습니다.

먼저 첫 번째 근거인 이번 일이 팀원의 직무 경력에 도움이 된다는 것에 대한 증거입니다. 직장에서 성공하는 대부분의 직장인들은 직무 경력에 성공한 사람들입니다. 그리고 해당 팀원은 직장생활에서 성공하기를 원하고 있습니다. 그렇다면 지금까지 직무 경력을 잘 쌓아서 성공한 선배들의 성공 이야기가 좋은 증거가 되는 것이지요. 이것이 사실(Fact)을 활용한 증거입니다.

두 번째 근거인 이번 일이 그 팀원의 전공과 관련이 되어 있는 일이라는 것에 대한 증거입니다. 우리나라의 경우에 직장인이 자기 전공과 직접적으로 관련이 있는 일을 하는 비율이 약 40퍼센트라고 합니다.

그만큼 자신이 전공한 학문을 직장에서 활용할 기회가 많지 않다는 말이겠지요. 그렇다면 자기 전공과 관련이 있는 직무를 한다는 것은 그만큼 행운이라고 말할 수 있을 것입니다. 그러한 점에서 자기 전공과 관련이 있는 일을 하게 되는 이번 기회가 그 팀원에게도 행운일 수가 있을 것입니다. 이것이 통계(Data)를 활용한 증거입니다.

세 번째 근거인 다른 팀원들이 모두 업무가 과중하다는 것에 대한 증거입니다. 여기에 필요한 것은 다른 팀원들이 어떤 일을 얼마나 하고 있는가를 알 수 있는 문서일 것입니다. 그 문서를 보면 다른 팀원들이 하루 시간을 어떻게 사용하고 있는지, 일주일을 어떻게 보내고 있는지를 알 수 있을 것입니다. 반면에 해당 팀원은 시간에 여유가 있다는 것을 알 수 있을 것이고요. 그렇게 해서 이번 일은 시간적인 여유가 있는 해당 팀원이 해야 한다는 것을 강조하는 것입니다. 이것이 정보(Information)를 활용한 증거입니다.

지금까지 각각의 근거에 대한 증거를 하나씩 만들어서 설명했습니다. 물론 썩 잘 어울리지 않는 증거도 있을 수 있습니다. 그리고 현실에서는 이보다 훨씬 더 좋은 증거들을 만들 수도 있을 테고요. 여기에서는 단지 근거를 자세하게 설명하는 증거가 이런 것이라는 것을 설명하기 위해서 만들어본 것입니다.

지금까지 이성 설득을 위한 주장, 근거, 증거를 만들어보았는데 이것을 한눈에 볼 수 있도록 정리하면 이렇게 될 것입니다. 실제로 팀장이 팀원을 앞에 두고 이야기하는 형태로 정리해보겠습니다.

주장 : 김팀원, 이번 일은 자네가 하는 것이 좋을 것 같네. 그래야 하는 이
유를 세 가지로 정리해서 이야기해보겠네.

근거 1 : 첫 번째 이유는 이번 일이 자네의 직무 경력을 쌓아가는 데 큰
도움이 된다는 것이네.

증거 : 직장생활에서 성공하는 대부분의 직장인들은 직무 경력에 성공한
사람들이라네. 자네도 직장에서 성공해야지. 지금까지 직무 경력
을 잘 쌓아서 성공한 선배들처럼 말이야.

근거 2 : 두 번째 이유는 이번 일은 자네의 전공과 관련된 일이기 때문이야.

증거 : 우리나라의 경우에 직장인이 자기 전공과 직접적으로 관련이 있
는 일을 하는 비율이 약 40퍼센트라고 해. 그만큼 자신이 전공한
분야를 직장에서 활용할 기회가 많지 않다는 말이겠지. 그렇다면
자기 전공과 관련이 있는 직무를 한다는 것은 그만큼 행운이 아
닐까? 그런 점에서 자네 전공과 관련이 있는 일을 하게 되는 이번
기회가 자네에게는 행운일 거야.

근거 3 : 세 번째 이유는 다른 팀원들이 모두 업무가 과중하다는 거야.

증거 : (관련 문서를 보여주며) 이 문서를 보면 다른 팀원들이 하루 시간
을 어떻게 사용하고 있는지, 일주일을 어떻게 보내고 있는지 알
수 있을 거야. 물론 자네도 일을 열심히 하고 있지만 그래도 다른
팀원들에 비해 시간 여유가 좀 있는 편이지 않은가?

이와 같이 정리가 될 것입니다. 그리고 이것을 말로 이야기할 때 논리적으로 말하기에서 설명한 방법을 적용하면 되겠습니다. 기억을 떠올리기 위해서 중요한 사항을 다시 한 번 정리하겠습니다. 설득은 자신이 원하는 대로 상대방이 행동을 변화하게 하는 것인데, 행동을 변화하게 하는 데까지의 과정 중에 이해와 기억을 거쳐야 합니다. 정리하면 '이해-기억-행동'의 단계이지요. 그래서 말을 할 때 이해를 위한 방법, 기억을 위한 방법, 행동을 위한 방법을 염두에 두어야 합니다.

상대방이 이해를 잘하게 하기 위해서는 이렇게 말하는 것이 좋습니다.
이해를 위해서 바람직한 방법은 근거와 증거를 한 가지씩 차례대로 말하는 것입니다. 그것을 위해서 세 개의 근거 각각을 설명할 때 첫 번째, 두 번째, 세 번째를 붙여줍니다. 그러면 상대방이 근거를 하나씩 전달받기 때문에 잘 받아들이고 이해하게 됩니다. 이때 첫 번째 근거와 증거를 설명하고 두 번째 근거와 증거를 말하기 전에 2초 정도의 사이를 두는 것이 좋습니다. 그러면 상대방이 그 시간 동안에 자신이 들었던 말을 자신의 머릿속으로 가져가게 됩니다. 당연히 두 번째 근거와 증거를 말하고 세 번째 근거와 증거를 말하기 전에도 2초쯤 쉬어주는 것이 좋겠지요. 이것이 말하고 있는 내용을 상대방에게 잘 이해시키기 위한 방법입니다.

상대방이 기억을 잘하게 하기 위해서는 이렇게 말하는 것이 좋습니다.
세 개의 근거와 증거를 나누어서 잘 말한 뒤에 근거만 다시 한 번 말하는 것입니다. 이렇게 하면 상대방이 한 번 더 반복되는 근거를 더 잘 기억할 수 있습니다. 이것을 대화로 구성하면 이렇게 되겠지요. "지금까지 자네가 이번 일을 맡아줘야 할 이유를 세 가지로 정리해서 이야기 했는데 다시 한 번 요약하자면 이번 일은 자네의 직무 경력을 쌓아가는 데 큰 도움이 되고, 자네의 전공과 관련되어 있고, 다른 팀원들이 모두 업무가 과중하다는 것 때문이네."

상대방이 행동을 잘하게 하기 위해서는 이렇게 말하는 것이 좋습니다.

주장, 근거와 증거를 설명하고 근거만 다시 한 번 말한 뒤에 주장을 다시 한 번 언급하는 것입니다. 이것을 대화로 구성하면 이렇게 되겠지요. "그러니 이번 일은 자네가 맡아주게."

이렇게 하는 것이 이성 설득입니다. 이성 설득은 조직에서 가장 많이 사용하는 설득 방법입니다. 비즈니스와 관련된 설득은 대부분 이 방법이라고 보면 될 것입니다. 따라서 직장인이라면 누구나 잘 사용할 줄 알아야 하지요.

3) 위협 설득 _강하게 말해서 설득하기

위협 설득은 어떻게 하는 것인가요?

Q 이렇게 이야기를 해도, 저렇게 이야기를 해도 설득이 안 됩니다. 인간적인 감성 설득을 해도, 논리적인 이성 설득을 해도 설득이 안 됩니다. 그렇다고 설득을 포기할 수는 없습니다. 이번 이슈는 회사의 입장에서 보아도, 우리 팀의 입장에서 보아도 정말 중요하기 때문에 상대방을 꼭 설득해야 하는 상황입니다. 이제 방법은 하나 남은 것 같습니다. 강하게 설득하는 방법 하나요. 어떻게 해야 하나요?

A 그럴 때가 있습니다. 조직이라는 것이 공동의 목표를 설정해 놓고 그 목표를 향해 함께 달려가는 곳이지만 그 달려가는 과정에서 각 팀마다 이해가 상충되기도 합니다. 그런 것을 조정하기 위해서 끊임없이 다른 팀들과 조율해야 하고요. 그런 과정에서 갈등이 생기기도 하고 설득을 해야 하기도 하는 것입니다. 조직에서는 일반적으로 이성 설득을 가장 많이 사용하지요. 이성 설득으로 몇 번을 설득했는데도 설득이 안 될 때 사용하는 것이 위협 설득입니다. 위협 설득은 앞에서 이야기한 방법편의 '강하게 말하기'와 관련이 있습니다. 흡사하다고 보아도 되겠습니다.

위협 설득을 하는 방법은 메시지에서 위기감을 줄 수 있는 사실 등을 들어 상대방의 정서적 긴장감을 야기시키면서, 상대방으로 하여금 자신의 주장이나 권고를 받아들이도록 하는 방법으로 불안으로부터 해방되고 싶어하는 인간의 심리적 동기를 이용한 것이라고 설명했습니다. 사람은 심리적으로 불안하게 되면 그 불안한 상태를 피하기 위해 자신의 태도와 행동을 바꾸게 되기 때문에 설득이 가능한 것이지요. 위협해서 설득을 하는 방법은 간단합니다. 설득하고자 하는 말을 건네고, 내 말을 거부하면 압력을 행사하겠다고 말하고, 내 말을 수용하면 보상을 주겠다고 말하면 됩니다. 그런데 위협 설득은 자주 사용해서는 안 됩니다. 설득 목적을 달성할 수는 있지만 관계가 손상될 수도 있기 때문입니다. 설득을 위한 최후의 방법으로 사용하기를 권합니다.

선택한 사례에서 위협 설득은 어떻게 하면 되나요?

Q 앞에서 설득의 방법과 절차를 위해서 선택한 사례가 있습니다. 팀장이 새로운 업무를 지시했는데 자신의 일이 아니라고 하지 않겠다고 하는 팀원의 경우입니다. 이때 위협 설득을 한다면 어떻게 하면 되는 것인가요?

A 세 가지 설득 방법 중에서 위협 설득으로 팀원을 설득하는 방

법을 이야기하겠습니다. 위협 설득의 방법에는 중요한 키워드가 세 개 있습니다. 주장과 압력과 보상입니다. 이 세 가지를 잘 만들면 위협 설득은 완성입니다. 세 개의 키워드를 차례로 만들어보겠습니다.

먼저 주장입니다.

주장은 상대방에게 기대하는 행동입니다. 주장에는 강하게 말하는 정책적 주장과 약하게 말하는 가치적 주장이 있는데 여기에서는 강하게 말하는 정책적 주장을 선택해야 합니다. 다른 설득 방법으로 해도 안 되는 경우에 위협 설득을 하는 것인데 이 방법은 관계가 손상될 것을 각오하는 설득이기에 강하게 주장을 해야 합니다. 그러면 이렇게 표현하게 되겠지요. "김팀원, 이번 일은 자네가 해야 하네."

다음은 압력입니다.

압력은 내가 주장하는 바를 상대방이 받아들이지 않을 때 하는 것입니다. 상대 팀원에게 이번 일은 자네가 해야 한다고 말했는데도 못 하겠다고 거부할 때 하는 말이지요. 그러면 무슨 내용으로 압력을 행사할 것인지가 결정이 되어야 하겠지요. 여기에서는 다음부터는 그 팀원에게 새로운 일을 맡기지 않는 것으로 선택해보겠습니다. 조금은 유치한 방법 같기는 하지만 위협을 위해서는 어쩔 수 없는 일이지요. 그렇게 해서 표현을 구성하면 이렇게 될 것입니다. "만약에 이번 일을 자네가 맡지 못하겠다고 하면 앞으로는 어떤 새로운 일도 맡기지 않겠네."

다음은 보상입니다.

보상은 내가 주장하는 바를 상대방이 받아들일 때 하는 것입니다. 상대 팀원에게 이번 일은 자네가 해야 한다고 말했을 때 그렇게 하겠다고 수용하면 하는 말이지요. 이것도 역시 무슨 내용으로 보상을 줄 것인지가 먼저 결정이 되어야 합니다. 여기에서는 지금 하고 있는 일 중에서 힘들게 외근을 다녀야 하는 일들을 다른 팀원들 중 한 사람에게 맡겨서 일의 어려움을 덜어주는 것으로 해보겠습니다. 이 팀원은 성격상 외근을 가서 다른 사람을 만나야 하는 것을 부담스러워하고 아직 자가용도 갖지 못한 상태여서 외근을 갈 때마다 대중교통을 이용해야 하는 상황이기 때문에 선택해보았습니다. 그렇게 해서 표현을 구성하면 이렇게 될 것입니다. "만약에 이번 일을 자네가 맡아주면 지금 하고 있는 일 중에서 외근을 가야 하는 일을 다른 팀원에게 맡겨서 자네의 부담을 덜어주도록 하겠네."

이것이 위협 설득입니다. 상대방에게 기대하는 바를 강하게 말하고 이어서 거부하면 압력을 행사하겠다고, 수용하면 보상을 주겠다고 말하는 것입니다. 사례의 내용을 종합해서 위협 설득을 하면 이렇게 표현하게 되겠지요.

"김팀원, 이번 일은 자네가 해야 하네. 만약에 이번 일을 자네가 맡지 못하겠다고 하면 앞으로는 어떤 새로운 일도 맡기지 않겠네. 대신 이번 일을 자네가 맡아주면 지금 하고 있는 일 중에서 외근을 가야 하는 일을 다른 팀원에게 맡겨서 자네의 부담을 덜어주도록 하겠네."

물론 이렇게 위협 설득을 하면 상대방이 거부를 하는 경우는 물론이고 상대방이 수용을 하는 경우라 하더라도 마음이 편하지는 않을 수도 있습니다. 즉 관계가 손상될 수도 있다는 말이지요. 그래서 자주 사용하는 설득 방법은 아니고 다른 설득 방법을 몇 번이나 사용했는데도 안 될 때 어쩔 수 없이 구사해야 하는 방법이기 때문에 당연히 알고 있어야 합니다.

02 면담하기
면담에도 절차가 있다

면담을 잘하고 싶어요.

Q 조직에서 리더로 살아가기가 쉬운 일이 아니더라고요. 내 일
도 잘해야 하고, 후배들을 잘 챙겨주기도 해야 하고, 팀 전체적인 분위
기도 살려가야 하고, 참 쉬운 일이 아니네요. 그중에서 많이 어려운 부
분이 면담하는 것입니다. 후배들이 자신들의 고민거리를 가지고 대화
를 요청해오기도 하고, 내가 보기에 후배들의 바람직하지 않은 모습
을 개선할 수 있도록 해야 하기도 하고, 이러한 것들을 해결해가기 위
해서는 면담을 해야 하는데 잘 안 돼요. 후배의 바람직하지 않은 행동
에 마음이 먼저 가서 후배에게 상처 주는 말을 하기도 합니다. 면담을

잘하고 싶어요. 어떻게 하면 되나요?

A 그렇습니다. 나 혼자서 일하고 성과를 내며 조직생활을 한다
면 참 편하겠지요. 그런데 조직이라는 곳은 두 사람 이상이 모여서 성
과를 내야 하는 곳입니다. 더구나 리더라면 더더욱 그렇습니다. 리더
는 자신이 일하는 것과는 별도로 함께 일하는 동료와 후배들이 일한
것을 같이 모아서 평가를 받는 사람이기에 더더욱 그럴 수밖에 없습니
다. 그래서 중요한 것이 면담입니다. 면담을 통해서 후배들을 독려도
해야 하고 공감도 해야 하기 때문입니다. 때로는 멘토링이라는 이름으
로, 때로는 코칭이라는 이름으로 자주 대화를 나누어야 합니다. 이때
어떻게 면담을 하느냐에 따라 후배의 행동이 달라지기도 하고 리더를
더 신뢰하기도 합니다. 물론 그 반대일 수도 있고요. 면담을 잘하기 위
한 절차가 있습니다. 이 절차를 잘 활용하면 훌륭한 면담자가 될 수
있습니다. 면담은 두 가지 경우로 구분을 합니다. 후배인 상대방이 면
담을 요청해오는 경우가 있고, 리더인 면담자가 후배에게 면담을 요청
하는 경우가 있습니다. 두 가지 경우에 절차가 조금 다른데 여기에서
는 후자, 즉 리더가 후배를 불러서 면담을 하는 것을 선택해서 설명을
하겠습니다. 그 경우가 면담의 전체 절차를 잘 볼 수 있고, 후배가 면
담을 요청해오는 경우는 전체 절차 중에서 몇 가지를 생략하면 되기
때문입니다. 이 절차를 잘 활용하면 후배와의 효과적인 면담을 할 수
있을 뿐 아니라 후배로부터 더 신뢰받는 리더가 될 수 있습니다.

면담의 절차는 모두 네 단계입니다. 철저하게 준비하는 단계, 부드럽게 시작하는 단계, 체계적으로 설득하는 단계, 아름답게 마무리하는 단계입니다. 그 절차를 조직에서 흔히 있을 수 있는 사례를 가지고 설명하겠습니다. 사례는 팀장이 팀원을 면담하는 경우입니다.

> 입사한 지 3년 되는 이팀원입니다. 성격이 명랑하고 활달해서 주변 사람들과도 흉허물 없이 잘 어울리는 팀원입니다. 가끔 신나는 말로 사무실 분위기를 좋게 만들기도 합니다. 그런데 최근 한 달 동안의 모습은 지금까지와는 전혀 다릅니다. 사무실에서 말도 잘 하지 않고 일하다가 먼 산을 바라보기도 하고 동료들과 잘 어울리지도 않습니다. 일하는 것도 전과 달라서 가끔 숫자가 틀리기도 합니다. 무슨 이유 때문일까 궁금해서 주변 사람들에게 물어봐도 잘 모르겠다는 답변뿐입니다. 아무래도 개인적으로 무슨 문제가 있는 것 같습니다. 면담을 해보아야 하겠습니다.

이런 경우입니다. 이 상황에서 팀장이 면담을 하기로 한 이유는 이팀원의 모습이 평소와 다르기 때문입니다. 어떻게 알았을까요? 관찰을 했기 때문입니다. 리더는 함께 일하는 동료들을 늘 관찰해야 합니다. 그래서 평소의 모습과 어떻게 다른지를 찾아내야 합니다. 물론 관찰을 하려면 그 사람에게 관심을 가지고 있어야 하겠지요. 관찰할 요소는 두 가지인데 언어와 비언어입니다. 언어는 말 자체이고 비언어는 시선, 표정, 제스처, 말투입니다. 이 언어와 비언어를 관찰해서 평소와 다르면 무언가 문제가 있을 수 있는 것이고, 그 문제를 알아내고 공감하고 함께 해결하기 위해서 면담이 필요한 것이지요. 지금 팀장은 이팀원의 비언어를 통해 면담의 필요성을 인식한 것입니다. 매우 훌륭한 리더의 모습이지요.

이제는 면담을 해야 하는데 철저하게 준비하고, 부드럽게 시작하고, 체계적으로 설득하고, 아름답게 마무리하는 절차를 하나씩 설명하겠습니다.

1) 철저한 사전 준비 _준비한 면담이 성공합니다

늘 만나는 사람인데도 사전 준비를 꼭 해야 하나요?

Q 같은 팀에 있는 후배이고 늘 함께 일하는 사람인데도 면담을 위한 사전 준비가 필요한가요? 그냥 편안하게 이야기하면 안 되는 것인가요?

A 그렇습니다. 면담은 사전 준비가 필요합니다. 대부분의 면담은 목적을 가지고 있습니다. 아주 가벼운 일상의 이야기나 뚜렷한 목적이 없는 대화라면 상관이 없겠지만 무언가 목적을 가지고 하는 대

화에는 사전 준비가 필요합니다. 사전 준비에 관한 설명은 이미 앞에서 한 바가 있습니다. 준비한 대화가 성공한다고 힘주어 강조했던 방법편의 '사전 준비' 부분입니다. 그 내용을 살펴보면 사전 준비가 무엇인지 충분히 이해가 될 것입니다. 여기에서는 그 내용을 면담에 맞추어 정리하겠습니다.

일반적으로 리더가 팀원 중 누군가와 면담을 할 때는 팀원이 조직생활을 하는 중에 문제가 있기 때문인 경우가 많습니다. 팀원의 태도에 문제가 있을 수도 있고, 다른 사람과의 관계에 문제가 있을 수도 있고, 일의 과정이나 결과에 문제가 있을 수도 있습니다. 이런 경우라면 한 번의 면담을 통해서 그 문제를 바로 해결할 필요가 있습니다. 그래서 면담을 위한 준비를 해야 한다는 것입니다. 우리나라의 비즈니스 대화의 경우를 보면 가장 소홀히 하는 부분이 이 부분으로 보입니다. 준비를 제대로 하지 않는다는 것이지요. 준비한 면담이 성공합니다. 그것도 준비한 만큼 성공합니다.

면담에서 준비해야 할 내용은 다음과 같은 것들입니다. 이미 앞에서 설명한 방법편의 '사전 준비'에서 구체적으로 살펴본 내용들을 이곳으로 가져와 적용하는 것입니다. 준비한 대화가 성공한다고 강조한 사전 준비 내용입니다. 거기에서 언급한 다섯 가지 요소를 잘 준비하면 됩니다. 그 다섯 가지는 상대, 상황, 목적, 시간, 장소입니다. 이 다섯 가지 요소를 면담을 위해서 선택한 사례에 맞추어 설명하겠습니다.

1. 상대는 이렇게 준비합니다.

먼저 인간적으로 어떤 사람인지를 생각해봅니다. 인간적인 성향은 어떤지, 말이 많은지 아니면 적은지 등과 같이 대화에 필요한 내용들을 생각해봅니다. 말이 많은 사람이라면 들어줄 준비와 함께, 지나치게 말을 많이 할 때 어떻게 말을 끊을지를 준비해야 합니다. 반면에 말이 적거나 없는 사람이라면 어떤 질문을 해서 말을 하도록 유도할지 준비해두어야 합니다.

사례의 경우에는 평소에는 말을 많이 하는 팀원이었는데 최근 한 달 동안은 말을 거의 하지 않고 있습니다. 그렇다면 이팀원은 면담을 위한 테이블에 앉더라도 말을 하지 않을 가능성이 높습니다. 대신에 한 번만 입을 열어 말을 하기 시작하면 말을 많이 하게 될 가능성도 높을 것입니다. 그래서 필요한 준비가 말을 하게 하는 것입니다. 전과는 달리 요즘 들어 말을 하지 않는 이팀원이 말을 하도록 해야 합니다. 그 방법은 질문을 하는 것이지요. 팀장이 질문을 하고 팀원이 이야기를 할 때는 팀장의 입장에서는 팀원의 이야기를 잘 경청해주어야 합니다. 이렇듯 상대에 따라서 면담을 어떻게 풀어갈 것인가를 미리 준비해야 합니다. 그래야 성공적인 면담을 할 수 있습니다.

2. 상황은 이렇게 준비합니다.

여기에서의 면담은 상대방에게 문제가 있다는 것을 전제로 했습니다. 그렇다면 무엇이 문제인지를 알아야 합니다. 그래서 면담의 필요성이 있다고 판단이 되어야 면담을 하는 것이지요. 상대방이 먼저 찾아오는 경우가 아니라면 리더인 내가 그 상황을 알아내야 합니다. 그러기 위해서는 그 대상자를 잘 관찰해야 합니다. 관찰의 대상은 언어와 비언어 두 가지입니다. 언어는 면담 대상자가 하는 말의 내용이고 비언어는 면담 대상자가 보여주는 시선, 표정, 제스처, 말투입니다. 여기의 사례에서는 팀장이 팀원의 비언어를 관찰해서 무언가 문제가 있을 것 같다고 판단한 것입니다. 그러나 무엇이 문제인지는 아직 알지 못하는 상황입니다. 그 내용을 면담을 통해서 알아내야 하는 것이지요. 사례에서의 상황은 아직 뚜렷하지는 않습니다. 따라서 이 면담은 문제 상황을 개선하기 전에 무엇이 문제인지를 알아가는 것에서부터 출발을 해야 합니다.

이와는 달리 상황이 명확하게 규정되는 경우도 있지요. 무엇이 문제인지가 명확하게 드러난 경우입니다. 관찰을 해서 분명한 문제가 드러나면 그 문제를 가지고 면담을 하게 됩니다. 이런 경우에 리더가 면담 장소로 불러서 바로 그 문제를 이야기하는 것이 일반적인데 이것보다는 그 내용을 면담 전에 면담 대상자에게 미리 이야기를 하는 것이 좋습니다. 그렇게 해야 면담 대상자도 그 문제를 미리 생각하게 되고 그런 상태에서 면담이 이루어져야 효과적인 해결 방안을 찾아갈 수 있기 때문입니다. 이런 과정 없이 면담 장소에서 바로 문제 상황을 이야기하면 면담 대상자는 질책을 당한다는 느낌을 갖게 될 것입니다. 그렇게 되면 방어기제가 생겨서 속마음을 제대로 이야기하지 않을 가능성이 높겠지요.

사례의 경우에는 이팀원이 전과 달리 사무실에서 말도 잘 하지 않고 다른 동료들과 잘 어울리지 않는 것이 상황입니다. 팀장의 입장에서는 이것이 문제 행동이라고 판단했기 때문에 면담이 필요하다고 본 것이지요.

3. 목적은 이렇게 준비합니다.

면담은 상대방이 문제 행동을 하고 있을 때 합니다. 그리고 이 문제 행동을 바람직한 행동으로 바꾸기 위해 면담을 하는 것입니다. 그렇기 때문에 자연스럽게 면담의 목적은 상대방에게 기대하는 바람직한 행동이 됩니다. 상황을 문제 행동으로, 목적을 기대 행동으로 기억하면 좋습니다. 대화하는 목적은 최고 목적, 최저 목적의 두 가지입니다. 영업사원이 판매하고자 하는 고객사에 가서 영업을 하는 목적은 오늘 계약서를 쓰는 것입니다. 이것이 최고 목적이지요. 그러나 계약서에 사인을 받지 못하더라도 일부 수정을 해서 다음주 화요일에 다시 방문해달라는 요청을 받을 수도 있습니다. 이것이 최저 목적입니다. 물론 대화의 초점은 최고 목적을 달성하는 데 두어야 합니다. 그러다가 최고 목적을 달성하기가 여의치 않을 때 최저 목적이라도 달성해야 하겠지요.

사례의 경우에는 목적을 최고 목적과 최저 목적 두 가지로 정해볼 수 있습니다. 최고 목적은 최근에 말을 하지 않고 혼자만 지내는 이유를 알아서 그 문제를 이팀원과 함께 해결하는 것입니다. 그래서 면담 이후로는 예전처럼 동료들과 잘 어울리도록 하는 것이지요. 만약에 그 목적까지 가기가 힘들다면 그 이유만이라도 알아내야 할 것입니다. 이것이 최저 목적이 되는 것입니다. 물론 면담의 목적은 최고 목적에 두고 대화를 해야 하겠지요.

4. 시간은 이렇게 준비합니다.

시간을 언제로 하느냐도 면담 결과에 영향을 줍니다. 직접적이기보다는 간접적으로 영향을 준다고 하네요. 업무와 관련된 면담이면 업무시간 내에 하는 것이 좋을 것이고, 업무와 관련이 없는 사적인 내용의 면담이라면 업무를 마친 후가 좋겠지요. 또 하나 생각해야 할 것이 몇 분간 면담을 할지 시간을 미리 생각해야 한다는 것입니다. 면담을 할 때 시간과 관련해서는 몇 시에 만날까 하는 시각과, 몇 시간 또는 몇 분간 대화를 할까 하는 시간을 동시에 결정해야 합니다.

사례의 경우에서는 사적인 내용인지 업무적인 내용인지를 알지 못합니다. 따라서 어느 시간대에 면담을 하는 것이 바람직한지는 확정하기 어렵습니다. 가능하면 업무시간 내에 하는 것이 좋겠지요. 업무시간 외의 시간을 별도로 갖는 것은 이팀원에게 부담이 될 수 있으니까요. 면담 시간은 확정하기가 어렵기는 하지만 그래도 어느 정도 시간이 걸릴지는 예상해보는 것이 좋습니다.

5. 장소는 이렇게 준비합니다.

면담뿐 아니라 모든 대화에서는 분위기가 중요합니다. 면담의 내용에 맞는 장소를 선택했다면 이미 면담의 시작은 성공했다고 보아도 무방할 것입니다. 상대방의 문제 행동을 가지고 면담을 한다면 내 자리로 부르는 것이 바람직합니다. 축구에서의 홈그라운드 이점을 생각해보면 쉽게 이해가 될 것입니다. 물론 축구에서는 홈팬들의 응원의 힘을 등에 업어서 이기기도 하지만 내 자리가 가장 자신감을 가질 수 있는 자리이기 때문입니다. 면담도 상대방과의 기싸움의 성격을 갖습니다. 밀리지 않기 위해서 내 자리로 부르는 것이 좋습니다. 만약에 개인적인 문제를 가지고 면담을 하는 경우라면 사무실보다는 사내 휴게실이나 회사 근처 카페도 좋겠지요. 아무래도 더 편안한 분위기라서 이야기 풀기가 쉬울 테니까요.

사례의 경우에서는 이팀원이 어떤 문제를 가지고 있는지 알지 못하는 상황입니다. 그렇다면 가장 중요한 것이 이팀원이 자신의 고민이나 문제를 털어놓도록 하는 것이지요. 그래서 분위기가 더 중요하고, 그런 이유 때문에 분위기를 고려한 장소를 선택하는 것이 좋습니다. 사무실보다는 휴게실이 좋겠고, 여건이 허락된다면 휴게실보다는 회사 근처 카페가 더 좋겠지요.

준비한 대화가 성공한다는 진리에 가까운 이야기는 면담에서도 그대로 적용이 됩니다. 면담 대상자를 염두에 두고, 준비를 위한 다섯 가지 요소인 상대, 상황, 목적, 시간, 장소를 잘 준비해야 합니다.

2) 부드러운 시작 _초반 분위기가 전체 분위기를 좌우합니다

면담 상황에서 첫 대화를 하는 것이 어려워요.

Q 면담을 할 때 처음 테이블에 마주 앉아서 무슨 말을 해야 할까 하는 것이 늘 고민이에요. 면담의 경험으로 보면 첫 이야기를 무슨 내용으로 하느냐가 그 이후의 면담을 이어가는 데 영향을 주는 것 같은데 어떤 말로 어떻게 시작을 해야 하나요?

A 그렇습니다. 대부분의 대화가 처음을 어떻게 푸느냐가 중요한데 면담에서는 더욱 그렇습니다. 이후에 이어지는 대화가 민감한 이야기들일 수 있으니까요. 그래서 면담을 처음 시작할 때 좋은 분위기를 만들어놓아야 하는 것이 중요합니다. 이 내용은 앞에서 자세하게 설명을 했습니다. 방법편 중 '부드럽게 말하기'를 살펴보면 충분히 이해될 것입니다. 그리고 그 분위기 중에서 가장 중요한 것이 서로의 '기분'입니다. 기분이 좋아야 하는 이유는 그래야 그 후에 진행되는 면담을 잘 이어갈 수 있기 때문입니다. 따라서 면담을 위해서 처음에 할 이야기는 상대방의 기분이 좋을 만한 것으로 선택하면 됩니다. 그리고 하나 더 알아야 하는 것은 기분 좋은 이야기를 하면 상대방의 기분만 좋아지는 것이 아니라 그 이야기를 하는 사람의 기분도 좋아진다고

합니다. 아마 그런 경험을 우리는 대화를 하면서 자주 가져보았을 겁니다.

사례의 경우에서는 조금 고민이 됩니다. 면담 상대인 이팀원이 이전과는 달리 최근 말도 잘 하지 않고 다른 팀원들과 잘 어울리지도 않는다는 것은, 사무실에 있을 때의 기분이 그다지 좋지 않은 것으로 짐작해볼 수 있습니다. 그렇다면 회사와 관련된 이야기를 나누는 것은 이팀원의 기분을 좋게 하는 데 도움이 되지 않겠지요. 그러면 회사와 관련이 되지 않은 내용 중에서 무슨 이야기가 이팀원의 기분을 좋게 할 수 있을까? 이런 부분을 고민하던 중에 영화 〈기생충〉이 떠올랐습니다. 이팀원이 영화를 많이 좋아하는데 마침 봉준호 감독의 광팬입니다. 그래서 첫 대화로 〈기생충〉이 아카데미 영화제에서 4관왕을 했다는 이야기를 하기로 했습니다. 그래서 만나서 이렇게 말합니다. "이팀원, 뉴스 봤지? 봉준호 감독 〈기생충〉이 작품상도 타고, 감독상도 탔어. 야, 진짜 대단하지 않냐? 수상 소감 멘트는 또 왜 그리 멋있게 해. 진짜 죽이더라." 이렇게 말하면 아마 봉준호 감독의 광팬인 이팀원은 이렇게 받을 것 같습니다. "팀장님, 두 개 더 있잖아요. 각본상하고 국제장편영화상까지 탔어요." 이런 정도면 첫 대화는 성공한 것이지요. 사무실에서 말을 별로 하지 않던 이팀원이 팀장의 말을 받아서 자신의 말을 하고 있으니까요. 만약에 이팀원이 이렇게 말을 받아주지 않은 채 아무 말도 하지 않고 있다면 나머지 두 개의 상을 더 탄 것으로 알고 있는데 그것은 무엇이냐고 이팀원에게 묻는 것도 좋은 방법입니다. 스스로는 말을 하지 않아도 팀장의 질문에는 답변을 해야 하는 의무 같은 것을 가지게 되니까요.

면담에서 첫 말을 무엇으로 건네야 하는지는 이후의 면담 진행에 영향을 줍니다. 그리고 영향을 주는 것에 가장 중요한 핵심이 면담 대상자의 기분입니다. 따라서 대상자의 기분을 좋게 해줄 만한 내용으로 이야기를 시작하는 것이 좋습니다.

첫 대화를 한 후에 본 내용에는 어떻게 접근하나요?

Q 면담 대상자와 첫 대화를 잘 풀었습니다. 상대방이 좋아할 만한 이야기를 사전에 준비해서 기분이 좋아지는 것을 확인했습니다. 이제는 본격적으로 면담의 본 내용으로 넘어가야 하는데 자연스럽게 넘어가려면 어떻게 하면 될까요?

A 중요한 부분이지요. 상대방의 기분을 좋게만 하려고 면담을 하는 것은 아니니까요. 이 부분은 앞에서 이야기한 방법편의 '질문하기'와 관련이 있습니다. 거기에서 언급한 넓은 질문과 좁은 질문을 활용하면 됩니다. 넓은 질문은 이야기를 나누고자 하는 내용과는 거리가 먼, 즉 관련이 없거나 적은 질문을 하는 것이고, 좁은 질문은 이야기를 나누고자 하는 내용과 관련이 있는 질문을 하는 것입니다. 질문 순서는 넓은 질문을 한 후에 좁은 질문을 하면 됩니다. 넓은 질문을

먼저 하는 이유는 주제의 내용과 관련이 적고 가벼운 질문을 해서 상대방이 마음을 열게 하기 위해서입니다. 그 후에 주제와 관련이 있는 좁은 질문을 해야 상대방이 편안한 마음으로 이야기를 할 수 있습니다. 넓은 질문은 생략하는 경우도 있습니다. 무슨 이야기로 대화를 할지 서로 미리 알고 있는 경우입니다. 이때는 마음의 문을 여는 절차는 생략해도 되기 때문에 바로 좁은 질문을 하는 것이 좋습니다.

사례의 경우에서는 아직 이유를 모르기 때문에 넓은 질문으로 이팀원의 마음의 문을 여는 과정이 있어야 합니다. 어쩌면 넓은 질문의 단계에서 면담을 종료해야 할 수도 있습니다. 넓은 질문에 대한 이팀원의 반응이 부정적인 경우이지요. 가볍고 부담이 적은 넓은 질문에 상대방이 부정적이라면 면담을 할 마음이 안 되어 있다고 보는 것이 맞습니다. 이런 상황에서 억지로 면담을 한다면 성공하기가 힘들겠지요. 따라서 넓은 질문에 대해서 상대방이 부정적인 반응을 보이면 면담을 다음 기회로 미루는 것이 효과적입니다. 여기에서는 이팀원이 부정적이지는 않은 것으로 풀어보겠습니다.

넓은 질문의 내용은 상대방에게 부담을 주지 않고 마음을 열게 하는 것입니다. 이런 질문이 가장 일반적이지요. "요즘 회사생활 어때?" 이렇게 폭넓게 질문하면 상대방이 답변할 폭도 넓어집니다. 답변하기가 편하다는 말이지요. 그래야 편안하게 답변할 수 있습니다. 간혹 면담자가 실수하는 경우가 있습니다. 상대방의 문제가 이런 것일 거라고 단정하는 경우입니다. 선입관을 갖고 있다고 할까요? 예를 들어 이팀원이 여자 친구와의 결혼 문제가 잘 풀리지 않는다고 단정하고 그에 관한 질문을 하는 경우입니다. 아마 이렇게 질문을 하겠지요. "요즘 여자 친구하고 잘 안 되고 있나?" 이런 질문은 넓은 질문으로는 좋지 않습니다. 이팀원이 가지고 있는 문제가 여자 친구와의 문제가 아니면 '아니오'라는 답변만 하고 침묵할 것입니다. 그러면 다음 이야기를 이어가기가 어색해지겠지요. 그래서 넓은 질문이 필요한 것입니다. 물론 넓은 질문을 한 후에는 상대방이 하는 이야기를 잘 경청해야 하고요.

이렇게 넓은 질문을 통해서 상대방이 마음을 열게 하고 난 후 좁은 질문을 해야 하는데 좁은 질문은 면담하고자 하는 내용과 관련이 있는 것으로 질문을 하는 것입니다. 이 사례에서는 요즘에 말도 없고 혼자만 지내려고 하는 이유를 알아내는 것입니다. 따라서 그에 부합하는 질문을 하면 되는 것입니다. 이런 질문이겠지요. "이팀원, 전과는 달리 요즘에 말이 별로 없고 혼자만 지내려고 하는 것 같은데 그렇게 하는 특별한 이유가 있나?" 아마 이렇게 질문을 하게 될 것입니다. 여기에서 한 가지 생각해볼 것은 좁은 질문을 하는 타이밍입니다. 이렇게 타이밍을 잡으면 되겠습니다. 넓은 질문을 하면 상대방이 답변을 하게 될 것입니다. 그 답변 내용 중에서 좁은 질문의 타이밍을 잡는 것입니다. 예를 들어 팀장의 "요즘 회사생활 어때?"라는 넓은 질문에 이팀원이 이렇게 답변을 했다고 가정해보겠습니다. "특별한 것 없습니다. 그냥 좀 지친 것 같아요." 이렇게 답변을 했다고 가정할 때 팀장이 그 말을 받아서 이렇게 좁은 질문을 하는 것입니다. "지쳐 있었구나. 그래서 그런지 요즘에 말도 별로 없고 다른 팀원들과도 잘 어울리는 것 같지 않던데 특별한 이유가 있나?" 이렇게 물어주면 좋은 좁은 질문이 되겠지요. 이 정도면 아마도 이팀원이 말이 없는 이유와 혼자 지내려고 하는 이유를 말하지 않을까요?

말을 하지 않는 사람에게 말을 하게 하는 가장 좋은 방법은 질문입니다. 그것도 넓은 질문과 좁은 질문을 순서대로 잘하는 것입니다.

질문을 한 후에는 경청을 잘해야 하겠지요?

Q 넓은 질문이나 좁은 질문을 해서 상대방이 말을 할 때 나는 무엇을 하고 있어야 하나요?

A 당연히 적극적으로 상대방의 이야기를 들어주는 경청이지요. 경청이 얼마나 중요한지, 어떻게 경청을 해야 하는지를 앞에서 설명했습니다. 방법편 중에 '경청하기' 부분입니다. 그 부분에서 경청의 방법을 아홉 가지로 설명했습니다. 그 아홉 가지는 경청을 위해서 해야 할 것 일곱 가지와 하지 말아야 할 것 두 가지입니다. 다시 한 번 정리하면 해야 할 것 일곱 가지는 집중하고, 인정하고, 반응하고, 감정을 통제하고, 질문하고, 구체화를 요구하고, 요약하는 것이고, 하지 말아야 할 두 가지는 선입관을 갖지 말고, 선택적으로 듣지 말라는 것입니다. 이것을 이렇게 기억하면 오랫동안 기억할 수 있다고 정리한 방법이 있었지요. 먼저 앞에 나온 네 가지는 영어로 기억하자고 권했습니다. 집

중한다는 것은 Concentrate, 인정한다는 것은 Acknowledge, 반응한다는 것은 Respond, 감정을 통제한다는 것은 Emotion control입니다. 그래서 이 네 가지는 영어의 이니셜들을 모아서 CARE라는 단어로 기억하자고 이야기했고, 그 다음 세 가지, 질문하고, 구체화를 요구하고, 요약하는 것도 첫 글자를 모아서 '질구요'라는 말로 기억하자고 권했습니다. 밥이 질다는 의미이지요. 그 다음으로 경청할 때 하지 말아야 할 두 가지인 선입관을 갖지 않는 것과 선택적으로 듣지 않는 것도 첫 글자를 모아서 '선선'으로 기억하자고 권했는데 그냥 바람이 선선하다는 것으로 기억해놓으면 아마 평생 잊지 않을 수 있을 것이라고 설명했습니다. 더불어 이렇게 기억하는 방법이 유치하다는 고백을 하면서 그래도 기억하기에 편하기 때문에 과감하게 유치함을 선택했다는 이야기를 했습니다.

경청은 전체 면담 과정에서 필요합니다만 더 필요한 때가 질문을 한 후입니다. 넓은 질문이든 좁은 질문이든 질문을 하면 상대방은 질문에 대한 답변을 할 것입니다. 그때 적극적으로 들어주는 것이 필요하지요. 사례에서도 팀장이 어떤 경청 자세를 갖느냐에 따라서 이팀원이 털어놓는 이야기의 길이와 깊이가 달라질 것입니다. 아마도 아홉 가지 방법이 모두 필요할 것입니다. 이야기하는 이팀원의 시선을 보아주어야 하고, 팀장의 생각과 다른 내용을 이야기하더라도 인정해주어야 하고, 간간이 반응도 보여주어야 하고, 팀장의 의견에 대한 반론이 나오더라도 감정을 잘 통제해야 합니다. 이팀원의 이야기 중에서 잘 모르는 내용이 있으면 질문을 하고, 추상적인 내용은 구체적으로 이야기해달라고 요청하고, 이팀원의 이야기를 중간중간에 요약 정리하는 것도 필요합니다. 이팀원 개인에 대한 선입관을 갖지 않고, 듣고 싶은 것만 골라 들으려 하지 않는 것도 중요합니다. 이렇게 아홉 가지 방법이 모두 필요한 것이 일반적이지만, 상황에 따라서 사용하지 않아도 되는 방법도 있기는 하지요. 이런 방법들을 동원해서 잘 들어주면 이팀원이 훨씬 더 많이 이야기를 할 것입니다. 특히 사례에서는 이팀원이 말없이 혼자 지내려고 하는 이유를 모르기 때문에 이팀원이 이야기를 많이 하도록 유도하는 것은 매우 중요합니다. 그래서 특별히 경청을 더 잘해야 하지요.

3) 체계적인 설득 _논리적으로 생각하고 체계적으로 말하세요

본격적으로 할 말은 어떻게 시작하나요?

Q 넓은 질문이나 좁은 질문을 하고 경청하는 방법을 동원해서 상대방이 이야기를 많이 하게 하는 데 성공했습니다. 이제는 본격적으로 하고 싶은 말을 해야 하는데 어떻게 시작하면 되나요?

A 　드디어 할 이야기를 해야 하는 시점에 이르렀습니다. 넓은 질문에서 좁은 질문을 거쳐 왔습니다. 좁은 질문을 통해서 면담을 하고자 하는 주제 가까이에 왔습니다. 좁은 질문은 이런 질문이었습니다. "이팀원, 전과는 달리 요즘에 말이 별로 없고 혼자만 지내려고 하는 것 같은데 그렇게 하는 특별한 이유가 있나?" 이렇게 질문을 하면 이팀원이 자기 나름대로의 이유를 이야기할 것입니다. 그러면 그 말 뒤에 이렇게 이어가면 좋습니다. 이야기하고자 하는 주제를 제시하고, 예상되는 소요시간을 밝히고, 상대방의 동의를 구하는 것이지요. 이것을 위한 각각의 말의 내용은 이렇게 될 것입니다. 주제를 제시하는 말은, 좁은 질문에 대한 이팀원의 답변이 끝난 후에 "그렇지 않아도 그 문제 때문에 이야기를 하고 싶어서 오라고 했는데" 정도의 말이 되겠지요. 예상 소요시간에 관한 말은 "한 30분쯤 걸릴 것 같은데"가 될 것이고, 상대방의 동의를 구하는 말의 내용은 "지금 괜찮은가?" 아마 이 정도가 될 것 같습니다. 이것이 면담의 본 내용으로 접근하기 위한 말인데 한꺼번에 모으면 이렇게 되네요. "그렇지 않아도 그 문제 때문에 이야기를 하고 싶어서 오라고 했어. 한 30분쯤 걸릴 것 같은데 지금 괜찮은가?" 상대방의 동의를 구하는 말을 하는 이유는 두 가지 때문입니다. 하나는 상대방이 존중받고 있다는 느낌을 갖게 하는 것입니다. 자신보다 직급이 낮은 팀원이지만 이렇게 상대방의 동의를 구하는 모양새를 갖추면 상대방은 팀장이 자신을 존중해주고 있다는 느낌을 받기 때문에 이후의 면담에 긍정적으로 영향을 줍니다. 다른 하나는 실제로

상대방의 동의를 구해야 하기 때문입니다. 만일 동의를 구하는 이야기를 했는데 상대방이 지금 업무 때문에 바빠서 안 된다고 하면 다음에 다시 만나기로 해야 하기 때문입니다.

본격적으로 면담 주제로 접근해가는 방법은 주제를 제시하고, 소요 시간을 밝히고, 상대방의 동의를 구하는 것입니다.

본격적으로 할 말은 어떻게 하나요?

Q 부드러운 이야기를 해서 분위기를 좋게 만들고 넓은 질문과 좁은 질문을 통해서 상대방이 가지고 있는 이유도 알아냈습니다. 이제는 그 이유를 해결하는 이야기를 해야 할 단계입니다. 이것이 면담을 하는 가장 중요한 이유이겠지요. 특히 조직에서의 면담은 상대방이 가지고 있는 문제점을 함께 해결해가는 것이 대부분이라고 알고 있습니다. 그렇다면 상대방의 문제점을 해결하기 위한 본격적인 면담은 어떤 방법으로 하면 되나요?

A 그렇습니다. 조직에서의 면담은 상대방이 무언가 잘못된 태도를 가지고 있거나 잘못된 행동을 할 때 주로 하게 됩니다. 조직은 일을 통해서 공동의 목표를 달성해가는 집단인데 잘못된 태도나 행동은 목표를 달성하는 데 방해가 되니까요. 만약 어떤 팀원이 조직생활에서

의 태도도 좋고 바람직한 행동만을 한다면 바쁜 시간에 굳이 불러서 면담을 할 이유가 없겠지요. 그리고 이 부분에서 적용되는 내용이 앞에서 이야기한 방법편의 '논리적으로 말하기'입니다. 그리고 논리적으로 말하기가 응용된 실전편에서의 '이성 설득'에도 내용이 담겨져 있습니다. 그 부분의 내용들을 떠올리면서 선택한 사례를 중심으로 설명하겠습니다.

논리적으로 말하는 목적은 상대방을 설득하기 위해서입니다. 설득은 상대방의 문제 행동을 내가 기대하는 행동으로 바꾸는 것입니다. 그리고 거기에 필요한 중요한 키워드들이 주장, 근거, 증거입니다. 선택한 사례에서의 문제 행동은 이팀원이 말도 하지 않고 다른 사람들과도 잘 어울리지 않는다는 것입니다. 물론 그 이유는 질문을 통해서 알 수도 있을 것입니다. 만약 그 이유를 이팀원의 고백을 통해서 알 수 있다면 이유를 해결하는 방법을 함께 찾아보는 것도 좋은 면담 방법이지요. 그런데 여기에서는 문제 행동을 기대 행동으로 변화시키기 위해 면담을 진행하는 것으로 내용을 구성해보겠습니다. 이 구성은 앞에서 두 번에 걸쳐 설명을 했습니다. 방법편의 '논리적으로 말하기'에서와 실전편의 '이성 설득'에서입니다. 그런데 여기에서 사례를 가지고 한번 더 설명하고자 하는 이유는 그만큼 중요하기 때문입니다. 특히 감성보다는 이성이 지배하는 회사라는 조직에서는 더욱 그렇지요.

먼저 주장입니다.

주장은 상대방이 가지고 있는 문제 행동을 내가 바라는 기대 행동으로 바꿀 것을 주문하는 내용입니다. 그리고 주장에는 강도에 따라 두 가지가 있습니다. 강한 주장과 약한 주장입니다. 강한 주장은 '해야 한다, 하지 말아야 한다'로 표현하고, 약한 주장은 '하는 것이 바람직하다, 바람직하지 않다'로 표현합니다. 선택한 사례에서는 약한 주장으로 해보겠습니다. 사례 자체가 개인적인 차원의 것이니까요. 아마 이렇게 말하게 될 것입니다. "이팀원, 전과는 달리 요즘에는 말도 잘 안 하고 다른 팀원들과도 잘 어울리지 않는 것 같은데(문제 행동), 앞으로는 예전처럼 말도 좀 하고 다른 팀원들과도 잘 어울렸으면 좋겠어(기대 행동)."

다음은 근거와 증거입니다.

근거는 주장을 뒷받침하는 이유인데 세 개가 적당하고 상대방과 관련이 많은 것, 즉 상대방에게 더 중요한 것을 먼저 선택하는 것이 핵심입니다. 증거는 근거를 더 자세하게 풀어서 설명하는 것을 말하는데 정보(Information), 통계(Data), 사실(Fact), 이 세 가지를 중심으로 표현하면 됩니다. 이 두 가지 내용, 근거와 증거를 말로 표현하면 이렇게 될 것입니다.

"이팀원이 그렇게 해야 하는 이유를 세 가지로 정리해서 말해보겠네."

근거 1 : "첫째는 팀워크가 더 좋아지기 때문이야."
증거 : "자네가 우리 팀에서 근무하는 3년 동안 활발하게 일해줘서 자네

가 오기 전까지의 분위기와는 많이 달라졌고 그 덕분에 팀워크가 많이 좋아졌잖아."

근거 2 : "둘째는 자네 기분이 좋아지기 때문이야."
증거 : "전에 자네가 말도 많이 하고 다른 팀원들과 잘 어울릴 때는 항상 좋은 기분이었잖아."

근거 3 : "일의 성과도 더 좋아지기 때문이야."
증거 : "자네도 알잖아. 서로서로 도와서 협업을 해야 하는 우리 팀의 특성상 분위기가 얼마나 중요한지를…. 그리고 그 분위기를 살리는 데는 자네밖에 누가 또 있나?"

이렇게 근거와 증거를 이야기하고 난 뒤에 했던 이야기를 요약해서 정리해줍니다. 요약해서 정리하는 이유는 상대방에게 중요한 포인트를 기억시키기 위해서입니다. 방법은 세 개의 근거만 다시 한 번 말하는 것입니다. 이것을 말로 정리하면 이렇게 되겠지요.

요약정리 : "지금까지 세 가지 이유를 얘기했는데, 우리 팀의 팀워크도 좋아지고, 자네 기분도 좋아지고, 일의 성과도 오른다는 것을 기억해서."

면담의 목적은 면담 대상자의 문제 행동을 면담자가 기대하는 행동으로 바꾸는 것입니다. 이것을 행동을 촉구한다고 표현하기도 하지요. 방법은 면담 대상자에 대한 기대 행동, 즉 면담자가 하는 주장을 다시 한 번 언급해주는 것입니다. 말로 표현하면 이렇게 될 것입니다.

주장 재언급 : "앞으로는 예전처럼 말도 좀 많이 하고 다른 팀원들과도 잘 어울렸으면 좋겠네. 그렇게 해줄 수 있지?"

이렇게 말하면서 어깨 한번 두드려주면 그 다음부터는 사무실에서 이팀원의 신나게 떠드는 소리를 들을 수 있을 것입니다.

4) 아름다운 마무리 _마무리가 아름다워야 다음 면담이 기다려집니다

할 말을 다 하고 난 후 좋은 마무리는 어떻게 하면 되나요?

Q 면담에서 하고자 하는 이야기를 다 했습니다. 부드러운 이야기로 시작을 해서 좋은 분위기를 만들었고, 상대방이 해주었으면 하는 기대 행동도 말했습니다. 상대방으로부터 그러겠다는 긍정적인 답변을 듣기도 했고요. 이제는 잘 마무리만 하면 되겠는데 어떻게 마무리하는 것이 좋을런지요?

A 모든 대화에서 마지막 마무리가 중요하지만 면담에서는 마지막 마무리를 잘하는 것이 특히 중요합니다. 마무리를 잘하는가의 문제는 그 다음에 또 다른 면담을 할 때 상대방의 마음에 영향을 미치기 때문입니다. 많은 면담자들이 상대방에게 행동 변화를 요구하는 수준에서 면담을 마치자마자 악수하고 헤어지는 것을 보는데 이는 바람직하지 않은 방법입니다. 면담의 첫 부분에서는 상대방의 기분이 좋을 만한 이야기를 해서 면담 분위기를 좋게 하는 것이 중요하다고 설명했습니다. 이 내용은 면담의 마무리 부분에서도 중요합니다. 마무리를 아름답게 해야 면담 대상자가 다음 면담에 대한 거부감을 갖지 않게 됩니다. 면담의 마무리에서는 면담에서 나누었던 이야기들을 정리하고 앞으로의 진행 계획을 함께 생각해보는 것이 좋습니다. 그러고 난 후에 격려의 말을 하며 악수를 하면 되는 것이지요. 이것을 순서대로 정리하면 합의 내용 정리, 향후 계획 논의, 추가 질문, 격려의 말이 됩니다. 각각의 내용을 선택한 사례를 가지고 설명하겠습니다.

먼저 합의 내용 정리는 면담에서 합의한 결론적인 내용을 상호간 한 번 더 확인하는 절차를 갖는 것입니다. "오늘은 이런저런 이야기를 나누었고 결론이 이렇게 되었네. 자네도 동의하는가?" 아마도 이런 말을 하게 되겠지요. 혹시 숫자가 등장하는 등의 구체적인 결론이라면 좀 더 찬찬히 서로 확인하는 작업이 필요하겠습니다. 선택한 사례의 경우에는 이렇게 말하게 될 것입니다. "오늘 우리가 나눈 이야기는 자네가 앞으로는 예전처럼 말도 좀 많이 하고 다른 팀원들과도 잘 어울리기로 한 거야. 동의하지?"

향후 계획 논의는 오늘 나누었던 면담의 결론을 실행하는 데 앞으로 어떻게 할 것인가를 확인하는 절차인데 면담 대상자가 할 일은 이런 것이고, 면담자가 할 일은 저런 것이라는 것을 서로 확인하는 단계입니다. 대개의 경우에는 면담 대상자가 어떤 행동을 하는 데 면담자가 도와주는 행동을 하는 것으로 이루어지지요. 선택한 사례의 경우는 이렇게 말하게 될 것입니다. "자네가 앞으로는 그렇게 말하고 행동해주리라고 믿네. 그리고 그렇게 하는 과정에서 나도 많이 도와줄게."

추가 질문은 상대방을 존중하고 있다는 것을 보여주는 차원이기도 합니다. 오늘 나눈 면담 내용과는 다른 내용의 할 이야기가 있는가를 물어보면서 상대방에 대한 존중의 마음을 느끼게 하는 절차이지요. 선택한 사례의 경우에서는 이렇게 말하게 될 것입니다. "다른 더 할 얘기 있나?" 그런데 이때 면담 대상자가 면담자를 당황하게 하는 질문을 하는 경우도 있습니다. 이런 경우이지요. "지난번에 인사고과를 C를 주셨던데 저는 그게 잘 이해가 안 됩니다." 이런 정도의 질문이라면 면담자는 당황할 수밖에 없지요. 이때 머리에 떠올려야 할 것이 '준비한 대화가 성공한다'라는 진리에 가까운 말입니다. 준비한 대화가 성공한다는 이 말은 뒤집어보면 준비하지 않은 대화는 실패한다는 말이기도 합니다. 그렇습니다. 준비하지 않으면 면담에서도 성공하기 어렵습니다. 그런데 인사고과에 관한 내용은 오늘은 준비하지 못한 것입니다. 따라서 오늘 이야기를 하면 실패할 가능성이 높은 면담이 될 수도 있습니다. 그래서 이런 경우에는 그 자리에서 이야기하지 말고 일단 미루어놓는 것이 좋습니다. 그리고 시간을 가지고 준비해서 다시 만나는 것이 효과적이지요. 아마 이렇게 이야기하게 되지 않을까요? "그래? 그렇게 생각했구나. 그럼 그 문제는 나도 더 생각을 해보고 2, 3일 후에 다시 만나서 이야기를 해보면 어떨까?" 이렇게 말하고 헤어지고 난 후부터 고과에 관한 면담을 준비하면 되는 것이지요.

격려의 말은 면담을 마무리하고 돌아갈 때 건네는 말입니다. "열심히 하는 모습이 보기 좋아" "앞으로도 잘 부탁해" 이런 정도의 말을 건네면 면담 대상자가 기분 좋게 돌아갈 수 있을 것입니다.

소통을 위한 대화, 이렇게 하면 돼요

넷째 마당

—

적용편

01 가정에서의 적용

가정은 우리의 최후 안식처입니다.

세상 살아가는 게 쉽지 않습니다. 무슨 일을 하면서 살아가든지 만만치 않은 게 세상입니다. 우리가 포함돼서 살아가는 삶의 터전, 두 곳 모두 쉽지가 않지요. 한 곳은 일터이고, 다른 한 곳은 쉼터입니다. 일터는 직장이고 쉼터는 가정이겠지요. 일터에서 열심히 일하느라고 지친 몸과 마음을 가정이라는 쉼터에서 재충전을 합니다. 그리고 충전된 몸과 마음으로 이튿날 또다시 일터로 나갑니다. 이런 과정을 매일 반복하면서 살아가고 있습니다.

그런데 가끔은 가정이 쉼터가 되지 못하는 때가 있습니다. 여러 가지 신경 쓰고 고민해야 할 일이 생기기도 하니까요. 그럴 수는 있겠지요. 우리는 누구나 가정이 더 행복하고 잘 되기를 바라고, 그 바라는 만큼 해야 할 일들도 많습니다. 그러다가 바라는 일이 제대로 안 되면 가족 간에 갈등도 경험하게 되고 힘든 일이 가끔 생길 수 있는 것이지요. 그런데 한 가지 아쉬운 것은 그 여러 가지 문제들 중에서 소통만 잘 되어도 해결될 수 있는 것들이 있다는 것입니다. 조금만 잘 들어주었어도, 조금만 부드럽게 말을 했어도, 조금만 자세하게 설명을 해주었어도, 조금만 톤을 낮추어 말을 했어도 생기지 않았을 문제들도 제법 있다는 것입니다.

우리는 가족 간에 나름 소통을 잘하고 있다고 생각합니다. 그런데 이런 경우의 소통은 대부분 소통을 하는 시간의 양을 두고 그렇게 판단합니다. 소통에는 두 가지 정의가 있습니다. 하나는 '서로 잘 통한다'는 것이고, 다른 하나는 '서로 오해가 없다'는 것입니다. 소통에서 중요한 것은 전자의 정의보다는 후자의 정의입니다. 소통이 잘 된다는 것은 대화하는 시간이 많다는 것에 초점을 두기보다는 대화를 해서 서로 간에 오해가 없어야 한다는 것에 더 초점을 두어야 합니다.

소통의 방법은 대화입니다. 대화는 서로 얼굴을 바라보면서 말을 주고받는 것입니다. 결국 소통을 잘한다는 것은 대화를 잘한다는 것인데, 이때 대화를 잘한다는 것은 말을 화려하게 잘 구사한다는 의미가 아니라 그 상황에 맞는 말의 방법을 선택한다는 것입니다. 들어야 할 때는 잘 듣고, 부드럽게 말해야 할 때는 부드럽게 말하고, 자세하게 설명을 해야 할 때는 근거와 증거를 들어서 풀어주고, 아주 가끔 세게

소통을 위한 대화, 이렇게 하면 돼요

말을 해야 할 때는 강하게 말하고, 이런 방법들이 필요합니다. 그리고 이렇게 상황에 맞는 대화의 방법을 선택할 때 가정은 훨씬 더 행복해지는 것입니다.

지금부터 가정에서 흔히 있을 수 있는 몇 가지 상황을 가지고 어떻게 대화로 풀어야 하는지를 설명하겠습니다. 여기에서 제시하고 있는 몇 가지 상황을 잘 익히면 유사한 다른 상황에도 적용할 수 있습니다. 여기에서 제시되는 가정에서의 몇 가지 상황에서는 지금까지 설명한 소통의 여러 가지 방법 중에서 적합한 방법을 적용하는 것으로 구체화해보겠습니다. 그리고 어떤 내용들을 적용했는지 제시하겠습니다.

세상에는 여러 가지 소통 상황들이 있는데 그 소통 상황에는 잘 풀어가기 위한 방법들이 있습니다. 그래서 지금까지는 질문에 대한 답변 형태로 전개를 해왔는데 적용편에서는 '상황'을 제시하고 그 상황을 '풀이'하는 식으로 전개하겠습니다. 여기에서 제시되는 상황은 이해편 '이런 상황에서 어떻게 말해야 돼요?'에서 제시한 상황들입니다. 그 상황을 가지고 하나씩 풀어보겠습니다.

아들이 휴대전화를 끼고 살아요.

〈상황〉

초등학교 5학년 아들입니다. 참 착한 아들인데 딱 한 가지 엄마를 속상하게 하는 게 있습니다. 휴대전화를 너무 많이 사용합니다.

휴대전화를 하루 종일 하는 것은 물론이고 심지어는 잠을 잘 때도 끼고 잘 정도입니다. 그만하라고 몇 번을 이야기했는데 소용이 없고, 휴대전화를 못하게 빼앗으면 울고불고 난리가 나고, 어떻게 해야 할지 모르겠습니다. 말을 하기는 해야 하는데요.

〈풀이〉

과학의 발달이 인간을 편하게 해주는 것은 맞는데 그에 따르는 안 좋은 점들을 동시에 갖게도 합니다. 그중에 대표적인 것이 휴대전화 아닐까요? 초등학교에만 들어가면 대부분의 아이들이 휴대전화를 갖습니다. 엄마 입장에서도 아이가 어디에 있는지 확인하려면 어쩔 수 없는 선택이기도 하지요. 그런데 이게 부작용이 크다는 겁니다. 하루 종일 휴대전화를 끼고 살잖아요.

이 문제를 대화로 해결하려면 어떤 방법이 좋을까요? 저자는 논리적인 접근 방법, 즉 이성 설득 방법을 추천하고 싶습니다. 엄마는 아들이 휴대전화를 덜 사용하도록 설득해야 합니다. 그런데 이런 상황에서 일반적으로 엄마들이 많이 선택하는 방법은 설득의 세 가지 방법인 감성 설득, 이성 설득, 위협 설득 중에서 감성 설득과 위협 설득입니다. 아들에게 사정하듯이 부드럽게 이야기하다가 말을 듣지 않으면 겁을 주곤 하지요. 근거와 증거를 들어서 논리적으로 이야기하는 방법은 잘 사용하지 않습니다. 그 이유는 가정이라는 집단의 속성 때문일 겁니다. 가정은 이성보다는 감성이 지배하는 곳이잖아요. 그러니 이성적인 이야기를 하기가 어색한 곳이지요. 그리고 이성 설득은 엄마 입장에서 먼저 근거와 증거를 만들어야 하니까 귀찮기도 하고요. 그리고 또 하나, 우리 엄마들이 오해하고 있는 것 하나가 있습니다. 대개의 엄마들은 자신의 자녀를 과소평가하는 경향이 있습니다. 자녀에게 논리적으로 말해도 못 알아들을 것이라고 생각하는 것이지요. 안 그렇습니다. 개인마다 차이가 있기는 하지만 인간의 두뇌가 논리적으로 형성되는 초기 시점을 우리나라 기준으로 초등학교 고학년으로 본다고 합니다. 초등학교 2학년 자녀는 엄마가 논리적으로 말을 해도 잘 못 알아들을 수 있습니다. 그러나 고학년은 다릅니다. 충분히 알아듣고 이해도 할 수 있습니다. 그런데 우리나라 엄마들이 이 사실을 잘 인정하지 않으려는 것 같아요. 특히 자기 자식에게는 더 그런 것 같습니다.

그래서 우리나라 엄마들은 자기 자식을 설득할 때 이성 설득보다는 감성 설득과 위협 설득을 주로 사용하나 봅니다. 그런데 문제는 감성 설득도 위협 설득도 잘 통하지 않는다는 것이지요. 그래서 이성 설득으로 시도를 해보자는 것입니다.

이성 설득은 앞의 두 곳에서 설명한 바 있습니다. 방법편 '논리적으로 말하기'와 실전편 '이성 설득'에서입니다. 이 두 부분을 다시 한 번 살펴보면 엄마가 아들에게 어떻게 말해야 할지를 금방 알 수 있습니다. 그리고 어떤 대화도 준비해야 성공한다고 힘주어 설명한 방법편 '사전 준비'도 잘 살펴보아야 하고요. 여기에서는 사전 준비는 다 마친 것으로 전제하고 이성 설득 방법을 바로 설명하겠습니다. 사전 준비는 다른 부분에서 가끔씩 설명을 했기 때문입니다. 여기에서 설명하는 방법은 정답이라기보다는 추천 방법이라고 생각하면 좋겠습니다. 정답은 각 가정의 상황마다 각 개인의 특성마다 다를 테니까요. 따라서 추천하는 방법을 참고해서 자신만의 방법을 만들면 되겠습니다.

이성 설득의 핵심 키워드는 주장, 근거, 증거 세 가지입니다.

주장은 엄마가 아들에게 바라는 행동이지요. 이렇게 말하게 될 것입니다. "아들, 휴대전화를 하루에 1시간만 사용하면 좋겠어." 주장은 강한 주장을 선택하지 않고 약한 주장을 선택했습니다. 강한 주장은 상대방과의 관계가 손상될 위험성이 있는데 아들과의 관계를 고려하면 약한 주장이 더 바람직하겠지요. 아들이 휴대전화를 1시간만 사용하길 원한다면 지금은 몇 시간 정도를 하는가를 알아야 합니다. 여기에서는 휴대전화를 끼고 산다는 정도라고 했는데 시간으로 규정하기 힘든 정도일 것 같아요. 물론 이런 내용은 사전 준비 단계에서 정리가 되었을 겁니다. 그래서 지금 어느 정도 하는지를 말하지 않고 아들에게 기대하는 1시간만을 이야기했습니다.

근거는 세 개가 적당한데 세 개의 선택은 상대방에게 더 중요한 것을 기준으로 합니다. 좋은 근거를 만드는 방법은 근거가 될 만한 것들을 모두 모아놓고 그중 아들이 덜 중요하다고 생각할 만한 것을 하나씩 버리는 방법이 좋습니다. 그렇게 해서 세 개의 근거만 남기고 그중에서 아들이 가장 중요하다고 생각할 만한 것을 첫 번째 근거로, 이어서 두 번째, 세 번째 근거로 선택하면 됩니다. 이런 기준으로 여기에서 선택한 근거를 이렇게 구성해보았습니다. 역시 대화 형태로 정리해봅니다. "첫 번째 이유는 눈이 나빠서 안경을 쓰게 된다는 거야. 두 번째 이유는 건강이 나빠진다는 거야. 세 번째 이유는 공부할 시간이 적어진다는 거야." 엄마 마음에는 세 번째 이유가 가장 중요합니다. 그래서 공부와 관련된 것을 첫 번째 근거로 내세우고 싶지만 아들의 입장을 생각하면 다를 것입니다. 그래서 세 번째로 돌려놓은 것입니다. 지혜로운 방법 아닐까요?

그 다음은 각각의 근거를 구체적이고 자세하게 풀어주는 증거입니다. 증거로는 정보(Information), 통계(Data), 사실(Fact)이 좋습니다. 여기에서도 이 세 가지를 염두에 두고 증거를 만들어보겠습니다. 첫 번째 근거인 눈이 나빠진다는 것에 대한 증거입니다. 휴대전화를 하루에 한 시간 이상 사용하는 청소년과 하루 한 시간 이하로 사용하는 청소년의 시력이 어떤 차이를 보이는지에 대한 자료면 좋겠지요. 물론 이런 자료를 이야기하려면 사전 준비 단계에서 엄마의 수고가 있어야 하고요. 두 번째 근거인 건강이 나빠진다는 것에 대한 증거입니다. 이것은 휴대전화의 전자파가 인간의 건강에 미치는 바람직하지 않은 영향을 가지고 이야기하면 좋겠습니다. 당연히 이것도 사전 준비 단계에서 조사가 되어 있어야 합니다. 세 번째 근거인 공부할 시간이 적어진다는 것에 대한 증거입니다. 휴대전화를 많이 사용하지 않았던 4학년 때는 책도 많이 읽고 공부도 많이 했었는데 휴대전화를 많이 사용하기 시작한 5학년 때부터는 책 읽은 시간, 공부하는 시간이 모두 줄어들었다는 것을 이야기하면 좋겠습니다.

아들에게 논리를 갖추어 이성적으로 설득하는 것을 설명했는데 익숙함보다는 어색함이 더 많을 것 같습니다. 그런 생각을 갖게 하는 가장 큰 이유는 사용해본 경험이 많지 않기 때문이겠지요. 이 방법보다

는 살살 달래는 감성 설득이나, 윽박지르는 위협 설득을 더 많이 사용
하지 않았을까요? 그리고 기왕에 감성 설득이나 위협 설득을 사용한
다면 그에 맞는 좋은 방법들을 사용하면 좋겠습니다. 앞에서 설명한
설득 부분을 잘 살펴보고 활용하면 되겠지요.

아내가 화가 나 있어요.

〈상황〉

오랜만에 야근 없이, 모임 없이 일찍 퇴근을 했습니다. 잠시의
저녁시간이라도 아내와 아이들과 함께할 생각에 기쁜 마음으로 집으
로 향합니다. 초인종을 누르자 아내가 문을 열어줍니다. 그런데 아내
의 표정이 좋지 않습니다. 혹시 무슨 일이 있었냐고 물어보니 아내의
답변은 이렇습니다. '오후 3시쯤 재활용을 버리러 가서 버리고 있었다.
재활용품을 종류별로 버리다가 플라스틱 페트병을 실수로 비닐 박스
에 잘못 넣었다. 그때 마침 옆에서 같이 재활용을 버리고 있던 통장 아
줌마가 그렇게 버리면 안 된다고 한마디했다. 일부러 그런 것도 아니
고 곧 옮기려고 했는데 그런 소리를 듣다니…. 짜증이 난다.' 이 말을
들은 남편은 어떻게 말을 해야 할까요?

〈풀이〉

가끔씩 경험하는 상황입니다. 가정에서 부부 간에 일어나는 다른

상황까지 고려하면 '가끔'이 아니라 '종종'일 수도 있을 것입니다. 퇴근 후에 배우자와 좋게좋게 이야기를 시작했다가 싸움으로 끝나는 경우입니다. 이런 경우에는 일반적으로 아내 쪽보다는 남편 쪽의 실수가 더 많기 때문에 상황을 이렇게 만들어보았습니다. 이때 남편이 어떻게 말을 하느냐에 따라 아내와의 관계가 더 좋아질 수도 있고 더 나빠질 수도 있습니다. 도대체 이런 상황에서 남편이 어떻게 말을 해야 할까요?

우리나라 일반적인 남편들은 이런 상황에서 어떻게 말을 할까요? 아마 이렇게 말할 것입니다. "당신이 잘못했네. 잘 좀 버리지 그랬어." 앞의 '당신이 잘못했네'라는 말은 아내의 행동을 지적하는 말입니다. 이러면 아내는 기분이 나빠질 수밖에 없습니다. 작은 실수이고, 일부러 그런 것도 아니고, 잘못 버렸다는 것을 알고 곧 수정하려고 했는데, 거기에다 대고 지적을 하면 기분이 나빠지지 않을 사람은 아무도 없을 것입니다. 뒤의 '잘 좀 버리지 그랬어'라는 것은 해결 방안, 즉 솔루션을 제공하고 있는 것입니다. 이 또한 아내의 기분을 나쁘게 만듭니다. 솔루션 제공이 기분이 나빠지는 이유는 이미 지난 상황이고 아내도 쉽게 할 수 있는 일이기 때문입니다. 여기서 생각해봐야 할 것이 있습니다. 남편들, 특히 조직생활을 하는 남편들은 솔루션을 제공하는 데 매우 익숙해져 있는 사람들입니다. 이 현상은 조직생활을 오래한 사람일수록 심할 가능성이 높습니다. 조직생활을 20년, 30년 해오는 동안에 늘 솔루션을 제공하면서 살아왔습니다. 조직생활이라는 것이 원래 그런 것이잖아요. 생겨날 문제를 예방하는 곳이고, 생겨난 문제를 해결하는 곳 말입니다. 그 결과로 솔루션을 제공하는 것이 이미 몸에 강력하게 배어 있는 것입니다. 그래서 가정에서도 솔루션이 먼저 나오게 되는 것이지요.

그런데 남편이 위와 같은 말을 하면 아내의 반응은 어떻겠습니까? 남녀를 이분법화하는 것은 바람직하지 않다는 것을 전제로 하더라도 대개의 경우 아내들이 속상한 이야기를 남편에게 털어놓는 경우는 두 가지를 기대하기 때문입니다. 하나는 자신의 말을 잘 들어달라는, 즉 '경청'을 해달라는 것이고, 다른 하나는 내 속상한 마음을 같이 느껴달라는, 즉 '공감'을 해달라는 것입니다. 그런데 거기에다 위와 같은 말을 하면 아내가 섭섭할 수밖에 없겠지요. 심리적으로 한 걸음 뒤로 물러나게 될 것입니다. 이쯤 되면 아내의 생각은 아마 이럴 것입니다. '내가 당신하고 이야기를 하느니 차라리 벽을 보고 이야기하는 게 낫지.' 그리고 다음주에 비슷한 상황이 있어서 남편이 또 비슷한 말을 한다면 심리적으로 한 걸음 더 뒤로 물러나게 될 것입니다. 이때쯤이면 아마도 이런 말을 하게 될 것입니다. "내가 당신하고 말을 하면 성을 간다." 그러다가 언젠가는 안방으로 들어가게 되겠지요. 이때가 그 가정에 TV가 두 대 필요한 때입니다. 질책하고 솔루션만 제공하는 남편과 같은 공간에 있기가 싫어서 아내가 볼 수 있는 TV가 필요한 때입니다. 이것이 장기화되면 부부 간에 대화를 하지 않게 될 만큼 위험해질 수도 있습니다. 당연히 바람직한 모습이 아니지요. 부부 간의 행복은 물론 가정의 화목도 위험해질 테니까요.

그럼 어떻게 말하는 것이 바람직한 방법일까요? 아내가 자신의 속상한 상황을 말할 때 남편은 두 가지를 잘해야 합니다. '경청'과 '공감'입니다.

먼저 경청을 보겠습니다. 이 상황에서 어떻게 하는 것이 경청을 잘하는 것일까요? "경청은 무엇으로 하는 것입니까?"라는 물음에 대부분의 사람들은 '귀'라고 답변할 것입니다. 당연합니다. 그렇게 배워왔고, 시험에 문제로 나오면 그렇게 답해야 합니다. 그런데 그것은 말 그대로 경청을 '하는' 수준입니다. 경청을 '잘하는' 수준이라고 말하기는 어렵습니다. 경청을 정말 잘하는 사람은 '귀'로 하지 않고 '입'으로 합니다. 경청을 귀로 하지 않고 입으로 한다는 말에 다소 의아해할 수 있는데, 경청을 입으로 한다는 것은 상대방이 이야기한 내용을 귀로 듣고 머리로 가져가서 생각한 후에 '나는 이렇게 이해했다'는 것을 입으로 표현하는 것을 말합니다. 여기까지 가야 완벽한 경청이 되는 것입니다. 이 상황에서는 아내가 이야기한 내용을 남편이 자신의 말로 정리해서 입으로 표현하는 것입니다. 이렇게 말하게 되겠지요. "페트병을 실수로 비닐 박스에 잘못 넣은 것을 가지고 통장이 한마디했다는 얘기야?" 이렇게 말하면 아내가 '아, 내 남편이 내 말을 정말 잘 들어주었구나!'라는 생각을 하게 됩니다. 일반적인 소통에서 남편이 지적하는 말을 하거나 솔루션을 제공하는 말을 하면 아내가 남편으로부터 점점 멀어진다고 했습니다. 그러나 이렇게 바람직한 경청을 하면 아내가 남편에게 한 걸음 더 가까이 다가오게 됩니다. 다음주에 비슷한 상황에서 남편이 경청을 잘해주면 또 한 걸음, 이러다가 남편 옆으로 바짝 다가오게 됩니다. 한 대의 TV를 함께 보며 화목하고 행복한 부부의 모습을 갖게 되는 것이지요. 그리고 이러한 경청 방법들이 쌓여갈수록 부부 사이는 더 좋아질 수밖에 없겠지요.

다음 단계는 공감을 해주는 것입니다. 공감이란 상대방이 느끼고 있는 감정을 나도 그렇게 느낀다는 것인데 중요한 것은 공감하고 있다는 사실을 표현해야 한다는 것입니다. 속으로만 느끼는 것은 의미가 없다는 말이지요. 그 느낌이 상대방에게 그대로 전달이 되어야 하는 것입니다. 재활용을 잘못 버려서 통장이 한마디했을 때 아내의 마음이 어땠을까요? 아마 몹시 기분이 나빴을 것입니다. 그 느낌을 남편이 말로 표현하면 되는 것입니다. "당신 기분이 많이 나빴겠다." 이 한마디만 더 해주면 되는 것입니다.

여기에서 끝내야 합니다. 즉 솔루션을 제공하지 말라는 것입니다. 솔루션 제공은 타이밍을 잘 봐야 합니다. 이틀 후 재활용을 같이 버리러 갈 때, "여보, 오늘은 통장이 있으면 조금 이따 버리자" 식의 솔루션을 제공하는 것입니다. 속상한 이야기를 털어놓을 당시가 아니라 시간이 지나서 마음이 누그러졌을 때 제공해야 합니다.

말 한마디가 부부 사이를 멀리 떼어놓기도 하고, 가까이 다가가게도 합니다.

아들이 선생님한테 혼났어요.

〈상황〉

초등학교 1학년 아들이 학교에서 돌아와 가방을 벗자마자 엄마한테 하소연을 합니다. "엄마, 나 진짜 기분 나빠. 나는 안 떠들려고 했는데 철수가 떠들자고 해서 떠들다가 선생님한테 야단맞았어." 학교에서 있었던 속상한 일을 엄마한테 고백합니다. 사랑하는 아들이 선생님한테 야단을 맞았다는 이야기에 엄마 가슴은 찢어집니다. 전에도 철수와 관련된 비슷한 일이 있어서 조심하라고 당부를 했었는데 이런 일이 또 생긴 것입니다. 사랑하는 아들이 이럴 때 엄마가 어떻게 말을 해야 할까요? 잘못 말하면 아들이 엄마로부터 점점 멀어지다가 결국에는 엄마와 대화를 잘 하지 않는 아들이 될 수 있습니다. 반대로 말을 잘 하면 엄마와의 대화를 즐기는, 긍정적인 차원의 수다쟁이 아들이 될 수도 있고요. 고민입니다.

〈풀이〉

우리나라 일반적인 엄마들은 이런 상황에서 어떻게 말을 할까요? 아마 이렇게 말할 것입니다. "어이구, 잘했다. 엄마가 뭐라고 그랬어. 철수하고 놀지 말라고 그랬지. 몇 번이나 얘기했는데 왜 못 알아들어. 잘됐어. 너는 선생님한테 혼나도 싸." 모두가 귀에 익숙한 말들이지요? 이런 말에는 좋지 않은 두 가지 의미가 들어 있습니다. 하나는 비난입니다. 엄마가 철수하고 놀지 말라고 했는데 놀았다는 것을 비난하고 있습니다. 그리고 비난의 본질은 따로 있습니다. 엄마 말을 순종하지 않았다는 것, 지난번에 철수하고 놀지 말라고 한 엄마 말을 듣지 않았다는 것을 비난하고 있는 것입니다. 또 하나는 질책입니다. 선생님한테 혼나서 마음이 상해 있는 아들을 한 번 더 질책하면서 아들의 마음을 더 아프게 하고 있습니다. 이런 말은 어느 엄마에게서나 자연스럽게 나올 수 있습니다. 이 글을 읽고 있는 어느 엄마도 그런 경험을 했을지 모릅니다. 왜 그럴까요? 그런 말을 하는 것에 왜 별 거리낌이 없을까요? 이런 말들이 우리에게 이미 익숙해져 있는 것일까요? 이런 생각을 하게 되는 것은 아마도 우리 엄마들의 밑바탕에 다음과 같은 생각들이 깔려 있기 때문일 것입니다. 내가 낳은 내 아들이고, 내가 훈육할 책임이 있기 때문이라는 생각, 한발 더 나가서 내 아들이니까 내 마음대로 해도 된다는 생각 말입니다. 그런데 이런 생각과 이 생각 속에서 나오는 말들이 과연 옳은 것일까요? 아닐 겁니다. 이런 생각을 바탕으로 나오는 이런 말들이 가져올 결과를 예측할 수 있다면 결코 옳은 방법이 아니라는 것을 쉽게 알 수 있습니다.

그 결과는 아마 이럴 것입니다. 아들이 학교에서 있었던 일을 집에 오자마자 엄마한테 이야기하는 것은 단순히 학교에서 있었던 일을 엄마에게 보고한다는 의미만을 가지고 있지 않습니다. 그것을 계기로 해서 엄마와 대화를 하고 싶어하는 것입니다. 엄마와 지속적인 관계를 갖고 싶어하는 것이지요. 그런데 위와 같이 비난이나 질책의 말을 한다면 엄마와 대화를 해서 더 친밀해지고 싶어하는 아들을 심리적으로 밀어내게 되는 것입니다. 그리고 그 결과로 다음부터는 학교에서 있었던 일을 엄마한테 말하지 않을 것입니다. 그리고 이런 거부 과정들이 차곡차곡 쌓여서 초등학교 고학년쯤 되면 엄마하고 이야기를 잘 하지 않는 아들, 중학교에 가면 엄마 옆에 잘 오지 않는 아들, 고등학교 때는 얼굴 보기 어려운 아들이 되고 말 것입니다. 당연히 바람직하지 않지요. 우리 엄마들이 원하는 바도 아니고요.

그렇다면 어떻게 이야기를 하는 것이 바람직한 방법일까요? 이 경우에도 두 가지를 잘해야 합니다. '경청'과 '공감'입니다.

먼저 아들의 이야기를 귀 기울여 잘 들어주어야 합니다. 엄마가 아들의 이야기를 모두 들은 뒤에 이렇게 말을 해야 하지요. "너는 안 떠들려고 했는데 철수가 떠들자고 해서 떠들다가 선생님한테 야단맞았다는 말이구나." 이렇게 말하면 아들은 이렇게 생각할 것입니다. '엄마가 내 말을 정말 잘 들어주었구나.' 그리고 이런 생각을 하게 되면 다음주에 있었던 사소한 이야기도 엄마한테 털어놓게 됩니다. 이러면서 엄마와 사이도 좋아지고 좋은 친구가 되는 것이지요. 이것이 경청의 효과입니다.

그러고는 속상한 아들의 마음을 어루만져주는 말 한 마디만 더 해주면 됩니다. "우리 아들 속상했겠다." 이렇게 말하면 아들은 이렇게 생각하겠지요. '역시 내 마음을 알아주는 것은 엄마뿐이야.' 그리고는 힘들고 속상한 일이 있으면 엄마한테 달려와서 털어놓게 되지요. 이것이 공감의 효과입니다.

이 경우에는 아들에게 솔루션을 주어야 합니다. 다음부터는 그러지 않도록 단속을 해야 하니까요. 이때 중요한 것이 솔루션을 제공하는 타이밍입니다. 아들이 고백한 현장에서 솔루션을 제공하는 것이 아니라 이튿날 아들이 학교에 가려고 운동화 신을 때 말을 하는 것입니다. "아들, 오늘은 철수가 떠들자고 해도 떠들지 마. 선생님한테 또 야단맞을 수 있어. 우리 아들 잘할 수 있지?" 이렇게 말해주면 아마 아들은 자신의 말을 잘 들어주고 속상한 마음을 공감해주는 엄마가 하는 말이기에 분명히 조심할 것입니다.

엄마와 친구처럼 편안하게 지내는 아들이 되게 할 것인지, 자기 방에 혼자 틀어박혀 거실에도 잘 나오지 않는 아들이 되게 할 것인지, 엄마의 말 한마디에 달려 있습니다.

남편이 술을 많이 먹어요.

〈상황〉

결혼한 지 9년 되었고 아들 하나, 딸 하나를 둔 엄마입니다. 넉넉하지는 않지만 남편이 벌어다 주는 돈으로 아이들과 행복하게 살고 있습니다. 단 한 가지만 제외하고요. 남편이 술을 많이 먹는 것은 오랫동안 내 속을 끓여오는 문제입니다. 술 문제 때문에 가끔씩 집안에서 큰 소리가 나곤 해서 아이들도 아빠가 술을 많이 먹는다는 것을 알고 있는 것 같습니다. 가끔씩 아빠한테 술 먹은 아빠가 싫다고도 합니다. 물론 연애할 때에도 술을 좋아한다는 것은 알고 있었습니다. 데이트할 때는 많이 먹지는 못하는 술이지만 남자 친구와 한잔씩 하는 것도 재미 중 하나였습니다. 결혼을 하고 난 후에는 술을 많이 먹는 것은 가끔씩이어서 그리 걱정하지 않았습니다. 물론 잔소리도 별로 하지 않았고요. 원래 술을 좋아하는 것을 알고 있었으니까요. 그런데 6개월 전쯤부터 상황이 달라졌습니다. 술자리도 잦고, 술을 많이 먹기도 하고, 가끔씩 정신줄을 놓은 상태로 귀가하기도 합니다. 인간적으로 부드럽게 이야기도 여러 번 해보았고, 술을 많이 먹으면 안 되는 이유를 여기저기서 찾아서 설득도 해보았습니다. 그런데 이야기를 해도 일주일을 넘기지 않습니다. 일주일쯤 지나면 다시 술 먹는 남편으로, 술 먹는 아빠로 돌아가 있습니다. 이제는 도저히 안 되겠습니다. 어떻게든 남편이 술을 줄이도록 해야겠는데 어떻게 말하면 될까요?

〈풀이〉

속상한 일이네요. 이 경우에는 '강하게 말하기'를 적용하는 것이 좋겠어요. 남편이 술을 많이 먹는 바람직하지 않은 행동을 고치기 위해서 인간적으로 부드럽게 이야기해보았습니다. 아마도 이렇게 이야기하지 않았을까요? "여보, 우리가 함께 산 날이 벌써 9년이야. 그동안 당신이 고생해준 덕분에 이만큼 행복할 수 있었던 것 같아. 그런데 그 행복이 여기에서 멈춰버리면 안 되잖아. 이제 술 좀 덜 먹고 아이들과 더 행복하게 살자." 그런데 효과는 단 며칠뿐이었습니다. 이번에는 논리적으로 이야기를 했습니다. 이렇게 이야기했을 것입니다. "여보, 이제 술을 일주일에 한 번만 먹자. 그 이유를 세 가지로 정리해서 이야기해볼게. 첫째는 술을 일주일에 3일 이상 먹는 남자가 건강이 더 안 좋대. 둘째는 아이들과 함께할 시간이 적어서 아이들 정서에 문제가 생긴대. 셋째는 당신이 술값으로 쓴 돈이 너무 많아." 이렇게 이야기를 해도 효과는 단 며칠뿐이었습니다. 이제는 도리 없이 강하게 말할 수밖에 없습니다.

강한 말을 하는 방법은 앞에서 설명한 바가 있습니다. 방법편 '강하게 말하기'에서와 실전편 '위협 설득'에서입니다. 그 내용들을 다시 한 번 정리하면 강한 말을 하는 방법은 이렇습니다. 상대방에게 기대나 요구하는 바를 말하고 그 말을 거부하면 압력을 행사하겠다고 말하고 수용하면 보상을 주겠다고 말하는 것입니다. 그리고 상대방의 잘못된 행동의 강도에 따라 강한 말의 강도도 달리하는 것이 효과적입니다. 그 강도에는 극도로 강한 말, 중간 정도로 강한 말, 약한 정도로 강한 말이 있는데 여기에서는 중간 정도의 강한 말을 선택하는 것이 좋겠습니다. 강한 말은 상대방과의 관계가 손상될 가능성이 있는 말이라서 최후의 수단으로 사용하는 것이 좋습니다. 따라서 극도로 강한 말을 선택하면 남편과의 관계가 악화될 수도 있습니다. 물론 감정적으로야 괘씸해서 갈라서고 싶은 생각이 가끔씩 들 만큼이지만 이 방법은 바람직한 것은 아니겠지요. 그렇다고 약한 정도의 강한 말을 하면 강도가 약해서 남편의 행동이 바뀔 것 같지가 않습니다. 그래서 중간 정도의 강한 말을 선택하는 것이 좋겠다는 것입니다.

　강한 말의 구성 요소는 세 가지입니다. 상대방에게 요구하는 행동, 거부하면 행사할 압력, 수용하면 부여할 보상이 그것입니다. 남편에게 요구하는 행동은 술을 줄이라는 것인데 추상적으로 이야기하는 것보다 구체적으로 이야기하는 것이 효과적입니다. "여보, 이제 술을 일주일에 한 번만 마셔!" 아마 이 정도로 말하면 되겠지요. 마음 같아서야 아예 먹지 못하도록 하고 싶지만 당장의 습관을 고치기는 어려우니까 일주일에 한 번만 마시도록 해보겠습니다. 그 다음은 압력과 보상입니다. 중요한 것은 압력과 보상의 수준이 비슷해야 한다는 것입니다. 그래서 이렇게 선택해보았습니다. 아내의 말을 듣지 않고 계속 술을 마시면 행사할 압력은 카드를 압수하는 것으로 하겠습니다. 대신에 아내의 말을 들으면 부여할 보상은 용돈을 20만 원 올려주는 것으로 하겠습니다. 그러면 이렇게 말하게 될 것입니다. "앞으로 일주일에 한 번 이상 술을 마시면 지금 가지고 있는 카드 두 장 모두 압수할 거야. 대신에 당신이 일주일에 한 번만 술을 마시는 약속을 지켜주면 한 달 용돈을 20만 원 더 올려줄게." 이렇게 말하고는 얼른 자리를 뜨는 것이 좋습니다. 강한 말을 마친 후에 그 자리에 남아 있으면 아마도 남편이 일주일에 한 번 이상은 마셔야 한다는 말을 할 것이고 더 나아가 자신이 왜 그렇게 할 수밖에 없는지 이유를 말하게 될 것입니다. 그렇게 되면 아내가 시도한 강한 말의 효과가 반감되게 됩니다. 강한 말을 다 하고는 얼른 그 자리를 뜨는 것이 효과적인데 "알아서 해!"라고 강하게 한마디 하고 떠나면 되겠지요.

02 조직에서의 적용

<u>조직은 나의 삶과 꿈을 만들어가는 곳입니다.</u>

현대를 살아가는 우리는 어떤 형태로든 경제 활동을 하며 살아갑니다. 그리고 그 경제 활동의 많은 부분을 직장이라는 곳에서 하고 있습니다. 그 직장은 때로는 가지고 있는 꿈을 실현시켜주는 '꿈터'이기도 하고, 주어진 일을 성실하게 하게 하는 '일터'이기도 하고, 일의 결과로 주어지는 보상을 위한 '삶터'이기도 합니다. 그래서 조직은 나의 삶과 꿈을 만들어가는 곳입니다. 그리고 그 삶과 꿈을 만들어가는 과정 중에 많은 주변인들과 함께하고 있습니다. 그 주변인들과 때로는 어깨동무를 하기도 하고, 때로는 등을 돌려 맞대기도 하고, 때로는 하이파이브를 하기도 합니다. 뜻이 맞아서 함께 무엇인가를 이루어갈 때는 좋지요. 그러나 함께 무엇인가를 이루어야 하는데 뜻이 맞지 않으면 화가 나기도 하고 미워지기도 합니다.

　직장이라는 곳은 기본적으로 문제를 안고 있는 조직입니다. 어쩌면 우리 직장인들은 문제 속에서 살고 있습니다. 생겨날 문제를 예방하는 방법을 연구하고, 생겨난 문제를 해결하는 방법을 시도하며 삽니다. 그리고 그 과정에서 문제 당사자인 이해관계자들과 소통을 합니다. 그 소통이 성공하면 일이 잘 풀리지만 소통이 실패하면 일이 꼬이기도 합니다. 그런 상황 중에서 대표적인 몇 가지 상황을 살펴보겠습니다.

　여기에 제시된 상황은 이해편 '이런 상황에서 어떻게 말해야 돼요?'에 실려 있는 내용들입니다. 그 내용들을 가장 효과적으로 풀어낼 수 있는 방법들을 동원해서 설명하겠습니다. 여기에서 언급하고 있는 대표적인 몇 가지 사례를 잘 풀어낼 수 있으면 조직에서 생겨나는 이와 유사한 상황에도 잘 적용할 수 있을 것입니다.

팀원이 근무시간에 휴대전화를 많이 사용해요.

〈상황〉

　휴대전화에 들어가는 많은 부품들 중 음성을 읽어주는 정밀한 칩을 만드는 회사입니다. 변화무쌍한 휴대전화의 흐름에 따라 우리 회사도 새로운 기술을 개발해서 바로바로 대응하기 위해 숨 가쁘게 돌아가고 있습니다. 일거리가 많아서 바쁘기도 하지만 요즘같이 어려운 때에 일이 지속적으로 있다는 것을 다행으로 여기면서 모두들 열심히 일하고 있습니다. 나는 그중 한 현장을 책임지고 있는 현장 관리자입니다. 다섯 명의 팀원과 함께 일하는데 비교적 열심히 일하는 팀원들이라 늘 고맙게 생각하고 있습니다. 그런데 최근에 한 팀원이 이전과는 다른 태도를 보이고 있어서 고민이 됩니다. 다섯 명의 팀원 중에서 입사 서열 2위고 나이도 30대 후반으로 후배들을 지도해주는 위치에 있는 박팀원입니다. 요즘 들어 근무시간 중에 자주 휴대전화를 사용하는 것이 눈에 띕니다. 우리 현장은 오전에는 10시부터 15분 동안, 오후에는 3시부터 15분 동안 휴식시간이 주어집니다. 물론 점심시간 1시간은 보장이 되지요. 휴대전화는 그때 해야 하는데 근무시간 중에 작업대 옆에 휴대전화를 놓고 가끔씩 보면서 작업을 합니다. 손으로 직접 휴대전화를 만지지 않는 것으로 보아서는 무언가를 계속해서 관찰을 하는 것 같습니다. 우리 회사는 정밀한 부품을 생산하기 때문에 생산되는 부품은 물론 부품 생산을 컨트롤하는 컴퓨터 화면을 항상 살펴야 합니다. 그러니 근무 중에 휴대전화를 보면 당연히 불량의 가능성이 높지요. 걱정입니다. 어떻게 말을 해야 할까요?

〈풀이〉

작업 현장에서 흔히 있을 수 있는 사례입니다. 분명히 문제입니다. 따라서 박팀원의 행동을 수정해주어야 합니다. 그것은 현장을 관리하는 책임자의 의무이기도 합니다. 어떻게 말을 해야 할까요? 좋게좋게 말을 하면 휴대전화를 계속 볼 것 같고, 그렇다고 강하게 야단치자니 반발할 것 같고, 걱정이 됩니다. 이 상황에서는 우리가 일반적으로 이야기하는 경우를 먼저 살펴보고, 그 다음에 바람직한 경우를 살펴보도록 하겠습니다.

우선은 이런 경우야말로 짜증나는 일입니다. 근무시간에는 하는 일에 충실해야 하는 것이 직원의 의무이고 도리인데 그렇지 못한 모습을 보면 관리자는 짜증 먼저 나게 되지요. 짜증은 인간의 마음이 부정적인 쪽으로 움직이는 데서 나타나는 현상입니다. 그래서 말도 인간의 마음이 부정적인 상황에서 나올 수 있는 말을 하게 됩니다. 대개는 이렇게 말하게 되지요. "야! 근무시간에 일 안 하고 뭐 하고 있냐? 휴대전화 안 치워!" 이렇게 강하게 말을 하게 되는 것이 일반적이지요. 박팀원에게 이야기하는 목적은 두 가지입니다. 당면한 목적은 근무시간인 지금 휴대전화를 보지 않게 하는 것입니다. 그리고 장기적인 목적인데 이번뿐이 아니라 앞으로도 근무시간에 휴대전화를 보지 않도록 하는 것입니다. 그런데 위와 같이 말을 하면 앞의 목적은 달성이 되겠지만 뒤의 목적까지 달성하기는 어렵지 않을까요? 강한 말을 하면 반발심이 생기게 됩니다. 관리자가 보는 앞에서는 휴대전화를 하지 않겠지만 관리자가 보지 않을 때는 이전처럼 행동하게 될 수도 있습니다.

아니면 이렇게 말할 수도 있을 것입니다. "야! 내가 몇 번을 얘기했냐? 근무시간에는 휴대전화 좀 하지 마라." 소위 부드럽게 이야기하는 경우인데 이렇게 말했기 때문에 아직도 근무시간에 휴대전화를 보는 행동이 개선되지 않을 수도 있습니다. 이렇게 되면 관리자의 말을 가볍게 여기기조차 할 수 있습니다. 이후로 박팀원에게 하는 많은 요구 사항들이 관철되지 않을 수도 있게 되겠지요.

그러면 어떻게 말을 해야 할까요? 이 상황에서는 두 가지로 나누어서 설명하겠습니다. 대화를 하기 전에 준비하는 방법과 실제 대화를 할 때의 방법으로 나누어서 설명하겠습니다. 물론 앞에서 설명한 내용을 이곳으로 가져와 응용하는 것입니다. 방법편 '사전 준비'와 실전편 '면담하기'입니다. 그곳을 다시 한 번 살펴보면 쉽게 이해가 될 것입니다.

이 대화에서도 대화 전에 준비해야 할 것들이 필요한데 방법은 '상상목시장'입니다. 목적을 가지고 하는 모든 대화에서는 대화를 하기 전에 준비를 철저히 해야 하고, 그 준비하는 방법이 '상상목시장'이라는 것을 늘 생각하세요. '상상목시장'은 상대, 상황, 목적, 시간, 장소의 앞 글자만 모아서 만든 용어인데 공식적인 용어는 아닙니다. 기억하기 좋게 저자가 만든 용어일 뿐입니다. 왜냐하면 현장에서 적용하려면 머릿속에 늘 담고 있어야 하니까요. '상상목시장'이 무엇인지 다시 한 번 정리하겠습니다. 박팀원을 염두에 두고 설명하겠습니다.

상대는 박팀원인데 포인트는 그의 성향을 생각해보는 것입니다. 외향적인 사람인지, 내향적인 사람인지 판단해보는 것입니다. 외향적이냐, 내향적이냐에 따라 대화를 풀어가는 방법을 달리하는 것이 효과적이기 때문입니다. 박팀원이 외향적인 성향이라면 말을 많이 할 가능성이 있어서 관리자는 들을 준비를 잘해야 합니다. 반면에 박팀원이 내향적인 성향이라면 말을 하지 않을 가능성이 있어서 관리자는 질문할 것을 준비해야 합니다.

상황은 정확해야 합니다. 이때의 포인트는 관찰해서 밝혀진 분명한 사실을 가지고 있어야 한다는 것입니다. 박팀원이 휴대전화를 얼마 주기로 보는지, 한 번 볼 때 몇 분 정도나 보는지를 아는 것입니다. 가능하면 기록을 하는 것이 좋습니다. 그래야 박팀원도 수긍을 할 테니까요.

대화의 목적은 박팀원과 대화를 하는 이유를 명확하게 설정하는 것입니다. 여기에서의 목적은 근무시간에 휴대전화를 보는 행위를 하지 않도록 하는 것이 되겠지요.

시간 선택도 중요합니다. 박팀원이 근무시간에 휴대전화를 보는 즉시 말하는 것도 방법일 수 있고, 근무 중이기 때문에 별도로 불러서 말하는 것도 방법일 수 있습니다. 여기에서는 근무를 마친 후에 별도로 불러서 말하는 방법을 선택하는 것이 좋겠습니다. 업무를 진행하는 도중에 대화를 할 수는 없으니까요. 그리고 박팀원과 협의한 상태는 아니더라도 몇 분쯤 대화를 할 계획인지 미리 생각해놓아야 합니다.

장소는 대화의 분위기를 결정하는 중요한 포인트입니다. 별도로 불러서 말하는 것을 전제로 했기 때문에 장소도 근무 현장이 아닌 관리자 사무실로 하는 것이 좋겠습니다. 박팀원의 행동을 변화하게 하는 대화를 할 때는 주도권을 고려하는 것이 필요하기 때문입니다. 이런 경우에는 내 자리에서 대화하는 것이 더 효과적입니다. 축구에서 홈그라운드의 승률이 더 높다는 데서 응용해봅니다.

이렇게 준비를 잘 마치고 대화를 할 때는 어떤 점들을 고려해야 하는지요? 이 경우에는 대화 방법을 두 가지로 구분해서 실행해야 합니다. 방법을 선택하는 기준은 그 팀원이 휴대전화를 보는 행위를 최근 들어서 한두 번 하고 있는 상황인지, 아니면 이전에도 여러 차례 해서 주의를 주었던 상황인지에 따라 좌우됩니다. 설명은 이 두 상황을 함께 묶어서 해보겠습니다.

처음에 테이블에 앉으면 대개의 경우 가벼운 이야기로 대화를 시작하는 것이 바람직합니다. 가벼운 이야기를 통해서 좋은 분위기를 만들기 위해서입니다. 처음 분위기가 그 다음의 대화 분위기에 영향을 주기 때문이지요. 그런데 이렇듯 가볍게 시작하는 것은 박팀원이 근무 중에 휴대전화를 보는 것이 한두 번인 상황에서만 하는 것이 좋습니다. 휴대전화를 보는 것 가지고 처음 대화를 나누는 경우이기 때문에 처음부터 무겁게 하는 것보다는 가벼운 이야기로 시작하는 것이 좋습니다. 그러나 몇 차례 이야기를 했는데도 아직 행동 개선이 안 되고 있는 상황이라면 가벼운 이야기로 시작하는 것은 오히려 바람직하지 않습니다. 다소 무겁더라도 곧바로 본론을 이야기하는 것이 좋은 방법입니다.

상황을 이야기할 때는 정확하게 파악한 상황을 가지고 이야기를 하는 것이 중요합니다. 박팀원이 근무하면서 하루에 몇 번쯤 휴대전화를 보았고, 그 시간을 모두 합치면 몇 분쯤 되고, 그로 인해 작업 손실이 얼마나, 불량이 얼마나 생겼는지를 이야기하는 것입니다. 이때는 문서로 정리된 통계를 가지고 이야기하는 것이 더욱 효과적이지요.

상황을 이야기 나눈 뒤에 박팀원이 해야 할 행동을 이야기합니다.

당연히 근무시간에 휴대전화를 보지 않는 것이지요. 한두 번의 상황이든 여러 번의 상황이든, 이때는 단호하게 말해야 합니다. 근무시간에 휴대전화를 보지 않는 것은 근무자로서는 기본적으로 지켜야 할 수칙이니까요. 그리고 박팀원에게서 앞으로는 휴대전화를 보지 않겠다는 약속을 받아내야 합니다.

선택한 상황을 토대로 박팀원에게 해야 할 이야기를 다 했습니다. 이제는 헤어져야 하는데, 박팀원에게 할 말을 다 한 후에는 곧바로 헤어지는 것이 필요합니다. 상대방의 행동 개선을 위해 단호하게 이야기한 경우에는 다른 이야기를 추가로 하는 것은 바람직하지 않습니다. 본론을 위한 대화를 마치면 바로 헤어지는 것이 좋습니다. 여기에서는 관리자의 자리이기 때문에 대화를 마친 후 바로 보내는 것이 좋습니다.

물론 이성적으로 설득을 할 수도, 위협적으로 설득을 할 수도 있습니다. 여기에서는 흐름만 설명하고 있지만 다른 설득 방법이 필요하다고 판단되면 실전편 '설득하기'를 참고로 좋은 계획을 세워서 실행해 보기를 권합니다.

지금 하고 있는 일도 많은데 팀장이 일을 더 하래요.

〈상황〉

입사 5년 차 대리입니다. 대학 때부터 꿈꾸던 회사에 들어왔습니다. 요즘같이 취직하기 어려운 때에는 진짜 행복한 케이스이지요. 일하는 것도 좋습니다. 생활용 로봇을 만드는 회사인데 연구팀에서 근무하고 있습니다. 작년부터 로봇 팔을 자유자재로 작동하는 연구를 하고 있습니다. 일이 재미있어서 가끔 밤을 새우기도 했었는데 주 52시간제가 시행된 후로는 퇴근시간을 넘겨 일하는 경우가 없어졌습니다. 처음에는 어색했는데 이제는 습관이 되어서 저녁에 남아 늦게까지 일하는 것이 더 어색해졌습니다. 당연히 일 진행은 예전보다 조금 더 느려지기는 했지요. 그래도 프로젝트의 흐름대로 일정을 잘 맞추어가고 있습니다. 그런데 최근 들어 팀장님이 자주 부르십니다. 새로 수행해야 하는 프로젝트가 있는데 그것을 저에게 맡으라고 합니다. 입사 5년 차 대리라서 아직 프로젝트를 단독으로 수행할 수 있는 능력을 갖추지 못했다는 저 자신에 대한 분석과는 달리, 팀장님은 자네라면 할 수 있다고 밀어붙이십니다. 그러나 아무리 생각을 해봐도 그것은 무리입니다. 아마 새로운 프로젝트를 맡아서 진행한다면 지금 수행하고 있는 로봇 팔 연구도 계획된 일정에 마치지 못할 것입니다. 팀장님의 지시를 정중하게 거절할 수밖에 없는 상황입니다. 팀장님의 지시를 한 번도 거절해본 적이 없기 때문에 이런 상황에서 어떻게 말해야 할지 정말 걱정입니다. 어떻게 말해야 하나요?

〈풀이〉

고민되는 일이지요. 팀장이기 때문에 함부로 거절할 수도 없고, 그렇다고 받아들이면 개인적으로 힘들어질 것은 물론, 일 진행이 제대로 되지 않을 것도 걱정이고. 이러지도 저러지도 못하는 상황이네요. 이런

소통을 위한 대화, 이렇게 하면 돼요

것을 진퇴양난이라고 하지요. 이런 경우의 일반적인 대화는 일률적이지 않지요. 자신의 스타일에 따라 대화를 풀어갈 가능성이 가장 높습니다. 성격적으로 착하고 소심하다면 그냥 수용할 가능성이 높을 것이고, 강하고 대범하다면 거부할 가능성이 높을 것입니다. 수용한다면 "예, 알겠습니다. 한번 해보겠습니다"라고 말할 것이고, 거절한다면 "지금 하는 업무도 힘에 벅차서 이번 프로젝트는 하지 못하겠습니다"라고 말하겠지요. 그러면 팀장의 입장에서는 어떻게 받아들일까요? 수용한다면 좋은 기분일 것이고, 반대한다면 좋지 않은 기분이겠지요. 그래서 많은 전문가들이 이렇게 거부하라고 추천하는 것입니다. 일단 해보겠다고 말을 해놓고, 차근차근 정리해서 거부를 하는 것이 좋다는 것이지요. 거부를 하더라도 부드럽게 거부를 하라는 주문인데, 거부라는 것은 팀장과 대화하는 근본 목적이 되는 것이고, 부드럽게 거부하라는 것은 팀장과의 관계를 고려하라는 이유 때문입니다. 어쨌든 고민되는 상황임은 분명하지요.

이 경우의 대화 준비는 이렇게 해야겠지요. 앞에서 설명한 '상상목시장', 즉 '상대, 상황, 목적, 시간, 장소'를 그대로 적용해보겠습니다. 상대는 팀장입니다. 나보다 파워를 많이 가지고 있다는 것이 특징입니다. 상황은 설명한 대로 지금의 업무도 힘든데 업무를 더 하라고 지시하는 상황입니다. 목적은 새로 주어지는 프로젝트를 내가 하지 않도록 하는 것입니다. 시간은 점심식사를 마친 후로, 장소는 팀장 자리 옆에 있는 회의 탁자에서 커피를 한 잔 나누면서 이야기를 하는 것이 좋겠습니다.

이런 경우 참 중요한 것은 대화의 목적을 이루면서도 팀장과의 관계를 고려해야 한다는 것이지요. 일반적으로 비즈니스 대화에서는 대화를 통해서 자신의 목적을 이루는 것이 가장 중요합니다. 그런데 한 가지 중요한 사실은 대화의 목적과 함께 관계를 고려해야 한다는 것이지요. 비즈니스 대화의 목적은 대부분 상대방을 설득하는 것입니다. 이 경우라면 팀장을 설득하는 것인데 팀장을 설득해서 새로운 프로젝트를 나에게 맡기지 않게 하는 것입니다. 그리고 설득을 위해서는 자신이 주장하는 바를 밝혀야 합니다. 팀장에게 이번 프로젝트는 나에게 맡기지 말아달라는 말을 하는 것입니다. 그런데 이 말을 하기는 매우 어렵습니다.

설득은 상대방을 자신이 원하는 대로 행동하게 하는 것인데, 상대방이 자신보다 높은 위치에 있는 사람이면 그 말을 하기가 쉽지 않습니다. 그래서 가능한 한 부드럽게 말을 해야 합니다. 그 방법을 이해하기 위해서 주장이라는 것을 조금 더 자세히 설명하겠습니다. 주장이라는 것은 설득을 위해 가장 먼저 꺼내야 하는 말입니다. 그런데 이 말을 어떤 방식으로 하느냐가 상대방의 기분과 행동을 매우 다르게 할 수 있습니다. 강하게 말하는 정책적 주장은 '해야 한다, 하지 말아야 한다'라고 말하는 것이지요. 이 경우라면 "팀장님, 이 프로젝트는 저에게 맡기지 말아주십시오"라고 말하는 것인데, 이렇게 말하면 팀장이 어떤 반응을 보이겠습니까? 일단 기분이 나쁠 것입니다. 그리고 이렇게 받을 것입니다. "그럼, 당신이 팀장 해먹어." 이후로의 관계는 설명을 하지 않아도 짐작이 가지요. 따라서 윗사람에게 주장을 할 때는 부드럽게 해야 합니다. 그것을 '가치적 주장'이라고 하는데 '옳다, 옳지 않다'라고 말하는 것입니다. 이것을 말로 옮기면 됩니다. "팀장님, 이번 프로젝트는 저에게 맡기지 않는 것이 옳지 않을까 생각합니다." 이렇게 말하는 것입니다. 그러면 팀장의 반응은 거절을 하더라도 단번에 거절하기보다는 다시 한 번 생각해보겠다는 정도의 정중한 거절이 있을 수 있겠지요. 아니면 팀의 형편상 할 수 없이 나에게 맡기더라도 지시보다는 부탁하는 쪽으로 방향을 잡아서 말을 하게 될 것입니다. 그리고 어떤 결론이 나든지 중요한 것은 그 이후 팀장과의 관계가 더 좋아질 수 있다는 것입니다. 혹시 더 좋아지지는 않는다 하더라도 최소한 더 나빠지지는 않게 되겠지요. 팀장을 비롯한 상사와의 관계도 말을 하는 방법에 따라 결정될 수 있습니다. 그 다음에 나에게 맡기지 말아야 하는 이유를 말하면 되겠지요. 여러 번 반복해서 설명한 근거와 증거를 들어서 이야기하는 방법입니다.

최근 협력사의 품질 불량이 많아졌어요.

〈상황〉

대기업의 1차 협력사로 매우 정밀을 요구하는 부품을 생산하고 있습니다. 부품을 생산하기 위해 10여 개의 2차 협력사들과 함께 일하고 있습니다. 그중에서도 협력사 3곳은 매우 중요해서 특별히 관리하고 있습니다. 생산 일정에는 차질이 없는지, 생산하는 제품의 품질에는 이상이 없는지 매일 관심을 가지고 살피고 있습니다. 그런데 최근에 문제가 생겼습니다. 그중에 한 곳인 A협력사의 제품에 불량이 생긴 것입니다. 아주 약간의 오차이긴 합니다. 그러나 품질을 철저하게 관리하는 대기업의 특성상 이대로 받아서 생산을 할 수는 없습니다. 이 문제로 두 차례 미팅을 가졌는데 A협력사의 입장은 전체 중에서 약간만 그렇고, 아주 미세한 오차이기도 하니 그냥 받아달라는 것입니다. 소량이긴 하지만 자사가 다시 생산을 하려면 엄청난 비용이 든다는 것이 이유입니다. 3년 전에도 비슷한 경우가 있었는데 그때는 서로에게 좋은, 그러나 원칙에서는 약간 벗어난 방법으로 조치를 한 적이 있습니다. 그리고 다시는 이런 일이 없어야 한다는 다짐을 받은 적이 있습니다. 3년 전에 슬쩍 눈감아준 것이 후회가 되기도 합니다. 그렇다고 하루아침에 협력사를 다른 곳으로 바꿀 수도 없습니다. A협력사를 잘 설득해서 우리 회사 요구대로 생산하도록 해야 하는데 고민이 됩니다. 어떻게 말해야 할까요?

〈풀이〉

가끔 TV에서 갑질에 관한 뉴스를 볼 때가 있습니다. 힘을 더 많이 가지고 있는 자가 힘을 덜 가지고 있는 자에게 위협을 가할 때 우리는 그것을 갑질이라고 합니다. 그리고 가끔은 그 힘이 돈으로 비유될 때가 있습니다. 그래서 돈을 주는 쪽이 갑이고 돈을 받는 쪽이 을이라고 표현하기도 합니다. 위의 상황은 갑과 을의 관계에서 오는 문제네요. 우리가 갑이 되고 협력사가 을이 되는 관계이지요. 그래서 이 문제를 해결하기 위해 자주 사용하게 되는 방법이 협력사를 윽박지르는, 흔히 말하는 갑질이기가 쉽습니다. 그러나 갑질은 바람직하지 않지요. 그래서 위협 설득을 추천하는 것입니다. 위협 설득도 강하게 밀어붙이는 성격이기는 하지만 나름의 체계를 갖추어서 말을 하는 것이기 때문에 갑질과는 근본적으로 다른 것입니다. 위협 설득의 방법을 위 상황에 적용해보면 우리 회사가 원하고 기대하는 바를 협력사 쪽에 강하게 말해놓고 거부하면 압력을 행사할 것이고, 수용하면 보상을 해줄 것이라고 연이어 말하는 것입니다. 이 경우라면 이렇게 말할 수 있겠지요. "지금 나타난 제품의 불량을 완벽하게 해결해서 납품하세요. 만약 지금의 상태로 계속 납품하면 전량 반품은 물론, 내년 계약도 재고하겠습니다. 대신 불량을 완벽하게 해결해서 납품하면 지금의 제품 수용은 물론, 3년 정도의 중기 계약도 고려해보겠습니다." 이렇게 말하면 협력사는 난리가 날 것입니다. 밤을 새워서라도 불량을 해결하려고 노력할 것입니다. 물론 협력사 직원들이 힘들어지기는 하겠지요.

그런데 여기에서 한 가지 생각해봐야 할 것이 있습니다. 협력사와 문제가 생길 때마다 이런 위협적인 방법을 썼을 때 협력사의 입장에서 생각해보는 것입니다. 초등학생 아들이 문제가 있을 때마다 아빠가 위협적으로 말한다면, 소위 야단을 치기만 한다면, 아들과 아빠의 사이는 점점 멀어지게 될 것입니다. 그래서 나중에는 대화의 단절, 심하면 관계 단절까지 될지도 모르는 일입니다. 이 경우에도 이런 점을 생각해보아야 한다는 것입니다. 더구나 지금 당장 업체를 바꿀 수 있는 상황도 아니라면 더욱 그렇습니다. 이처럼 위협적인 설득 방법은 상대방을 나로부터 멀어지게 할 수 있습니다. 그래서 자주 사용하는 것은 바람직하지 않지요.

그렇다면 어떻게 말해야 이런 문제도 생기지 않게, 불량도 없앨 수 있게 할 수 있을까요?

이 상황에서 위협적인 설득 방법은 갑질의 오해를 받을 수 있습니다. 그렇다고 가볍게 이야기하는 것도 바람직하지 않습니다. 회사의 매출에 영향을 줄 수 있는 중요한 사안이기 때문입니다. 따라서 위협을 하더라도 그것은 최후의 수단으로 사용하는 것이 좋습니다. 그렇다면 어떻게 해야 하나요? 철저하게 문제해결 방식으로 접근을 해야 합니다. 이해관계자들이 머리를 맞대고 무엇이 문제인지 원인을 파악하고 대책을 수립하는 절차를 밟아야 하는 것이지요. 그리고 이 경우의 대화 방법은 철저하게 이성적이어야 합니다. 이성적인 대화의 가장 중심적인 방법은 논리적으로 표현하는 것입니다. 이렇게 해야 한다면 왜 이렇게 해야 하는지의 이유를 들어서 설명하는 것이지요. 그리고 그 방법을 상호 동의할 때 그것이 해결 방안으로서의 가치를 갖게 됩니다. 이런 방법을 동원해서 철저하게 문제해결 방식으로 해결을 모색하는 것이 먼저 시도되어야 합니다. 그런데도 협력사가 동의를 하지 않을 경우에만 위협적인 방법으로 설득하는 것이지요. 쉽게 말하면 위협적인 방법은 최후의 수단으로 사용하라는 것입니다. 이후의 관계가 손상될 우려가 있기 때문이지요. 더구나 함께 오랫동안 협업을 해야 하는 상대방이라면 더욱 그렇습니다.

고객이 무리한 요구를 해요.

〈상황〉

대형 백화점 여성 의류 매장에서 근무하고 있습니다. 백화점 위치가 강남 한복판이라 다른 지역 백화점에 비해 영업이 잘 되는 편입니다. 덕분에 입사 이후 5년째 같은 자리에서 근무하고 있습니다. 3층이고 창문이 있어서 근무 환경이 좋고, 주변 매장 동료들과도 잘 지내고, 회사의 복지도 괜찮고, 더구나 집에서도 가까워 만족스럽습니다. 직장인이 근무 환경에 만족하기가 쉽지 않은데 참 행운이라고 생각합니다. 그런데 딱 한 가지가 문제입니다. 나를 힘들게 하는 고객들이 가끔 있습니다. 그중에서도 가장 힘든 고객은 고가의 의상을 구매하고 수개월 지난 뒤에 환불하러 오는 고객입니다. 규정상 환불은 한 달 이내에 하도록 되어 있다고 구매할 때마다 말씀을 드리는데 무려 6개월 후에 환불하러 오는 고객도 있습니다. 며칠 전에도 5개월 만에 환불을 요구하는 한 고객이 있었는데 가지고 온 코트를 살펴보니 몇 번 입은 흔적이 있었습니다. 환불 규정과 입었던 흔적을 이유로 환불이 되지 않는다고 정중하게 이야기를 했는데 그 고객은 막무가내였습니다. 심지어 자기가 이 백화점에서 팔아준 게 얼마인지 아느냐며 큰소리까지 내더군요. 약간의 소란이 있자 담당 매니저가 나와서 그 고객을 사무실로 데려갔고 몇 번의 재방문까지 이어지는 실랑이 끝에 결론적으로는 환불을 해주었다고 합니다. 이런 막무가내 고객을 만나면 한 번씩 좌절하게 됩니다. 심할 때는 이 일을 계속 해야 하나라는 자괴감이 들기도 하지요. 그때마다 주변 매장의 동료들이 위로해주고, 나의 현재 상황을 고려해 다시 용기를 내어 근무를 하고 있기는 합니다. 가장 힘든 것은 내 선에서 해결하지 못했다는 자괴감이 들 때입니다. 대하기 힘든 고객도 내 선에서 해결할 수 있으면 좋겠습니다. 그러면 심리적으로 좌절하는 일은 없을 수도 있잖아요. 이런 고객에게는 어떻게 말해야 할까요?

〈풀이〉

백화점, 특히 대형 백화점에서는 클레임을 제기하는 고객을 응대하는 방법을 잘 교육하고 있어서 잘 응대할 것입니다. 그런데 이 경우는 클레임을 고질적으로 제기하는 고객이기 때문에 한번쯤 생각해볼 필요가 있어서 상황으로 제시해보았습니다. 일반적인 클레임 고객이라면 고객이 제시하는 클레임 내용을 잘 듣고 난 후 백화점 측의 판단에 따라 조치를 해주는데 대개는 고객의 요구를 들어주는 편이지요. 그러나 이 고객은 이미 일반적인 수준을 넘어선 고객입니다. 구매한 지 5개월이 지난 코트이고 입었던 흔적조차 있는 경우입니다. 참 고민이 많이 되는 고객이지요.

이 상황에서 가장 중요한 것은 무엇일까요? 클레임을 가지고 오는 고객은 대부분 감정이 격앙되어 있는 상태입니다. 고객이 자신의 기대에 미치지 못하는 무엇인가가 있어서 찾아온 것이기 때문입니다. 그래서 가장 먼저 고객의 감정을 누그러뜨리는 방법을 시도하는 것이 좋습니다. 그 방법은 고객으로 하여금 이야기를 하게 하는 것입니다. 이렇게 되면 백화점 직원은 당연히 고객의 이야기를 잘 들어야 하겠지요. 그런데 여기에서의 초점은 백화점 직원이 잘 듣는 데 있는 것이 아니고 고객이 이야기를 하도록 하는 것에 있습니다. 말에는 카타르시스, 즉 정화 작용이라는 기능이 있습니다. 말을 하고 나면 마음이 후련해지는 것을 말합니다. 무언가 속상한 일이 있을 때 누군가를 만나서 한참을 쏟아놓고 나면 마음이 후련해지는 현상을 말합니다. 고객으로 하여금 말을 하게 해서 지금 가지고 있는 안 좋은 감정을 후련하게 풀어 주자는 것입니다. 그런 다음에 백화점에서 어떻게 할 것인가를 이야기하는 것이 좋습니다.

이때 만약에 어떤 이유로든지 환불을 해준다면 특별히 할 말은 없을 것입니다. 그런데 환불을 해주어서는 안 되는 경우라면 이야기는 달라져야 하지요. 두 가지 방법으로 대화를 풀어가야 할 것입니다. 가장 일반적으로는 환불을 해줄 수 없는 이유를 들어서 거절하는 것입니다. 여기에 사용되는 방법이 이성 설득이지요. 환불이 되지 않는 근거와 증거를 들어서 설득하는 방법입니다. 문서화된 규정을 활용하게 되겠지요. 그럼에도 고객이 수긍을 하지 않으면 위협 설득의 방법을 사용할 수밖에 없을 것입니다. 환불이 되지 않는다고 말을 한 후에 만약에 계속 환불을 요구하면 이렇게 하겠다는 압력을 이야기하는 것이고, 환불 요구를 하지 않으면 이렇게 해주겠다는 보상을 약속하는 것입니다. 물론 위협 설득까지는 가지 않는 게 좋겠지요. 아무리 힘들다고 하더라도 고객이니까요.

에필로그

소통 관련 강의를 해오면서 정한 모토가 하나 있습니다. 'Happy Communication! Happy Life!'입니다. 행복한 소통을 통해 행복한 인생을 살기를 바라는 마음으로 정한 모토입니다. 우리는 모두 행복한 삶을 살기를 원합니다. 어제보다는 오늘이 더 행복하기를, 오늘보다는 내일이 더 행복하기를 원합니다. 그런데 그 행복이 소통의 잘못으로 방해를 받는다면 많이 억울할 것 같습니다. 그래서 많은 사람들에게 소통의 방법을 강의해오고 있고, 그 현장의 내용들을 모아서 책으로 남겨놓게 되었습니다.

소통을 조금 더 잘할 수 있다면 조금 더 행복할 수 있을 것입니다. 그리고 소통을 잘한다는 것의 끝 지점에는 대화를 잘한다는 것이 있습니다. 대화를 조금 더 잘할 수 있다면 소통도 조금 더 잘할 수 있게 되는 것이지요. 그래서 소통을 잘하기 위한 대화의 여러 가지 방법들을 연구하게 되었고, 연구한 결과를 많은 사람들에게 전하게 되었습니다. 그 세월이 27년이 되었고 그 이야기 중에 중요하다고 생각되는 내용을 정리해보았습니다.

이런 말을 할 때, 이런 글을 쓸 때, 항상 드는 생각이 있습니다. '나는 과연'입니다. 나는 과연 다른 사람들과 대화를 할 때 여기에 언급한 모든 방법들을 잘 활용하고 있는가? 나는 과연 말로 다른 사람들의 마음에 상처를 준 적이 없는가? 이런 질문에 이어지는 것은 언제나 자기반성입니다. 그래서 이 글을 정리하는 이 저녁시간에도 오늘 하루를 돌아보며 생각하게 되네요.

'나는 오늘 다른 사람들과 소통을 잘했나?'
'나는 오늘 다른 사람들과 대화를 잘했나?'